办负责任的学校，当有责任心的老师，
培养有责任感的学生。

——吴青良——

如何把"大单元教学""综合性活动""学习任务群""主题教学"与高中课堂深度融合，本书真实记录了教科研工作者与一线教师的理论探索和实践研究，并提供了大量鲜活的案例。让我们一起为提高学生的核心素养，落实立德树人的任务而努力奋斗。

吴春良

编著

盛世厚泽·博雅悠扬

——核心素养语境下的教师成长

上海教育出版社

序

  本书是上海中小学博雅教育研究所与吴江盛泽中学合作的"骨干教师培养项目计划"的阶段性成果。这一自 2020 年 4 月启动、为期三年的项目,以新课程理念和国务院办公厅印发的《关于新时代推进普通高中育人方式改革的指导意见》为指导思想,是在充分利用上海市基础教育人才高地这一高端平台和资源优势的基础上实施的,它是吴江区域教育发展进一步优化的需要,也回应了社会对办人民满意的教育的需求。为此,上海中小学博雅教育研究所组建优秀专家队伍,与学校一起,按需施教,帮助教师拓宽教育视野,转变教育理念,引导他们从教学困惑中发现问题,从探索问题中获得方法,有效地将理论实践化和实践理论化,从而提升教师的专业素养,改善教师的教学能力,形成教师的教研意识。

  项目实施坚持以"基于课堂转型的教师专业发展"课题为引领,以三"实"为实施方式,即突出实训、结合实践、追求实效,从而促进"教""研"融合,既有学科专业类和教育类专著的阅读任务,定期提供前沿讲座资源,提升教师理论素养,转变教育教学理念,又侧重于课堂的实践探索。专家以"三新"背景下的教育教学难点和热点问题为突破口,指导骨干教师将先进理念渗透在教学设计、教学实施过程中,提升课堂品位与教学效果。项目开展以来,骨干教师逐步由课堂管理者转变为引导者,由课程实施者转变为开发者,由知识传授者转变为探索者,由教案执行者转变为教学智慧创造者。骨干教师逐渐深化对课程改革的研究,单元教学设计的意识和能力得到增强,逐步建立起专业成长的自信力与胜任力。

  课题研究是一个聚焦问题、解决问题的过程,是一个不断提炼、总结、沉淀的过程。在前期项目开展的基础上,盛泽中学骨干教师对两年的培养成果进行归纳与总结,撰写了教学论文 45 篇。教学论文从新课程、新教材、新高考等角度选题,内容涵盖国家课程校本化、校本课程特色化等方面的课程建设实践,校本研修、教师共同体建设等方面的专业发展经验,教学设计、教材分析、教学策略、教学评价、信息技术应用等教学改革举措,以及核心素养培养、单元教学设计、项目化学习等方面具体有效的做法。各学科专家对学员提交的每篇论文都进行点拨和指导,提出中肯的意见和建议,在论文定稿后为每位学员撰写了评语。几经修改,论文终于结集出版。

论文是理论学习的结晶,也凸显了行动的力量。通过论文研究与写作,骨干教师认识到,只要对实践经验进行条理化的梳理、理性化的提炼、学理性的阐发,经验变为理论就不远了。一旦经验变为理论,我们就能掌握教育教学规律,使我们的行为方式变得更加科学、更加智慧、更加具有创造力。

论文是深化实践研究的助推剂。论文写就并不意味着研究的结束,它作为思想产品与理论成果,要指导今后的工作实践。目前在教师中存在这样一种倾向:认识很清楚,理念很先进,说得也很好,但在付诸行动方面不够积极甚至走样,尤其表现为在课堂转型上"雷声大,雨点小"。课堂转型不可能一蹴而就,但绝不能慢慢吞吞。"多少事,从来急;天地转,光阴迫。一万年太久,只争朝夕。"为了学生的成长,在深化实践研究、促进课堂转型方面,每一个具有使命感与责任心的教师一定要有"只争朝夕"的精神。

论文是骨干教师成长的一种标志,但骨干教师不能满足于个人所取得的成就。教师的专业成长有赖于学习共同体的集体进步,而教师也要以自己的先进理念与积极行为带动与辐射周围的伙伴共同成长。相信在盛泽中学骨干教师的带头作用与影响下,盛泽中学的兴盛与辉煌必将指日可待。

上海中小学博雅教育研究所项目团队将与学校一起总结提炼本项目自2020年4月启动以来的成功做法和创新点,结合"新课程、新教材和新高考"的实施,以学校"基于课堂转型的教师专业发展"为统领项目,适时组织、实施盛泽中学教学展示活动,形成各学科"双新"背景下跨单元的教学案例集。

尽管在项目实施过程中受到新冠疫情的影响,但上海中小学博雅教育研究所的专家与盛泽中学的领导、骨干教师仍继续切磋琢磨,力学笃行,共克时艰,砥砺而行。

让我们共同努力!

吴春良

2023 年 2 月

目　录

借助乡土历史文化资源，深化学校"德善"品格课程教育的策略研究

陈月忠

【摘要】 苏州市吴江区"德善"品格课程正在全区各中小学如火如荼地开展实施。"德善"品格的提升不仅仅是德育知识的形成，德育情感、态度的培养，更要引领学生热爱家乡、热爱祖国、热爱生活，涵养其家国情怀。将乡土历史文化资源融入学校"德善"品格课程教育中，从优秀的乡土历史文化中汲取营养，让"德善"品格提升的过程通过体验、反思与体悟等环节为学生形成良好的道德素养与道德判断力提供了可能，最终落实到对道德标准或道德内涵的执行上来，做到知行一致，让"德善"品格课程教育真正落到实处。

【关键词】 盛泽丝绸文化　"德善"品格课程　德育

教育部 2014 年发布的《完善中华优秀传统文化教育指导纲要》明确指出，学校要充分挖掘和利用乡土历史文化教育资源，以增强学生对中华民族的深厚感情。乡土历史是指家乡的历史，包括历史演变、历史遗迹、文化资源、人文景观及风土人情等。"德善"品格课程是综合性德育课程，共分为六个部分：(1)明礼—诚信—仁爱，指向"人文底蕴"的品格教育；(2)质疑—明辨—求真，指向"科学精神"的品格教育；(3)专注—主动—坚持，指向"学会学习"的品格教育；(4)节俭—宽容—感恩，指向"健康生活"的品格教育；(5)友善—守约—尽责，指向"责任担当"的品格教育；(6)勤劳—进取—创意，指向"实践创新"的品格教育。乡土历史资源作为德育资源的有效补充，是学生"德善"品格课程教育的一个重要抓手，是进行爱国主义教育丰厚的教学资源和学习题材。我校坐落于江南千年古镇——苏州市吴江区盛泽镇，盛泽镇在江苏省最南端，地处长江三角洲和太湖地区的中心地带，位于沪宁杭三角中心，自古以来便是"鱼米之乡"，有"千年绸都"的美称，有着丰富的历史遗迹和文化资源。将盛泽的乡土历史文化资源融入学校"德善"品格课程教育中，充分挖掘盛泽乡土历史文化资源，让学

生主动思考,关注家乡的过去、现在和未来,进而探索隐藏在问题背后的内涵,从而促进学生进行反思,培养探究意识,在乡土历史文化的氛围中提升其"德善"品格。

一、探盛泽丝绸文化之史,开展项目化德育学习

习近平总书记曾指出,历史是最好的教科书。我们借助盛泽本地的历史文化资源,可以通过确定项目主题、进行项目调查、执行项目活动、交流项目成果、开展项目评价等方式开展德育项目化学习,探问历史渊源,追随文化的德育之旅。

吴江地区现存古石桥两百余座,不少桥上刻有浮雕、楹联,它们如实概括和描述了当地的名胜古迹、风土人情和交通水利,其中不乏反映蚕桑丝绸风貌的内容。盛泽的丝绸行会建筑如盛泽丝业公所、领业(丝绸经纪人行业)公所和绸业公所以及外地驻盛泽所建的会馆均有反映各自行业历史渊源、歌颂行业祖师和彰显行业发展的楹联。因此,桥梁和厅堂廊柱自然而然成了蚕桑丝绸楹联的载体。楹联是我国特有的文学样式,堪为文化瑰宝,对仗工整,言虽简,义则既深且远。盛泽丝绸文化楹联将地方丝绸文化注入其中,极大地丰富了内涵,且底蕴深厚,表达了自古至今这一行业和有关人士的密切关系,也歌颂着丝绸人勤劳勇敢、不断进取、诚实守信的品质。这些优秀的品质正是学生需要涵养的"德善"品格。我们把学生分成调查组、问题组、建议组。调查组走访丝绸行会建筑、会馆、古桥等,了解丰富的楹联文化;问题组发现盛泽超高人气的背后存在外地游客对楹联历史文化缺乏深入了解、文物保护不到位等问题;建议组撰写了"关于加强楹联文化遗产的保护性开发的建议",并将建议提交文管局、市长信箱,社会反响良好。学生以德育项目化学习的行动和笔触对盛泽丝绸文化进行调研和审视,在活动中感受到盛泽丝绸文化中的诚信、进取和勤劳,涵养了学生的"德善"品格。

二、研先蚕祠之游,开展体验性德育活动

研学旅行是由学校根据区域特色、学生年龄特点,组织学生走出校园,在与平常不同的生活中拓宽视野、丰富知识,加深与自然和文化的亲近感,增加对社会公共道德的体验。这是学生比较喜欢的学习方式。我们借助地域文化,围绕

一定的活动主题,引导学生走出课堂,开展情感的自主体验、认知的自主建构和德育的自我修炼,有助于促进学生知情意行合一,实现生命体验和心智发展的和谐统一。

在盛泽镇五龙路的南口,有一座先蚕祠,镇民都叫它蚕花殿,因为这里供奉的是蚕花娘娘。先蚕祠建于1840年,已经有一百八十多年历史了,作为中国丝绸文化发展史的重要例证,已被列为国家级重点文物保护单位。这里已建成了展示吴江丝绸历史文化的丝绸陈列馆,成为人们接受丝绸文化教育的重要场所。这是由盛泽镇上的丝业界同仁出资公建的蚕神庙兼丝业公所。先蚕祠是一座典型的庙堂式建筑,"规模之宏敞,建筑之精美,均居江南之首"。它的门楼十分壮观,斗拱飞檐,气势不凡。大殿里供着三座神像,分别是黄帝轩辕氏、炎帝神农氏和蚕神嫘祖。这位被民间尊为"蚕花娘娘"的蚕神手捧雪白的蚕茧,为前来祭祀的蚕农和丝绸商人祝福。在研学中,学生游中学、学中游,将课堂进行延伸,拓宽文化视野,感悟仁爱、感恩、友善等"德善"品格。

三、传小满戏文化之韵,开展校本化德育活动

地域文化的滋养浸润是打造学校德育特色建设的有效途径,体现了国家意志和学校主动发展的有机统一。我校积极回应教育部关于"戏曲进校园"的倡议,深入挖掘本地域戏曲文化中蕴含的思想政治教育资源,开设校本课程,开展社团活动,传承中华文明,创新德育路径,陶冶学生情操,涵养"德善"品格,提升德育实效。

小满戏是盛泽镇本地的一项传统活动,远近闻名,已被列入第四批苏州市级非物质文化遗产名录。1936年由茅盾先生主编的《中国的一日》中记录了小满戏的盛况。在杭州的中国丝绸博物馆中,也以盛泽小满戏为题材制作了大型壁画。传说小满日是蚕神的诞辰,前后三天由丝业公所出资聘请戏班在此演戏,以慰劳蚕神,预祝丰收。开戏之日,远近的镇民、蚕农蜂拥而至,如潮似涌,蔚为大观。小满戏主要以沪剧和越剧为主,并加以本土化改造,内容上比较广泛。教师采用多样化形式,推进小满戏进校园。其一,充分挖掘小满戏中契合"德善"品格的元素,如利用《梨花颂》中的诚实守信、《忠魂曲》中的爱国主义等,

将"德善"品格和艺术陶冶有机融合,让学生更积极、生动地加强思想和艺术修养,厚植家国情怀,涵养"德善"品格。其二,聘请小满戏演员担任学生社团指导教师,通过身段唱念体验、情境表演互动、服饰文化探究等,有效挖掘小满戏文化所蕴含的文化价值和德育内涵。

四、行"开甲"精神,开展榜样人物学习活动

地域文化蕴含了可以开展德育活动的宝贵资源,学校可以充分利用地域文化资源,创设具有实践价值和时代意义的德育活动,鼓励学生基于不同经验,运用不同视角,利用不同素材,表达自己的见解,涵养"德善"品格,提升德育实效。

程开甲,吴江盛泽人,中国科学院院士,核物理学家,中国核试验事业的开创者和组织者,"两弹一星"功勋奖章获得者。程老出生于盛泽,启蒙在盛泽,盛泽是"开甲"精神的发源地,"开甲"精神也是盛泽城市精神的重要代表,更是盛泽开放再出发,全面提速创新引领的"时尚之都"建设的宝贵精神财富。为了更好地发扬和传承"开甲"精神,我校开展了"程开甲的故事"品读会、"读开甲故事,走开甲之路"以及"重走开甲路,学做好少年"等一系列内容丰富、形式多样的活动,进一步营造全社会怀念程开甲、学习"开甲"精神的浓厚氛围,推动"开甲"精神在新时代传承不息,让"开甲"精神与时代主旋律交相契合,缅怀前辈先烈,赓续革命传统,传承红色基因,让学生在活动中继承发扬"爱党爱国、默默奉献、开拓创新"的"开甲"精神,涵养"德善"品格。

综上所述,乡土历史文化资源是我们取之不尽、用之不竭的德育资源宝库,还有许多方面值得我们去开拓。将乡土历史文化资源与"德善"品格课程跨界融合是一个值得深入研究、持续探讨的课题,我们将绵绵用力,启智润德。

【导师点评】

乡土历史文化蕴含丰富的思想观念、人文精神、道德规范,潜移默化地影响人们的思维方式、行为方式和精神品格。本文以盛泽的乡土历史文化资源为重要载体,与学校"德善"品格课程教育有机融合,因地制宜、因时而异、因材施教,探索校本德育策略,以此立德树人、涵养学生的"德善"品格,具有现实的教育意

义和广泛深远的影响。

　　文章遵循道德教育的规律,在知行合一上做文章,从探盛泽丝绸文化之史、研先蚕祠之游、传小满戏文化之韵、行"开甲"精神四个方面,开展项目化、体验性、特色式的德育活动,用"乡土、乡情、乡贤"营造良好的育人生态,引导学生在做中学、研中学、习中学和悟中学,赋予学校德育工作以新的人文魅力和时代色彩。

余　芬

2022 年 4 月

高中思想政治主题情境视域下的议题式教学构建

蒋贤惠

【摘要】议题式教学已经成为高中政治课堂教学常态化的形式。相较于以往注重创设主题情境、设计主题问题的主题情境式教学,议题式教学更加侧重于围绕主议题设计情境来推动活动型课程的建设。笔者结合自己的教学实践从主题情境议题化、主题情境议境化、活动任务系列化三方面来探讨主题情境视域下的议题式教学。

【关键词】主题情境　情境议题化　情境议境化

自《普通高中思想政治课程标准(2017 年版 2020 年修订)》出台以来,议题式教学已经成为高中政治课堂教学常态化的形式。相较于以往注重创设主题情境、设计主题问题的主题情境式教学,议题式教学更加侧重于围绕主议题设计情境来推动活动型课程的建设。但这两种教学方式又有着许多共同之处,它们都需要情境、活动及问题等教学要素,并在教学活动中将其联系起来。据此,笔者结合自己的教学实践,尝试在主题情境视域下进行议题式教学,谈一些粗浅的想法。

一、主题情境议题化

议题式教学主要以议题的形式推进,存在于每个教学环节中,这就需要一个从学科知识迈向学科素养的载体。这个载体就是主题情境,它促进了学生思维的发散、能力的成长、知识的生成、素养的养成。主题情境要围绕议题,带有一定的"议味",实现主题情境议题化,从而实现高中思想政治主题情境视域下的议题式教学。

1. 情境议题的思辨性。思辨即思考与辨析。思辨性问题即呈现的问题要能让学生进行全面思考并在辨别中作出分析与评价。正因为问题带有思辨性,所以教师才会让学生围绕问题开展判断、比较、思考、讨论等活动。在上"实现人生价值"这一课时,笔者借助抗美援朝电影《长津湖》《长津湖——水门桥》。在波澜壮阔的抗美援朝战争中,涌现出杨根思、黄继光、邱少云等三十多万名英雄功臣和近六千个功臣集体。英雄的中国人民志愿军始终发扬祖国和人民利益高于一切、为了祖国和民族的尊严而奋不顾身的爱国主义精神,英勇顽强、舍生忘死的革命英雄主义精神,不畏艰难困苦、始终保持高昂士气的革命乐观主义精神,锻造了伟大的抗美援朝精神。结合在抗击新冠疫情斗争中作出杰出贡献的功勋模范人物,获得"共和国勋章"的钟南山,获得"人民英雄"国家荣誉称号的张伯礼、张定宇、陈薇,笔者指出英雄作为一个时代的精神坐标,是一个社会的价值引领。据此,笔者设计了这样一个思辨性的情境议题:英雄只属于他们自己的时代,我们没必要学也学不了。这种观点正确吗?简述理由。这是为了让学生在思辨中作出正确的价值判断与价值选择,树立正确的世界观、人生观和价值观。无论是教还是学,有思辨才有深度,有深度必须有思辨。

2. 情境议题的开放性。开放性议题通常是指不能用"对"或"错"来直接回答的简单议题,答案是多元化的,既立足于教材又不拘泥于教材,需要学生多维度思考问题。借助丰富的想象力,学生的创新精神和开放性思维在思考和讨论中得以提升,在进行深度学习的同时,也发展了政治学科核心素养,体现了课程改革的要求。在学习"全民守法"这一课时,笔者以本地常见的非机动车违法现象为背景,通过视频展示逆行、闯红灯、横穿机动车道、未佩戴头盔……电动车违法乱象不止,由此引发交通事故。安全需要警示,事故需要预防。为强化路面管控力度,遏制交通事故的发生,苏州市交警开展道路交通安全大整治统一行动,严查十项违法行为。《江苏省道路交通安全条例》规定,驾驶不符合国家标准的电动自行车上道路行驶的,由公安机关交通管理部门扣留车辆,并处1000元罚款。依据《苏州市非机动车管理规定》,对骑电动车不戴头盔者罚款50元。据此,笔者设计了这样一个开放性情境议题:交警对驾驶不符合国家标准的电动自行车和骑电动车不戴头盔等违法行为进行处罚有哪些重要意义?学生由己及他、由近及远,多视角、全方位地进行推理和分析。

3. 情境议题的逻辑性。若直接向学生传授知识,学习就显得比较被动,学生很难把学到的知识联系起来,更难发现其内在的逻辑性,也很难学会用逻辑思维的方法去解决生活中的现实问题。为此,情境议题的设置需要带有一定的逻辑性。在复习"唯物辩证法联系观"这一模块时,笔者以长三角一体化发展为背景,设置了四个情境议题。

议题1:有人说:"联系具有普遍性,世界上任何两个事物之间都存在联系。"你同意这个观点吗? 为什么?

议题2:与自在事物的联系不同,长三角一体化发展实现的联系是一种什么类型的联系? 这种联系是如何建立的?

议题3:人为事物的联系具有"人化"的特点,是否违背了联系的客观性? 为什么?

议题4:请运用整体与部分或系统优化的相关知识分析:长三角苏沪浙三地如何实现"1+1+1>3"的协同效应?

这四个情境议题由点到面、由浅入深、逐渐深入、层层递进、逻辑严密。通过这些议题,学生梳理了联系观的相关知识,更加深刻掌握了这些知识点之间的逻辑性,提升促进了逻辑思维能力和解决实际问题的能力。

二、主题情境议境化

无论主题情境式教学还是议题式教学,都少不了情境的预设,但是情境承载的任务不同。主题情境式教学中创设的情境是为了引导学生身临其境地探究知识,提高能力,实现情感共鸣。议题式教学中创设的情境承载着为议题服务、提升学科核心素养的任务,具有可议性和素养化的特征。议题式教学最大的亮点就是围绕议题让学生真正地议起来。因此,主题情境议境化成为主题情境式教学落实议题式教学的关键。

1. 生活情境。实践是一切认识的来源。无论主题情境式教学还是议题式教学,都不能脱离生活实践。情境只有植根于生活的沃土,回归生活,使学生设身处地,才能激发学生主动参与课堂活动的热情,引燃学生思维的火花,让教学更灵活、更出色、更高效,实现主题情境具有"议"境的持久魅力。在执教"我国的个人收入分配"这节课时,笔者布置了一个课前的准备工作,让学生调查父母、身边亲友的收入形式,在课堂上进行小组自由讨论。通过学习,一方面,学生可以直观地理解各种分配方式的内涵及意义;另一方面,还可以让学生体会父母、亲友获得收入的不易。能达到这样的教学目标,是因为这些情境来自学生的生活,学生有话可说,有题可议,有感而发,激发了学生参与课堂的积极性,使主题情境具有议境化。

2. 复杂情境。复杂情境具有主体多元、事件多样、观点可议的特性。所以,复杂情境可以让学生与复杂的社会情境之间产生联动,在辨别与判断中做出正确选择,引导学生学会从多角度思考问题,增强对复杂事物的深刻把握,体会辩证思维的特征,增强辩证思维能力。在复习"经济与社会"中"生产资料所有制与经济体制"这一单元时,笔者以"地摊经济"为背景,设置了以下情境:地摊经济作为"人间的烟火"对经济、民生发挥积极作用,但它作为城市的边缘经济,一直是影响市容环境的关键因素。新冠疫情暴发后,各地经济都受到一定影响,保就业、保民生成为政府工作的优先任务。在此情境下,笔者设置了两个议题。议题1:疫情期间,你赞成地摊经济回归吗?为什么?议题2:如果赞成地摊经济回归,那应该如何回归?通过对议题的探究学习,学生对以"地摊经济"为代表的非公有制经济有了一个全面而深刻的认识,提高了学生的科学精神,实现了主题情境落实议题式教学。

3. 两难情境。两难情境可以带给学生认知冲突、价值冲突和思维辨析,让学生在矛盾中做出科学思考和辨别,逐步培养学生"五爱"思想情感和文明礼貌的行为习惯,提升学科核心素养。如在学习"在实践中追求和发展真理"一课时,对"认识的反复性"这个知识点,笔者设置了这样的情境:高三学生即将步入大学,需要制订自己的职业发展规划。这时大部分学生会面临这样的烦恼:一方面是父母的期待,毕竟自己深受父母的养育之恩,不想违背他们的期望;另一方面是自己的梦想,毕竟自己苦心奋斗十多年,总想追求自己的生活,实现自己的人生价值。议题:为什么会产生这样不同的选择?面对两难境地,你会做出怎样的抉择?如有意识地设计辩论赛,通过引发学生认知冲突、价值冲突和思维辨析,在课堂上摩擦出智慧的火花,促进学生深度学习。

三、活动任务系列化

主题情境式教学和议题式教学都会根据教学的需要设计自主学习、合作学习和探究学习等活动,看起来活动形式丰富,课堂热闹,但是不能真正实现学科课程与活动形式的有机结合,活动的目标不明确,会影响教学效果。为此,必须理顺活动内容和活动形式的关系,让活动形成一定的逻辑体系,实现活动任务系列化。

1. 活动内容系列化。活动是有内容的活动,内容在活动中得以展开,反映了活动型学科课程的根本属性,而活动型学科课程实施的关键就是要开展议题式教学。首先,围绕议题开展活动。当有了议题统领时,活动便有了主题内容,那就是活动要为议题服务,从议题的提出到议题的解决,在此过程中解决系列化问题群成为活动的任务。其次,围绕课程内容开展活动。新课程标准中,课程内容分为必修课程、选择性必修课程和选修课程,每个模块中都列举了内容要求、教学提示以及学业要求,使活动开展有章有法、有理有据,实现了活动内容课程化的目标。最后,围绕核心素养开展活动。当活动内容与素养内容保持一致时,在活动中培育核心素养就不再是一句空话。

2. 活动形式系列化。当前思想政治课的活动形式从单一走向多元,呈现多层次、多渠道、多系列的特点。根据活动地点不同,活动可以分为课内活动(如课堂辩论)、校内活动(如参观校史)和校外活动(如社会调查)三种类型。在活动中,能围绕一个主题内容有序开展。每种活动形式虽不存在好坏之分,但必须根据教学需要有序开展,适时应用。

在高中思想政治主题情境式教学视域下探讨议题式教学,是新课程改革的呼唤,也是今后课堂教学改革的方向。当然,议题式教学的实施并没有固定的模式,这需要在准确把握学生需求的基础上,对课程本身做出深入的理论思考和有力的实践推动。唯其如此,议题式教学才能真正落地生根,绽放光芒。

【导师点评】

议题式教学是落实活动型学科课程的重要抓手。要做好议题式教学的设计与实施,就要正确理解议题和议题式教学。本文在主题情境视域下审视议题式教学,在两种教学方式的比较中,重构情境、活动、问题等教学要素,在教学理念和教学方式上实现了对传统课堂的超越。

陈明青

2022 年 4 月

高中语文学习任务群设计与任务型写作组合教学例谈

——浅论新课标视域下教学资源的重组与优化

宋国荣

【摘要】将《普通高中语文课程标准(2017 年版 2020 年修订)》18 个学习任务群看作教学课程,不如将学习任务群看作一种教学理念。在学习任务群设计理念的指导下,将体量过大的学习任务群分解为若干体量较小的、易于教学实践展开的学习任务群,进而优化组合为完成新课标学习目标的学习任务群。构建高中语文学习任务群,一种更有效的方式是以思想主题为核心,整合相应的教学资源,形成同一思想主题的学习模块,并将此思想主题与当代社会思潮和当代文化对接。以"同一思想主题"构筑一个囊括"课内教学资源""当代文化现象"和"任务型写作"的学习任务群,追求语言、知识、技能和思想感情、文化修养等多方面和多层次目标发展的综合效应。

【关键词】思想主题　教学文本　文化关注　任务型写作

《普通高中语文课程标准(2017 年版 2020 年修订)》的课程结构由 18 个学习任务群构成,倡导以学习任务群为教学主线完成普通高中语文教学。学习任务群的设计理念是"以自主、合作、探究性学习为主要学习方式";学习目标是"追求语言、知识、技能和思想情感、文化修养等多方面和多层次目标发展的综合效应,而不是学科知识逐'点'解析、学科技能逐项训练的简单线性排列和连接。学习任务群的设计,旨在引领高中语文教学的改革,力求改变教师大量讲解分析的教学模式"。

普通高中语文教学如果完全以 18 个学习任务群的课程结构展开,必然会导致单一学习任务群体量过大,在教学实践中实施困难。从普通高中语文教学的实践出发,与其将 18 个学习任务群看作学习课程,不如将学习任务群看作一种教学理念。在学习任务群设计理念的指导下,将体量过大的学习任务群分解为若干体量较小的、易于教学实践展开的学习任务群,不断优化组合,以完成新课标学习目标的学习任务群。

一、学习任务群构建方式以及与任务型主题化写作组合的学习目标

"群"的形成,是建立在趋同性基础上的,正所谓"物以类聚,人以群分"。能归结在同一学习任务群中的教学资源,必然在某方面存在相应的共同性,或学习任务群的设计本身就是依据某一学习目标,将具有相应共同性的教学资源整合在某一"群"中,以达成"合作探究"和"综合效应"。

高中语文学习任务群可以同一作家的同一系列作品为构建,以求对该作家有全方位、多角度、深层次的学习与探究。例如,《赤壁赋》《后赤壁赋》《念奴娇·赤壁怀古》《定风波·莫听穿林打叶声》《卜算子·黄州定慧院寓居作》五篇是苏轼在被贬黄州时的作品,分布在不同的高中语文教材中。在高中语文教学实践中,可将它们归结为一个学习任务群,从广阔的视角观察体悟苏轼在被贬黄州期间的情感历程,从而投射于学习者自身,促进学习者自身精神品质成长。

高中语文学习任务群可以同一知识与技能为核心构建,通过进行系列文本阅读训练,熟练掌握知识与技能。例如,刘禹锡《西塞山怀古》、苏轼《念奴娇·赤壁怀古》、辛弃疾《永遇乐·京口北固亭怀古》和杜甫《咏怀古迹五首·其三》四个文本是苏教版高中语文教材的重点篇目,分布在不同的语文教材中。在教学中,可以"怀古诗"相应知识与技能为核心建立一个较小的、学习目标精确的学习任务群,整合原有的、零散的教学资源,扩大学习视域,使学生全面深刻地理解"怀古诗"这一文学类别,进而迁移发散,形成关于文本阅读的核心素养。

构建高中语文学习任务群,一种更有效的方式是以思想主题为核心,整合相应的教学资源,形成同一思想主题的学习模块,并将此思想主题与当代社会思潮和当代文化对接。这样,就以"同一思想主题"构筑一个囊括"课内教学资源""当代文化现象"和"任务型写作"的学习任务群。

在此学习任务群的学习过程中,学习任务有:(1)完成课内教学资源的学习,培养相应的语言能力、文本鉴赏能力;(2)梳理和理解该学习任务群的核心

思想主题的多角度观点,并厘清相应观点形成的思维逻辑;(3)对应此核心思想主题在当代社会文化中的投射,对比该思想主题在不同阶段和背景下的观点,并形成相应的任务型主题化写作。

高中语文教学任务群设计与任务型主题化写作教学展示及目标如下:

首先,需要做的是"以思想主题为核心重组课内教学资源",这部分教学资源指向的课程标准的教学目标是(1)语言积累与建构;(2)语言梳理与整合;(3)增进对祖国语言文字的美感体验;(4)鉴赏文学作品;(5)传承中华文化。

其次,重组课内教学资源的核心"思想感情"对应"当前社会思潮和当代文化现象",这部分指向课程标准的教学目标是(1)理解多样文化;(2)关注、参与当代文化;(3)增强形象思维能力。

最后,教材中的教学资源与当代社会思潮和文化现象通过以思想感情为核心和纽带对接后,形成学习成果——任务型主题化写作。在"任务型主题化写作"中,要达成的学习目标是(1)语言表达与交流;(2)发展逻辑思维;(3)提升思维品质;(4)美的表达与创造。

二、学习任务群设计和任务型主题化作文写作组合教学示例与分析

笔者以《逍遥游·节选》《兰亭集序》和《定风波·莫听穿林打叶声》为例,设计"任务型主题化作文写作组合教学"的学习任务群:

(1)《逍遥游·节选》的核心思想为"至人无己,神人无功,圣人无名",其思想主题本质上是虚无主义,其核心是"无"。

(2)《兰亭集序》的核心思想为"固知一死生为虚诞,齐彭殇为妄作",其主旨是承认死生寿夭、喜怒哀乐是客观存在的不同,反对"无"的思想,但是文本话题是"玄学"。

(3)《定风波·莫听穿林打叶声》的核心思想为"回首向来萧瑟处,归去,也无风雨也无晴"。虽然《定风波·莫听穿林打叶声》的核心思想是"无",但是由于作者身处死里逃生、被贬黄州的逆境中,故其"无"的思想在特定的环境中有积极的意义。

虽然三个文本的情感倾向不同,但是核心思想都是"空无主义",所以可组

合成一个学习任务群。

与此教学资源对应的当代社会思潮和文化现象是：

（1）佛性青年，内涵：在快节奏的都市生活中，追求平和、淡然的生活方式的青年人，类似古代的隐士。社会各界对其褒贬不一。

（2）"什么都是浮云"，内涵：表示什么都不值得一提，有抱怨、感叹之意。把一切都看作过眼云烟，仿佛一切都是不存在的，又有一切都是相同之意。

（3）"心灵鸡汤盛行"，内涵：带有精神安慰作用，具有动机强化（励志）作用，内容是对世界较为乐观的认识或行动指向的文段。这是"佛系青年"和"什么都是浮云"的逆向反应。

这个学习任务群一共由六个学习任务构成，分别是《逍遥游·节选》《兰亭集序》《定风波·莫听穿林打叶声》三个"课内学习文本"和"佛性青年""什么都是浮云""心灵鸡汤盛行"三个"当代社会文化现象"，这六个学习资源组合起来构成一个学习任务的共同核心思想主题即"空无主义"。在这个学习任务群的课内学习文本中还可以加入《念奴娇·赤壁怀古》《病梅馆记》《像山那样思考》等，在"当代社会文化现象"模块中还可以关注"狼性文化""儿童课外补习风行"等。最后形成的学习成果是任务型主题化写作《关于"空无主义"思想在不同时期的表现及其利弊》。

构建这样的学习任务群的优点为：其一，把原先分布在不同年级、不同单元的共同主题的文本重组在一起进行集中学习，有利于对同一主题的深入学习和掌握，避免按照教材编排顺序按部就班，反复学习同一主题却点到即止的现象。何况，这些文本虽属同一主题，但观点各异甚至有矛盾，将它们重组在一起集中学习，有利于发散性批判性思维教学，培养学生的逻辑思维能力。

其二，在学习任务群中对接"当代社会文化现象"，使学生学会"关注、参与当代文化""传承中华文化"，实现语文教学社会化、生活化；同时，通过对"当代社会文化"的思考，培养逻辑思维能力，学会价值判断和选择。

其三，此学习任务群的成果以"任务型主题化写作"的方式呈现，最终形成的成果可以是读书报告、社会调查报道、论文等形式，这些文本类型都是在加强语言表达和交流能力、逻辑思维能力和表达与创造能力。

将高中语文学习任务群与任务型主题化写作组合教学，主要目的是追求语言、知识、技能和思想感情、文化修养等多方面和多层次目标发展的综合效应，与新课标的学习目标融合在一起，以避免孤立的、零碎的、片段化的教学。因此，根据新课标学习任务群的教学理念，将其与任务型写作组合，设计一个包括课内文本学习、当代社会文化关注和任务型写作的学习框架，根据学习目标的变化，在这个框架下灵活变化，以适应高中语文学习，提高语文学习效率，增强语文核心素养。

【导师点评】

宋国荣老师撰写的《高中语文学习任务群设计与任务型写作组合教学例谈——浅论新课标视域下教学资源的重组与优化》一文让教师眼前一亮，将体量过大的学习任务群分解为若干体量较小的、易于教学实践展开的学习任务群。这样，我们对如何用好新教材就有一个认识的高度，而不至于"只见树木，不见森林"。

"主题教学""综合性活动""大单元教学"等很多做法和学习任务群都有共通之处。学习任务群是一种新的教学方式还是以课堂教学为主？为什么教材要改为以学习任务群为主的单元教学？语文课的零碎、重复、随意可能跟教学方式有关。现在高中语文提倡学习任务群教学，希望学生在语文实践中学会学习，同时通过任务驱动型学习，建构语文学科的核心素养。从宋老师的文章中可以看出，他的语文教学注意到了多发挥学生学习的主动性，教学方式也灵活有效，与新课程的要求更加贴近，从中能读出丰富的内涵。

岳爱华
2022 年 4 月

细读意象，浅析《荷塘月色》中的淡淡梦境

黄蓓琪

【摘要】《荷塘月色》中的荷塘之景早已挣脱现实束缚，成为经过朱自清先生艺术加工的淡淡梦境。阅读教学过程中，学生容易忽略荷塘月色的梦幻性与短暂性。在新课程、新教材、新高考背景下的高中语文散文教学实践中，我们不妨采用诗歌中的意象分析法，细读散文意象，品读《荷塘月色》的淡淡梦境。

【关键词】意象　《荷塘月色》　散文教学

《荷塘月色》是朱自清于 1927 年 7 月在清华大学任教时所写的一篇抒情散文。文章中，朱自清以游踪为明线，以情感变化为暗线，记录了自己深夜离开妻儿到荷塘散心的一次经历，抒发了自己想超脱现实而又终究不能的复杂感情。他通过荷塘月色的美丽景象塑造了一种幽雅恬静的艺术境界，更是超脱实景，成为经过作者艺术加工的淡淡梦境。

在高中语文教学过程中，部分学生易忽视荷塘月色之景的梦幻性与短暂性。针对这类具有诗意的抒情散文，我们在教学实践中不妨捕捉意象，借助意象细读，为学生提供走向作者心灵深处的支点，去品味《荷塘月色》中的淡淡梦境。

一、细读意象，把握主旨

意象是客观物象经过创作主体独特的情感活动而创造出来的一种艺术形象。无论中西方，人们往往只在诗歌中提及"意象"这个概念，但郁达夫在《中国新文学大系——散文二集》导言中写道："朱自清虽则是一个诗人，可是他的散文，仍能够满贮着那一种诗意……"《荷塘月色》这篇散文其实像诗歌一般意象丰富，构建起"荷塘月色"这一独特的审美想象空间，将散文的诗性之美发挥到极致。我们不妨在整体把握文章脉络的基础上提取文中的多重意象加以评析，触及散文的本质。

《荷塘月色》按照先后顺序主要出现以下意象:抒情主体"我"、院子、荷塘、月、马路上的孩子们、妻、闰儿、门、小煤屑路、荷塘四面的树、一带远山、路灯光、蝉声、蛙声、江南采莲少女、看采莲的人、梁元帝《采莲赋》、南朝乐府民歌《西洲曲》。在把握主旨的前提下,我们可根据原文中朱自清对不同意象的情感以及暗示的心理状态,将文中意象做以下简要分类:

意象			特点	原文摘选
梦幻	北京清华园中的荷塘	我	独立,闲适,自由	路上只我一个人,背着手踱着;像超出了平常的自己;什么都可以想,什么都可以不想,便觉是个自由的人;白天里一定要做的事,一定要说的话,现在都可不理。
		月光下的荷塘 荷叶	茂盛,出水高,层层叠叠,圆润舒展	另有一番样子;出水很高。
		荷花	洁白,零星,形态丰富,晶莹剔透,高挑	今晚若有采莲人,这儿的莲花也算得"过人头"了。
		荷香	清幽渺茫,时断时续	仿佛远处高楼上渺茫的歌声似的。
		荷波	凝碧,脉脉,被遮住	这便宛然有了一道凝碧的波痕。
		青雾	青绿色,薄薄,自下而上扩散	薄薄的青雾浮起在荷塘里。
		荷塘上的月光 月光	静谧,流动,皎洁,朦胧,恬静,柔美,淡淡的满月,苍茫无边,并不均匀	月光如流水一般,静静地泻在这一片叶子和花上。叶子和花仿佛在牛乳中洗过一样;又像笼着轻纱的梦。天上却有一层淡淡的云,所以不能朗照;但我以为这恰是到了好处——酣眠固不可少,小睡也别有风味的。
		月影	幽静,和谐	月光是隔了树照过来的,高处丛生的灌木,落下参差的斑驳的黑影,峭楞楞如鬼一般;弯弯的杨柳的稀疏的倩影,却又像是画在荷叶上。塘中的月色并不均匀;但光与影有着和谐的旋律,如梵婀玲上奏着的名曲。
		通往荷塘的小煤屑路	曲折,幽僻,寂寞	今晚却很好,虽然月光也还是淡淡的。

意象			特点	原文摘选
梦幻	北京清华园中的荷塘	周围的环境 荷塘四面的树	蓊蓊郁郁地围住荷塘,以杨柳居多;幽静;树色朦胧;善解人意	远远近近,高高低低都是树;树色一例是阴阴的,乍看像一团烟雾;但杨柳的丰姿,便在烟雾里也辨得出;这些树将一片荷塘重重围住;只在小路一旁,漏着几段空隙,像是特为月光留下的。
	记忆中的江南荷塘	我	思念江南,轻松	这令我到底惦着江南了。
		荷塘	生机勃勃	夏始春余,叶嫩花初。
		荷塘里的人	青春活泼,情意绵绵,风流热闹;以江南采莲少女、看采莲的人写男女之情	采莲的是少年的女子,她们是荡着小船,唱着艳歌去的;那是一个热闹的季节,也是一个风流的季节;梁元帝《采莲赋》;《西洲曲》。
现实	我		颇不宁静;作为丈夫、父亲,承担家庭重任	我爱热闹,也爱冷静;爱群居,也爱独处。这真是有趣的事,可惜我们现在早已无福消受了。
	荷塘		熟悉,嘈杂,不如江南美	日日走过。这时候最热闹的,要数树上的蝉声与水里的蛙声;但热闹是它们的,我什么也没有。只不见一些流水的影子,是不行的。这令我到底惦着江南了。
	荷塘外的世界	院子、门、妻、闰儿	家人不理解我的烦闷	妻在屋里拍着闰儿,迷迷糊糊地哼着眠歌;什么声息也没有,妻已睡熟好久了。
		马路上的孩子们、一带远山、路灯光	1927年的社会喧哗、沉重	树梢上隐隐约约的是一带远山,只有些大意罢了。树缝里也漏着一两点路灯光,没精打采的,是渴睡人的眼。

　　根据对散文意象的比较分析,我们读到:在家庭生活琐碎与时局动荡等现实重压下,缺少知己的朱自清"心里颇不宁静",便向月光寻求精神上的慰藉,在自己的想象中躲进北京、江南的两重荷塘梦境,使得原本熟悉,并不美丽的清华

园中的荷塘变得与众不同,构成被树包围、月荷交错、只欢迎独处沉思之人踏上那条小煤屑路的世外桃源梦,获得了心灵的自由与安宁。然而,梦境易碎,在被蝉声、蛙声吵醒之时,他需要依靠想象从北京的荷塘去追忆江南的荷塘;在发现自己身在北京,远离江南之际,他的想象终究还是停止了,最终还得回到家里。朱自清由现实到想象再重归现实的心灵路径,既描绘出想象之美,又以想象之自由欢愉反衬现实之苦闷压抑。

二、细读意象"荷塘",分析月色荷塘的梦幻性

散文教学中,学生对《荷塘月色》的理解容易止步于文中优美的景物描写,却忽略了荷塘月色更多的是作者朱自清的艺术想象。通过细致地分析散文中"北京清华园中的荷塘"与"记忆中的江南荷塘"这两个意象,教师可以在把握文章整体脉络的基础上,带领学生认识朱自清笔下月色荷塘的梦幻性。

为什么说月色下的荷塘只是一个梦?

第一,北京清华园中的荷塘在现实生活中并不优美,从写作动机上看,荷塘是在朱自清审美的眼光下才变得像梦一般美好。清华园中的荷塘原本属于朱自清压抑的现实生活的一部分。这是朱自清"日日走过"的地方,他早已熟识荷塘的风貌:通往荷塘的路是"阴森森"的;荷塘里有嘈杂的"树上的蝉声与水里的蛙声",令人心烦;荷塘里"只不见一些流水的影子",又少了江南脉脉流水的风韵。这个荷塘和"马路""一带远山""路灯光"原本属于朱自清心灵外的世界。他"这几天颇不宁静",烦恼比往日多几分,妻子又忙于养育孩子,无人解忧。出于对自由宁静的渴望,他在月光的指引下以审美的眼光看待荷塘。朱自清将月光下的荷塘想象成一个与世隔绝之梦:以小煤屑路作为入口,以杨柳等树作为边界,以荷塘作为主景,以月光作为笼罩,光影交错,和谐美好。这个梦以月光为光源:月光让小煤屑路从"阴森森""有些怕人"变得"很好";让"弯弯的杨柳的稀疏的倩影,却又像是画在荷叶上",增添了美感;让荷塘中的荷变得静谧纯洁,"如流水一般,静静地泻在这一片叶子和花上",让"叶子和花仿佛在牛乳中洗过一样;又像笼着轻纱的梦";让荷塘之中的光影"如梵婀玲上奏着的名曲",和谐一致。柔和恬静、朦胧洁白的月光笼罩着这个梦,同蓊蓊郁郁的杨柳等树尽力保护着梦里的朱自清远离压抑的现实,令他沉醉。荷塘是一个梦,梦中的荷像

一位能理解朱自清的红颜知己。他在荷塘中寄托理想境界，心凝形释，与这里的万化冥合。在"超出了平常的自己，到了另一个世界里"的梦中，朱自清将自己的自由和理想投射其中，发现荷塘与往日不同的美。

第二，文中的工笔描写中的丰富想象赋予北京清华园中的荷塘梦幻色彩。朱自清的散文被称为"白话美术文的模范"。杨昌江在《朱自清的散文艺术》中评价朱自清"善于通过缜密的艺术构思和笔触细腻的描绘，使作品的意境具有诗情画意的美"。《荷塘月色》写景的确特别工细。朱自清赏荷时格外仔细周密，从荷叶、荷花、荷香、荷波多个角度出发，运用比喻、拟人、通感的修辞手法，由远及近、由高及低地描写北京清华园中的荷塘之景，显示其丰富美丽的想象。朱自清将月光下忽隐忽现的荷花比喻成"碧天里的星星"，将经微风吹拂似有似无、时隐时现的缥缈荷香通感为"远处高楼上渺茫的歌声"，又写到荷塘上田田荷叶映衬的青雾，在月光的清辉之下自下而上地"浮"起，像梦一样轻盈缥缈！整个荷塘为柔和皎洁的月光所笼罩："月光如流水一般，静静地泻在这一片叶子和花上。叶子和花仿佛在牛乳中洗过一样；又像笼着轻纱的梦。"这如何不是一个梦？

第三，从朱自清对荷塘的特殊感情中，我们能读到荷塘的梦幻性。在梦幻的荷塘里，朱自清可以不顾世俗眼光欣赏美人，想象自己还是青涩懵懂的少年。在朱自清的描绘下，北京清华园的荷对他来说更像一群柔美多情的女子。在这片美妙的荷塘里，荷像女子一样舞蹈、歌唱，眼眸闪亮，形态或袅娜，或羞涩，始终是佳人风貌，带给朱自清心灵的享受。写回忆中的江南荷塘时，朱自清引用了《采莲赋》与《西洲曲》，引"夏始春余，叶嫩花初"写江南荷塘之生机与荷塘儿女之青春活力，引采莲人与看采莲的人之间的嬉游写江南采莲的热闹欢愉与少男少女之间的风流情爱，引"莲子清如水"更是直接流露出对青春爱情的怀念。当然，联系文章写作时的社会背景，江南荷塘里或许还隐藏着朱自清对往日和平安逸生活的缅怀以及对个人处境的担忧。"像今晚上，一个人在这苍茫的月下，什么都可以想，什么都可以不想，便觉是个自由的人。白天里一定要做的事，一定要说的话，现在都可不理。"他在荷塘中可以暂时忘记自己为人丈夫、为人父亲的身份，"且受用这无边的荷香月色好了"，沉醉在这自由、无所拘束的梦里。

三、细读意象"月",分析荷塘月色的短暂性

散文教学中,学生能读到文中的两处荷塘,但容易忽视两处荷塘之间转化的契机,认识不到荷塘月色梦境容易受现实影响而短暂易逝。朱自清在荷塘月色中不是完全沉醉,没有获得一整晚的宁静,而是作为一个真实的人在现实与美梦之间挣扎。这个夜晚,他收获的只有"淡淡的"喜悦。

那么,荷塘月色这个梦境为什么是短暂易逝的呢?

第一,两处荷塘梦境的切换和江南荷塘梦境的结束都与现实世界相关,梦中的欣赏时间一次比一次短,现实总是一次又一次地将朱自清从美梦中叫醒。欣赏北京清华园荷塘四周的树时,朱自清从树梢、树缝看见了外面的世界:"树梢上隐隐约约的是一带远山,只有些大意罢了。树缝里也漏着一两点路灯光,没精打采的,是渴睡人的眼。""一带远山"和"路灯光"是荷塘外的意象,象征着让朱自清烦恼的现实世界。当现实意象闯入梦境后,他之前刻意忽略的嘈杂的蝉声、蛙声也都跟着现实闯进了他的耳朵,不复美梦的宁静。"但热闹是它们的,我什么也没有。"这一句感叹是两处荷塘之间转化的契机,在北京清华园荷塘的美梦被现实吵醒后,他只能通过回忆江南荷塘来寻找新的慰藉。但是,江南荷塘的有趣美梦也总被现实打扰:"这真是有趣的事,可惜我们现在早已无福消受了",提醒朱自清他已不是青春少年郎,而是要承担家庭责任的一家之主;今晚的荷塘"只不见一些流水的影子,是不行的""这令我到底惦着江南了",提醒朱自清正面临晦暗的现实处境;"这样想着,猛一抬头,不觉已是自己的门前;轻轻地推门进去,什么声息也没有,妻已睡熟好久了",提醒朱自清欢乐的梦境不属于琐碎的家庭,现实生活里他的妻子依然不懂他心中的忧愁与期许。引他出门散心的月光还是要被拒绝在现实的大门外的。

第二,"淡淡的月光"这一意象象征着荷塘之梦的短暂性。荷塘上的月虽说是满月,却因被天上"淡淡的云"遮挡而不能朗照,正如朱自清的心情一样都是"淡淡的"。这样朦胧洁白、苍茫无边的月光将月光下的独行者衬托得更加寂寞,朱自清沉浸在荷塘中的喜悦也是非常短暂的。欣赏清华园荷塘月色时,他说:"酣眠固不可少,小睡也别有风味的。""小睡"一词便隐晦地指出朱自清只能在荷塘月色中小睡而不得酣眠,只能获得片刻心灵的沉醉。他来到荷塘,但最

终还得离开,荷塘月色只能是他在这个夜晚一个短暂的美梦而已。文中流露的情感并不浓烈,淡淡的月光象征着短暂的喜悦,印证着荷塘月色这个梦境的短暂性。

总之,我们在散文教学中可以通过分析意象帮助学生把握主旨,理解《荷塘月色》的淡淡梦境,理解朱自清的心灵是如何在现实与想象之间切换的,提升学生的散文阅读体验,指引他们在现实压力围困之际为自己建构一方心灵的荷塘月色。对于与《荷塘月色》一样语言凝练、抒情性强、意境深邃的散文,我们也不妨细读意象,引导学生走进作者丰富的心灵世界。

【导师点评】

优秀散文都具有浑然天成的特点,《荷塘月色》更是如此。本文作者从整体上把握文章,运用意象解读的方法进行教学,不失为一种有效的尝试。正因为充满烦恼的家庭生活、人事纠纷与工作压力,或许是动荡的时局与内心的躁动使得朱自清"心里颇不宁静",带着摆脱世俗的烦恼和寻求心灵自由的渴望,他踏上了充满隐喻的曲折的小煤屑路,这才使"日日走过的荷塘"有了另一番样子,形成了月光、荷叶、荷花、荷香、杨柳等构成的美景,由眼前的景色联想到江南。正因为他的期许,平常的荷、树、路才有了别样的意象。

本文用意象解读诗歌的方法来解读朱自清的名篇《荷塘月色》,角度新颖而适切,也符合"他的散文,仍能够满贮着那一种诗意"(郁达夫)的行文特点。"意象"是"客观物象经过创作主体独特的情感活动而创造出来的一种艺术形象,多用于艺术物象"。譬如,肝胆冰雪、望月思乡、折柳送友等。《荷塘月色》的意象大多不是物象,而是在具体文章中的临时意象。本文作者在具体语境中加以引导,采用意象分类解读的方法,从"细读意象,把握主旨""细读意象'荷塘',分析月色荷塘的梦幻性"和"细读意象'月',分析荷塘月色的短暂性"三个方面透彻而细致地赏析文中的意象,不失为一种好的阅读方法。

鞠朝霞

2022 年 4 月

浅谈地方文化与高中语文课堂的融合

蒋　琳

【摘要】语文学科作为一门语言文化学科,除了传授基本的语文知识外,还应承担更多的文化使命,传承传统文化,培养审美情趣,增进文化理解,提高语文素养。有地域特色的地方文化蕴含丰富的精神价值,它作为语文课堂教学资源的一部分,应该适时适当地融入课堂,使学生感悟家乡的风土人情,丰富文史知识,树立文化自信,实现文化传承。

【关键词】地方文化　语文课堂　方法

地方文化是在特定区域内的独特文化,包括饮食、服饰、绘画、艺术、民居、信仰等方面。自古至今,地方文化不断发展变化。本文从实践层面探讨如何将地方文化融入高中语文课堂。

高中语文核心素养将"文化传承与理解"作为重点列出,而地方文化中蕴含丰富的文化符号和精神价值,且都是经过长期的实践和应用而最终形成的,与当前语文学科教学的部分内容相辅相成。因此,地方文化应该适时适当地融入语文课堂,成为语文课堂教学资源的一部分。

那么,如何将地方文化融入高中语文课堂?本文尝试从三个方面进行探讨。

一、积累修炼,挖掘资源

教师承担"传道授业解惑"的使命。因此,教师首先要积累任教学校所在地的丰富地方文化。特别是一些非"土生土长"的教师,更需深入了解、熟悉、研究地方文化,吸收地方文化的精髓,并能准确阐释地方文化。此外,语文教育因其自身的特殊性,对语文教师也提出更高的道德与情怀要求。这需要语文教师精心修炼。语文教师文化风范、道德情怀的修炼是地方文化与语文课堂融合的基础。

教师有了丰富的地方文化"底蕴",在课堂教学中就要善于挖掘资源。高中语文教材按照单元编制,诗、词、文俱有,这些入编的经典作品经过世世代代的传承,积淀了丰厚古老的传统文化。在经典篇章中,教师要灵敏地挖掘与地方文化相关的内容,将地方文化融入课堂教学。笔者所任教的学校地处长江三角洲和太湖地区的中心地带,属吴文化圈,比较有特色的是丝绸文化。古文、诗词中有较多跟"丝绸"和"丝绸文化"相关的内容,如在诗词中经常出现的实词"纨、绮、缣、缟"等带有丝字部首的字,文言文中出现的"云锦""蜀锦""罗琦""布衣"等文化知识。教师可以适当补充本地丝绸文化,以开阔学生的知识视野,开发学生的文化思维,让学生了解自己身边的文化,激发学生对地方文化的兴趣,在潜移默化中提升学生对地方文化的认同感。

在《琵琶行》的教学过程中,解读"五陵年少争缠头,一曲红绡不知数",这里的"红绡"是彩色的丝绸,在当时的社会中只有贵族才能用上等面料。贵族公子一掷千金的派头,在"一曲红绡不知数"中写得活灵活现。这也从侧面表现了琵琶女年轻时技艺高超,美丽出众。白居易的另一首诗《缭绫》写道"缭绫织成费功绩,莫比平常缯与帛。丝细缲多女手疼,扎扎千声不盈尺",道尽了缭绫耗费人力之辛苦。如此折腾人力物力,丝绸的珍贵也就不言而喻了。这有助于学生体察民生疾苦。因此,教师要善于挖掘资源,敏锐地发现教材中与地方文化相关的内容,在授课时适时补充,不仅活跃课堂气氛,而且使学生积累更多的文化知识,提升精神价值。

二、找准对应,应势适时

地方文化与高中语文课堂的融合,要找准有效的切入点,一个有较强辐射的切入点能激发生生、师生间的互动,从而活跃课堂气氛,收到更高的课堂实效。有效的切入点是学生熟悉的点、感兴趣的点,用熟悉和感兴趣引起学生的注意,调动学生的积极性,会收到事半功倍的效果。切入点的选择也是灵活多变的,参照不同文本、对应不同受众而采取不同的教学策略。当前"传统文化"是语文教学的热门词,《普通高中语文课程标准(2017年版2020年修订)》中多次提到"文化传承与理解""理解多样文化"等。各地高考卷中也全方位地渗透文化,体现文化。在大力提倡传统文化进校园的大背景下,为更好地理解和传承文化,以地方文化为切入点,依据教情和学情,应势适时以点带面地引导学生探究教材内容,使学生更好地理解文化。

如在教授晏殊的《破阵子·春景》时,笔者以学校所在地盛泽的一个景点先蚕祠为切入点。先蚕祠是盛泽丝绸文化的体现,于1840年为祭蚕花娘娘即嫘祖而建,每年的5月20日都会在殿内上演小满戏,以庆神诞。民国年间沈云所作《盛湖竹枝词·小满戏》云:"先蚕庙里剧登场,男释耕耘女罢桑。只为今朝逢小满,万人空巷斗新妆。"小满日,相传是蚕花娘娘的生日。坊间通过戏曲的形式,庆祝蚕花娘娘的生日,同时祈愿丝业兴隆。小满是二十四节气之一,而《破阵子·春景》中的"新社"是古代祭祀土地神以祈丰收的意思,时间在立春后、清明前。从节气的时间上看,"新社"在"清明"之前,故由"小满"引出"燕子来时新社,梨花落后清明"再合适不过。通过了解先蚕祠、小满戏,学生对"新社"也就不再陌生。教师对先蚕祠的介绍,使学生既认识了盛泽丝绸文化,积累了二十四节气的文化知识,又准确地掌握了本词的内容,收到一石二鸟之效。这样的切入点自然真实,应"文化传承与理解"之势,补充介绍地方文化,使学生感悟乡土风情,实现文化传承。

教师要找准切入点,立足教材内容,顺应当前教育之势,使地方文化和学生心灵自然融合;将地方文化作为一个点浸润课堂,以点带面,使学生在潜移默化中受到地方文化的熏陶。

三、文化先导,提升责任感

地方文化与语文课堂的融合,还需要明确主题。先要准确定位,并归纳总结地方文化,使其主题明确、特色鲜明,成系统化,避免地方文化碎片化。然后,用发展的眼光找到教材中最贴近学生现实生活、精神世界的内容,以此为触发点,相互参照理解,引起学生对地方文化的关注,吸收地方文化的精髓,获得归属感。

将地方文化主题化,并使之融入语文课堂,是教学之需,是学生自身发展之需,也是社会发展之需。但是,教材上的内容往往是"纸上得来终觉浅",教师再怎么"卖力"备课,做"声情并茂"的PPT,学生可能还是会觉得其遥不可及,体会不深;即使能理解,也是被动地接受。主题化地方文化的引入能减少枯燥感和违和感,增加亲切度和舒适度,用其辅助课堂教学,建立起现实与书本之间的联系,提高课堂效率。例如,以古诗词中的"丝绸文化"为主题进行教学,或以作者为主线,通过归纳作者笔下有关"丝绸"的诗句进行教学赏析。

同时,主题化地方文化的融入有助于学生的全面发展。地方文化经过千锤百炼,将其精华呈现出来,不仅可以提高学生的知识水平,还对学生价值观的取向、自信的养成、素养的发展等起着重要作用。例如,地方文化中勤劳的品质、淳朴的民风、美好的人性等道德方面的主题,正是学生德育发展需要的,是学生全面发展不可或缺的。

课堂中主题化地方文化的融入更是社会发展之需。社会的发展不仅需要有专业知识的人,更需要有优秀道德品质和高度责任感的人。地方文化的文化意识和精神价值中蕴含文化知识、道德品质和责任意识,学生在主题化地方文化中可以学到这些。这里以笔者任教学校所在地的丝绸文化中的生态主题为例。丝绸文化中的生态主题体现在两个方面:一是丝绸被称为"软黄金",轻柔透气,是天然可再生纤维材料,"可再生"体现生态;二是种桑养蚕是低消耗、高收益的生态模式,注重循环利用,自然环保。随着社会的发展,环境问题已经引起全球的关注,而良好的生态意识有利于学生形成正确的生态观,表现出应有的社会责任感,能站在全人类的高度思考生态问题。笔者用丝绸文化的生态主题导入,以历史发展的眼光解读丝绸文化,从生态的角度定义丝绸文化,唤起学生对丝绸文化的进一步认识,把对丝绸文化的直观感性认识上升到深刻的理性思辨层面,用丝绸文化的生态观解读文本,从实践和理论两方面培养学生的社会责任感。

地方文化以其特有的内涵融入高中语文课堂,使学生感悟家乡风土人情,丰富文史知识,树立文化自信,实现文化传承。地方文化作为一个知识点融入语文课堂还需要教师不断积累修炼,提升自己的文化知识修养,在课堂实际操作中找准切入点,明确主题,应势应需,适时适当。当然,地方文化在整个课堂教学过程中是点,起到点缀的作用,不可喧宾夺主。教师应势应需,适时适当补充即可,不必篇篇讲、堂堂讲,将地方文化作为课堂教学资源的一部分辅助教学,使课堂教学点面结合,有的放矢。

"文以载道,文道合一。"古人认为较高的道德修养是为文的前提,德是文章的内核,文是道德的载体。文章中蕴含的思想价值、文化意识通过语言文字显现出来,语文教师以讲授语言知识为明线,潜移默化地培养学生的文化意识和精神价值,形成双线结构,双管齐下。在教学过程中,教师要结合教材内容,检索出与之相关联的地方文化,用地方文化中类似的文化或精神现象辅助感知,使思想价值和文化意识自然渗透,使地方文化入心入肺。

【导师点评】

本文探讨如何将地方文化融入高中语文课堂,既注重语文课堂教学的"双新"要求和文化育人功能,也具有较高的政治站位意识,符合新时代对语文课堂教学的新要求。

作为经验提炼型论文,本文基于扎实有效的具体案例,在案例叙述中将地方文化联系语文课堂教学所承载的文化传承功能,这种想法和做法值得肯定。作者从实践案例中寻找典型的方法和规律性的经验,对自己和他人的教学工作均有指导和借鉴意义。

鞠朝霞

2022 年 4 月

深度写作:在情感与思维的支点上

刘　杨

【摘要】本文通过分析高中学生写作现状,深入理解写作的本质,提出要让深度写作成为高中作文教学的追求,不断激发学生情感智慧和思想禀赋,并进行深度写作的主张。笔者从理念与策略两个方面对深度作文进行了实践探索,包含以下三个角度:细节——情感深度;谈话——思维深度;比类取象——思想深度。

【关键词】深度写作　细节　谈话　比类取象

一、深度:写作的本真追求

近年来,部分高中学生作文的意趣和格调不高,表现为低幼化、简单化,内容缺乏深度和高度。如何让学生写出有意义的作文? 笔者认为,作文课要不断地激发学生的情感智慧和思想禀赋,让他们感受到情感互动与思维联动的乐趣,自觉地追求深度写作。

写作是个体将自己对自然、对社会、对人生、对自我的感悟与思考以合情合理的文字表述出来的过程。一个人的眼界有多宽、思考有多深,他的写作就有多宽、多深。人天生就有不断向内外世界探索的好奇心与求知欲。从这个意义上说,追求深度是写作的本质要求。或者说,真正意义上的写作必然是追求深度的写作。由此看来,作文教学,尤其是到了高中阶段,应引导学生走向有深度的写作。

对照高考等级评分标准,“透过现象看本质”“揭示问题产生的原因”“预感事物的发展方向和结果”“推理想象有独到之处”等要求无疑彰显了高考对作文思想与思维深度的看重。

深度写作是相对于同一、浮泛的写作样态而言的,是一种感性与理性和谐交融、彰显个性的写作状态,是人逐渐摆脱童稚、超越平庸的写作追求。

那么,如何培养学生的深度写作能力呢? 首先是理念与意识,其次是行动与习惯。就高中作文教学而言,也应在这两个方面做出努力。

二、深度:在情感与思维的支点上

写作是一种综合素养,必然与人的意识、心智、情感、思维等内在心理因素相关,同时还与人的成长环境、文化积淀、人生经历等外在因素相关。培养深度写作能力既要与涵育品格对接,又要以行动—习惯为基础。

(一) 追求深度:拒绝平庸

追求深度,语文教师首先要以一种拒绝平庸的"精进"姿态面对自己、面对学生。所谓"精进",又叫"勤",即努力向善、向上,尽可能地追求卓越。

每当读到学生的泛泛之作时,笔者内心产生空落落的感受,此类作品无法带给人欣喜。笔者便产生"下水"的冲动,设想自己写同样的文章结果会怎样。笔者一定不会甘于选择这样一种索然无味、人云亦云的表达,而想以一种拒绝平庸的姿态写作。难道学生甘于这样选择吗? 当然不是,多数学生都是拒绝平庸的。

这与我们的教育有相关性,功利至上、短期效应使部分学生甘于平庸。

其实,深度写作首先是一种姿态,我们要让学生拥有这种姿态。中学阶段的作文教学,尤其是在高中语文的写作教学中,培养学生的深度意识,使学生拥有一种追求深度的姿态,也就从精神层面上赋予其走向精深厚实的内在力量。追求卓越、不甘平庸会给他们提供正面力量。

(二) 追求深度:在情感与思维的支点上

检验学生的"试金石"是思想与梦想。探讨学习时,我们常说"悟性"。"悟"由"心"与"吾"构成,从左向右看,乃"思之吾",即思想的我;从右向左看,乃"吾之思",即我的思想。所以,"悟性"就是个性的思想、思想的个性。在中学语文教学中,最能展现人的个性化思想与情感的莫过于作文,作文是语文的"半壁江山",是考查和衡量人才的重要手段。评价一篇作文的优劣,最重要的指标是具有丰富的情感、优质的思维和独特的思想。

对有了一定知识积淀和生活阅历、思维活跃、有创新精神的高中学生而言,牢固树立写作的深度意识,而且教师指导培育得法,加上写作实训,就能在考场上写出有一定深度的作品。深度写作意识的树立和深度写作能力的提高是关键。我们可以在情感与思维的层面上找到培育深度写作能力的支点。

首先是情感，它与心相关，要人去悟。"悟"乃"心"与"吾"合成，就是要我们做一个有个性的思想者。每一个写作者都应从对自我的省察中获得启迪，进而在对自我的批判与反思中拥有一种不断追求深度的姿态。

其次是思维，它是要学生习得的。提高学生的思维品质是语文教学的一个重要目的。高中学生在作文中恰当地运用归纳推理、演绎推理、类比推理、正反对比推理、合理的逆向思维与发散性思维，以及运用系统论和辩证法分析问题、解决问题等，都是具有思维深度的表现。这些思维能力是在领悟的基础上习得的，强调两方面的内容：其一，要反复练习；其二，要亲身体验与实践。教师的设计与引导能为学生的习得创设一定的前提与基础。

基于以上认识，笔者在教学实践中针对深度写作的指导进行了一些探索，即观照人的感官与心灵，追求情感的深度；观照学生的思维品质，追求思维的深度；观照人的文化底蕴，追求思想的深度。

三、深度：情感、思维、思想的"三度"探索

（一）细节：获得情感深度

情感深度就是要通过作文挖掘源于生活的真体验、真感受、真性情、真觉悟。茹志鹃说"真情实感是文章的灵魂"，唯有真切的情感深度才能真正打动人、感染人。生活实际也好，文字作品也罢，真正感人的还是真实而深刻的人之性情。感情真挚也是高考作文的一项要求，而当今高中学生作文最缺乏的就是人性和人情方面的真实性和深度感。怎样让学生写出有情感深度的文章呢？笔者曾经在阅读教学中作过尝试。在讲授《金岳霖先生二三事》《老王》《我的母亲》三篇课文时，笔者跟学生一起重点品读其中的细节描写，之后便让他们模仿细节描写去写片段作文。笔者发现了这样的好文段：

每次周末，总会有许多家长来探望子女，帮他们洗洗衣服，子女也会撒撒娇，抱怨抱怨……周末对大家来说是最快乐的时光，然而，我是特例。

我爸和我一样，平时话很少，埋头做事。在家里，我俩就不多说话。每次他来，我就觉得很尴尬。来时，他不先打个电话给我。每次下课，我总会先和同学

在校园里散步,后回到宿舍,那时他已经来了好久,我的衣服已经被晾了起来。所以,我在宿舍门口看到滴水的衣服,就知道他来了。

在宿舍里,他也不和同学的家长聊天,只是坐在我的床上,一言不发地看着地板,静静地等我回来。我回来后,我俩也没什么可说的,只是一起坐在床上看地板。

吃完午饭后,他就回家了。我只是跟在他的后面,藏在他的影子里,送他到门口,就远远地望着他远去的背影。他不住地回头,似乎想说什么又说不出来。我心里也有许多话想说,但又难以启齿。两人四目交汇,好像读懂了什么。

学生们读后被细节感染了,笔者顺势要求他们每人修改或重写一个片段并在课堂上交流,这又激发了他们的积极性。细节描写贯穿高一学年的作文训练中。

(二)谈话:追寻思维深度

在作文教学中,强调理性写作,教师在写作文前适时地和学生对话,这样不仅可以了解学生思维的特点,更可以引导他们积极地思考,学生会从中获得启示。语文教师在作文教学中应采取启发式对话,在与学生的对话中完成学生对问题深入的、富于个性的思考。

与学生交流时事素材时,笔者经历了一次难忘的"问题—对话"过程。有这样一段用"工业明胶"制造药用胶囊的素材:

药用胶囊原料与工业明胶原料分摊在每粒胶囊上的价格相差不大,那么商家为何还要用工业明胶做药用胶囊的原料呢? 据报道,以 1 万粒为单位,优质药用明胶的价格为 150 元,普通的为 100 元,而工业明胶的价格只有 50~60元。折算下来,每粒胶囊各个等级之间相差 0.5 分钱。以某药业为例,它的胶囊生产线有 4 条,一条生产线一天能生产 24 万粒。一天就是 96 万粒。这样算下来,该药业一天可以节省 5000 元,一月就能节省 15 万元,数量越大,节省的成本愈大。

笔者提问:材料列举的数据说明了什么问题?

学生回答:工业生产中,商人都是精打细算的,或商人往往是唯利是图的。

如果不进一步提问,学生很容易陷入对商人"唯利是图""昧着良心发财""不讲道德"的批判,接着便是构建人类的良知、维护社会道德等论述,几乎千篇一律。清代思想家、文学家黄宗羲的观点是:"每一题必有庸人思路共集之处,缠绵笔端,剥去一层,方有至理可言。"他说"剥",该怎么"剥"呢? 笔者认为,要以问题去引导人的思维,人的认识和思维走向深入的同时,思路必定也会打开。

为了能使大家深入思考这一问题,笔者又做出假设:假如你是商人,你会追求利润最大化吗?

学生回答:会。

笔者继续追问:在利润最大化与道德拷问的天平上,你会做到公平吗? 学生在这个问题上产生了分歧。

于是,笔者又做出假设:若你只知道有几种价格的明胶可选用,你会以什么标准选用?

学生说:肯定以价格高低为衡量标准。

笔者顺势总结:"唯利是图"是商人和商业活动最本质的追求。那么,怎样看待商业与商人的"唯利是图"呢?

笔者又发问:政府监管不力是重要因素吗? 政府实施监管的前提是什么? 政府要与商业运作保持距离,不能与商人构成利益链关系。

为了证明政府与商人和商业行为的紧密关系,笔者又抛出下列问题:在现实社会中,你觉得他们的社会地位如何?

这个问题引发了大家的热议:张朝阳、马云、牛根生⋯⋯

笔者问:这表明了怎样的价值观?

学生说:对商人与商业的推崇。

在大家热烈讨论之际,笔者顺势又问:你怎样看待对商人的推崇? 这是我们的传统吗?

这一问又将学生引入对历史与现实的对比与反思:我国自古以来就有"重农抑商"的传统。不像实体劳动,经商无法创造财富,所以经商不应成为社会的价值导向。

问题还可以拓展,往提出解决方案的方向设问:社会不该将商业活动与商人放在推崇的地位,那么应导向怎样的行业和价值定位呢?

学生回答:应引导人们关注勤勤恳恳劳动、辛辛苦苦耕作、不断创造社会财富的人。但是,在现实生活中还存在以下现象:把劳动尤其是体力劳动当作

"愚"的代名词,把"劳动"作为惩罚措施,如家长告诫孩子"你不好好学习,以后就让你去扫大街"……

最后,笔者让学生整理成文。

有学生写道:"我们目前要做的是重新构建合理的行业价值体系,摒弃金钱至上的错误认识,引导人们树立踏实、勤恳的社会价值观。"

还有学生写道:"孔子常用'循循善诱'的提问,用'叩其两端'的追问方法,引导学生从事物的正反两方面去探求知识。苏格拉底也是提问高手,他通过不断提问让学生找出回答中的缺陷,使其意识到自己结论的荒谬,通过再思索,最终得出正确的结论。"

(三) 比象取类:拓展思想深度

思想深度是指观点能切合实际,透过现象挖掘规律。思想深度往往表现在人文的深刻性上,如哲学的真理性、历史的纵深性、政治的敏感性等。比类取象,本质上是普遍的联系,在万事万物的关联中拓展思维。

在笔者指导写作命题作文《渡》时,有学生由渡河中的"船"联系到经书、文化经典等,写道:"船篙可以渡人一时,经文可以渡人一世。那么,是什么渡着一个民族经历了风风雨雨五千年? 那是博大精深的传统文化精神。"有学生由"渡河"联系到人生,进行哲学化思考:"人生就是一条河,我们就像在河上漂流,而一旦渡过这条河,最终的彼岸是'死亡'。那么,漂流在生活的河流中,有什么意义?"

这让笔者想到了"比类取象",便在作文教学中尝试引入"比类取象"的方法,在写作中强调以"比对"的方式将思想引向深入。

"比类取象"最初是五行学说的方法,是把需要说明的事物或现象朴素地分成了五大类,将具有相似属性的每类事物或现象分别归属于五行之中,并在五行属性归类的基础上,用五行生克规律,阐释或推演事物或现象的复杂联系和变化。这种方法也是中国传统"天人合一"哲学思想的一部分。笔者认为,在写作过程中可以将这一思维引入。对写作而言,追求作文思想深度的关键是审题立意。下面是笔者执教《渡》作文讲评课的实录。

(1) 拿到标题,先分析其内涵,也就是从原始状态分析每个词。

什么是"渡"?"渡"就是从河的一岸划(漂)到另一岸的过程。

（2）抽出关键点："河""一岸（此岸）""另一岸（彼岸）""划过""漂流"。

河	此岸	划过、漂流	彼岸

（3）注意"比类取向"，广泛联系，如：

河	此岸	划过、漂流	彼岸
① 生命	生（活着）	被感化后的选择、走向	死亡
② 生活	困顿、苦厄	受某些人接济、熏陶	通达、幸福
③ 精神	困境（渺茫）	别人的分担、支撑、激励	自由光明之境
④ 心灵	重压、负担	外物的启迪	心灵的自由
⑤ 灵魂	空虚	某些人、事的感染	充实，有了皈依
⑥ 头脑	简单、浅薄	他人的点拨、指引	丰富、深刻
⑦ 人格	卑下、莽撞	别人的熏染	高尚、谦卑
⑧ 河、海洋	此岸	经历风浪和颠簸	异地他乡

（4）得出的立意

① 古往今来，那些舍生取义、毅然赴死的伟岸之躯，其实都是在经历了一番激烈的斗争或某种"渡化"后才实现的，他们的生命由此岸到彼岸，生死一"渡"，精神却获得了自由与永恒。

这很容易让人想到屈原的死，临终前的"引渡者"——渔父。

② 在我们的生活中，总有一些人和物负载、分担着我们命运中的困厄、苦痛，引渡我们走向光明。

这很容易让人想到史铁生。地坛、母亲就是史铁生的"引渡者"。《我与地坛》细致地记录了地坛、母亲承担并唤醒他"生"的意识。

③ 人格是可以被点化的。人格的点化比强制的教育更有效。

这很容易让人想到《悲惨世界》中的主人公冉·阿让，他受米里哀神父点化。米里哀神父收留了他，并与他共进晚餐，给他铺上洁白的床单。当米里哀神父得知自己的一套值钱的银器被偷走，但依然咬定是自己送给他时，冉·阿让被"引渡"到了人格的"彼岸"。

综上所述，我们发现，深度不仅是目标，更是一种状态、一种追求与价值取向。让写作走向"深度"是培育高尚人格和高贵精神、提升学生综合素养的语文之路。

【参考文献】

[1] 顾黄初.顾黄初语文教育文集[M].北京:人民教育出版社,2002.
[2] 王栋生.走出写作教学的困境[J].人民教育,2008(6):28－29.

【导师点评】

通过研读新课标、新教材和新高考后发现,新教材注重梳理和归类,而梳理和归类也适合议论文的写作教学。新教材每单元的写作任务是对写作本真的追求,如高一年级《语文》第一学期的《百合花》《哦,香雪》中就有这个任务:从两篇小说中各选择一两个感人的片段,揣摩人物的心理活动,分析典型的细节描写,并作简要点评。"文学阅读与写作"任务群涉及的教材包括必修上第一单元、第三单元、第七单元,必修下第二单元、第六单元。本文的撰写是在"三新"背景下的教学论文撰写,关注新教材单元写作要求与方法。

刘杨老师在文章中谈到三个大问题、六个小问题,即深度:写作的本真追求;深度:在情感与思维的支点上;追求深度:拒绝平庸;深度:情感、思维、思想的"三度"探索;细节:获得情感深度;谈话:追寻思维深度;比象取类:拓展思想深度。全文把在情感与思维支点上的深度写作谈得透彻,难度很大。本文立足高中生的写作现状,分析写作的根源和本质,提出深度写作要成为高中作文教学追求的目标。刘杨老师关注理念、策略,更关注实践,在情感与思维的支点上关注深度写作,从细节入手进行提问和追问,关注"比象取类"法,拓展学生的思想深度,是一篇难得的从实践中来又可以指导实践的好文章。

岳爱华
2022 年 4 月

"科学与文化论著研习"任务群的
单元解读视角

马克成

【摘要】自新课标、新教材实施以来,高中语文大单元教学在发展学生学科核心素养的理念支撑下稳步践行。高中语文教材选择性必修中册的第一单元共选择7个文本,皆是经典理论文章。此单元从属于选择性必修课程的"科学与文化论著研习"任务群。为避免单篇阅读的学习重复性,基于学习任务群的群文教学理念,教师可依据时间推移、文化差异、逻辑形式、阅读对象、教材编辑五个方面,从宏观的多维视角解读"科学与文化论著研习"任务群的单元,多方式、多层面挖掘文本与文本间的联系点,找准教学切口。这样,教师才能进一步有高度、多元化组织教学活动,微观化分析教材文本,针对性开展大单元教学。

【关键词】"科学与文化论著研习"任务群 单元解读视角

自新课标、新教材实施以来,高中语文大单元教学在发展学生学科核心素养的理念支撑下稳步推进。一线教师积极转变理念,采取多种教学方式,多样化开展课堂教学。然而,与大单元教学有关的教学方法、课堂形式、学习实践等的实施,既要依托科学的教学理论指导,还要依赖教师个人对教材进行宏观的架构解读、微观的细致赏读,使学生学得知识、习得能力、获得素养。

高中语文教材选择性必修中册的第一单元共选择7个文本,皆是经典理论文章。此单元从属于选择性必修课程的"科学与文化论著研习"任务群。为避免单篇阅读的学习重复性,基于学习任务群的群文教学理念,对高中语文教材选择性必修中册的经典理论文章单元,教师应首先学会从宏观视角认识本单元,进而找准文本与文本间的联系点,以多维视角切入单元,解读文本。这样,教师才能进一步有高度、多元化组织教学活动,微观化分析单个教材文本,针对性开展大单元教学。

为此,笔者对选择性必修中册的经典理论文章单元进行梳理,结果如下表所示。

标题	序号	时间	作者	标题出处	文体类别	阅读对象
社会历史的决定性基础	文本1	1894年	恩格斯	编者加的	书信	当时德国的青年大学生瓦尔特·博尔吉乌斯
改造我们的学习	文本2	1941年	毛泽东	原题	报告	延安整风运动中的党内干部
人的正确思想是从哪里来的?	文本3	1963年	毛泽东	原题	报告	人民群众
实践是检验真理的唯一标准	文本4	1978年	特约评论员	原题	社论	人民群众
修辞立其诚	文本5	1992年	张岱年	原题	议论文	一般读者
怜悯是人的天性	文本6	18世纪	卢梭	编者加的	驳论文	一般读者
人应当坚持正义	文本7	公元前5世纪末	柏拉图	编者加的	对话体散文	一般读者

针对"科学与文化论著研习"任务群的大单元教材,教师可参考以下几个视角进行大单元教学设计。

一、时间的推移与文化观念的发展

(一)"纵"与"横"的交织

在时间的纵轴上,7个文本有各自的时代背景,所阐明的理论观点可能有个人的卓见,但终归是时代之产物、历史之必然。文本1是针对当时资产阶级理论家对马克思思想的歪曲,恩格斯意图澄清一些重大理论问题,如"经济关系是社会历史的决定性基础""经济条件不是制约历史发展和上层建筑的唯一因素",这体现了马克思主义的辩证唯物史观。文本2、3分别写于延安整风运动和社会主义建设时期,毛泽东主席对当时党的工作中出现的问题,既高屋建瓴又联系实际,做出思想理论指导,极具现实意义和强大力量。文本4是在20世纪70年代后期我国"解放思想"这一时代转折背景下进行的一次大讨论,是一面开启改革开放的理论旗帜。

文本5重在提倡发现著论的"真",文本6重在阐明人性的"善",文本7重在践行真理的过程。文本5、6、7主要探讨有关人性和真理的原则问题,这些可以打破时间阻隔,进行横向比照。这三篇文章与文本4之间也有联系点,即"实践"的话题。这又是一个大单元的解读维度。总之,针对本大单元教材的解读不仅要看到理论的时代特色,还应立足大单元看到人类的理论横轴,这些是为后代子孙所共有的精神财富,也是万古长青的。

(二)"点"与"线"的呈现

正如文本1中恩格斯所言,历史发展"如果您画出曲线的中轴线,您就会发现,所考察的时期越长,所考察的范围越广,这个轴线就越是接近经济发展的轴线,就越是同后者平行而进"。同样,"科学与文化论著"中有关科学文化的发展、人性真善美的认识,也是有一个中轴线的,即真理与人性。真理与人性既有时代限制,又有绝对标准。本单元中7个文本有关真理的讨论、人性的见解,既有时代背景的特殊性,也有真理与人性的恒常性。

纵观时间,人类总会发现问题,然后尝试解决问题。问题不断,探索不断,进而使科学与文化持续向前发展。"问题的发现是关键性的环节。任何问题只有被意识到并被提出来,才可能引起人们的思索并得到合理的解决。"[1]本单元7个文本的产生,其实质都是在发现问题后,用"真理"去尝试解决问题。如文本3,当时人们缺乏正确的认识论,难免出现好高骛远的工作作风。针对社会主义建设时期的问题,毛泽东主席一再强调正确的思想只能从社会实践中来。文章指出,只有懂得辩证唯物论的认识论,才能端正思想,善于调查研究,总结经验,克服困难,努力奋斗,为社会主义建设添砖加瓦。

"科学与文化论著"大单元的各个文本,在真理与人性的各个领域中发表着不同见解,给当时社会和后世带来巨大的精神财富。这些认识,犹如始终围绕真理与人性中轴线散布的"点",无限趋于真理,一直追求符合人性的真善美。

这些科学理论认知的"点"，围绕真理与人性的中轴线螺旋式散布。人类文明就是这样，不断发现问题，不断解决问题，使科学向前持续发展。

因此，"科学与文化论著"大单元的研习过程，是一个让学生看到真理与人性"点"与"线"规律呈现的过程，也是一个使学生发现科学认知规律的过程。这种过程性的研习，既鼓励学生勇于质疑，提高科学思维品质；也能培养学生的批判精神，发现问题，审慎地认识他人的理论成果，进而理解并传承人类科学文化。

二、东西文化差异带来的思想碰撞与互补

"科学与文化论著"大单元选择的 7 个文本中，从文化差异性角度分析，文本 1、6、7 属于西方科学理论作品，文本 2～5 属于中国理论作品，两者存在种种差异性碰撞，并产生优势互补。

一方面，核心观点的碰撞。常言道"人之初，性本善"，然而卢梭的《怜悯是人的天性》提出，怜悯是"纯粹的天性的运动，是先于思维的心灵的运动"。两种表达的差异，其实也是中西观点的碰撞。18 世纪的卢梭认为，怜悯先于思维，"哲学使人孤独"。虽有时空阻隔，但立足大单元教学，学生自然能体会到中西观点碰撞以及由此带来的启发。这样，教学才有了时代的教育价值。另一方面，文化观念的碰撞。《人应当坚持正义》一文，除了层层铺垫、步步设问的逻辑说理之外，我们还可以从中看到一位尊重真理、坚守正义的伟人形象。"苏格拉底一生以追求真理为务，也身体力行且不畏艰险地去追求真理，力除障碍。……他又不像孔子周游列国以便封官晋爵，却认为从政容易，养成说谎习惯，有违良心，知行相悖，所以弃绝仕途。"[2] 据此，在中西文化观点上，苏格拉底多重视知识且知行合一，而孔子特别专注于"泛道德主义"。因此，苏格拉底师生坐以论道多重视过程而不计结论，孔子则多重视言语的道德定论却少了过程。此种文化差异，虽带来中西民族性的显著差异，但也是人类文化思想上的互相补充，在此不作赘述。

三、文章的逻辑结构与论证思路

"立论与驳论是议论文说理的两种基本表现形式。需要指出的是，单纯

的驳论文并不多见,比较常见的是破立结合的文章。"[3]"科学与文化论著"大单元的议论说理,多是批驳某一观点或某种现象,在"破"与"立"彼此联动中逻辑严谨地明确自身某一观点。如文本 2,毛泽东主席面对当时中国共产党不注重研究现状、不注重研究历史、不注重马克思列宁主义的应用,即理论与实践脱节的教条,在批驳后最终确立了实事求是、有的放矢的核心观点,在文章结尾又进一步明确切实可行的工作提议。又如文本 7,虽然文章议论形式是对话体,但其说理的逻辑思维是严谨的、循序的,亦是"破"与"立"相结合的。苏格拉底与朋友格黎东争论要不要越狱逃跑,其实就是在驳斥逃跑的问题上,层层铺垫地阐述唯正义是从的道德理念。逃跑意味着放弃正义,苏格拉底看似发问,实则是在反驳中明确自身坚持正道、舍生取义、以死践理的态度与原则。立足议论逻辑过程,这两篇文章真可谓不破不立,破中自立。

相较于这两篇典型的破立结合的文章,余下的 5 篇更多是立论文。然而,若细究起来,它们其实也是立中见破、破中有立的议论文。例如,文本 1 是恩格斯针对当时一些资产阶级理论家歪曲马克思的观点,篡改历史唯物主义的基本原理,造成一些德国青年极大的思想混乱而予以澄清,在反驳中体现了马克思主义的辩证唯物史观。又如,文本 4 是针对"四人帮"的舆论歪曲,肃清流毒,拨乱反正地提出"实践是检验真理的唯一标准"的观点。

因此,本大单元教学立足文章逻辑结构和论证思路,看到文本议论过程中"破"与"立"的联动,以及受文化差异影响的论证思路差异,可以有效避免群文阅读的重复性,提高群文阅读的广博量和实效性。

四、文章的阅读对象与表达方式

阅读过程是作者、文本、读者三者发生密切关联的一个动态过程。以理服人的说理文,除了要考虑论证准确、严谨外,有时还要考虑面对不同阅读对象,作者要采用不同的表达方式。

文本 1 是恩格斯答复当时的德国青年大学生瓦尔特·博尔吉乌斯所提问题的一封信,因此该文本重在对问题逐条解答,各项之间未必有必然的关联性,信中理重在阐述而非论证。结合文本创作背景,恩格斯以书信答复青年大学生,实则也是对当时资产阶级理论家歪曲马克思主义思想的有力反驳。文本 2

是毛泽东主席在"整风"运动时期对党内干部作的报告,报告引用熟语、对联,运用形象化比喻,一针见血地道出党内工作作风问题,最终给出提议或指示。此报告既兼顾文章说服力和听众(读者)注意力,又给党内干部提供了具有实效的解决办法。文本3作为报告、文本4作为社论,其阅读对象是当时的人民群众,说理重在启发群众,解放群众思想。相比之下,文本5、6、7的阅读对象为一般读者,其说理本质实则是作者向不实指的世人(读者)表达一己之见(观点),呈现作者个人的灼见和严谨论述,以作者的自我理论表述为主,自然就淡化了读者的在场感。因此,参考经典理论文章当初的阅读对象,可以帮助理解大单元下虽同为理论文章,但其表达方式不同的原因,进而由表及里,加深对经典理论文章的理解。

五、教材的编辑特点与编者意图

经典理论著作对实践是有巨大指导意义的。然而,编者将经典理论著作进行编排后放入教材,首要考虑的是文本的教育意义,即学科核心素养的培养。理论原著有其时代背景和实践价值,编者需要考虑原著的学习方法、教学策略和教育价值。编者既要尊重原著,又要权衡教育教学。因此,教材最终成为编者与原著达成"和解"的产物。

"科学与文化论著"大单元所选的7个文本,有编者对原著"再创作"的身影显现。第一,理论精华的选择,由文本题目可见差异。文本1、6、7原本各有实用价值,编者编排节选后,自拟了标题,使教材在文本学习上有了更强的主题性和更明确的教育教学导向。第二,阅读方式的差异,由目录中的符号"※"提示。教材目录中,文本5、7前有符号"※",意为这是自读课文。标注为自读课文是阅读方式提示,也是教学方式的要求——学生应学会自读,教学应更富有探究性。第三,学习重点的处理,由文本编排呈现方式可见其侧重点。文本1中对"偶然性""必然性"加黑加粗,文本4中对副标题如"检验真理的标准只能是社会实践"加黑加粗且单独成行。不同的编排方式呈现在教材中,一方面,提纲挈领,一目了然,方便学生快速阅读;另一方面,意在提示学生阅读学习时理解重要概念,把握理论著作的核心观点。

综上所述,在新课标背景下,教师从时间推移、文化差异、逻辑形式、阅读对象、教材编辑等五个方面,积极创设"科学与文化论著研习"任务群的大单元阅读情境;学生以单元阅读的五个视角为学习的切入点,宏观上以多维视角学习本单元,多方式、多层面挖掘文本与文本间的联系点。这样,单元学习就有了"抓手",大单元的群文阅读才能不落入大而无当、空泛而不着边际的学习怪圈。多维视角的大单元群文学习,既是尊重学生学习的主体性,也是尊重"科学与文化论著研习"任务群的文本特殊性。教师多维度把握大单元的群文,自然在教学实施中能灵活处理,这样才称得上与学生一同实效且高效地开展大单元学习。

【参考文献】

[1] 颜莹.教育写作:教师教育生活的专业表达[M].南京:江苏凤凰教育出版社,2020:106.

[2] 林逢祺,洪仁进.教师不可不知的哲学[M].上海:华东师范大学出版社,2009:17.

[3] 上海市教育委员会教学研究室.上海市高中语文学科教学基本要求(试验本)[M].上海:华东师范大学出版社,2016:44.

【导师点评】

自《普通高中语文课程标准(2017年版2020年修订)》颁布以来,课程价值的重构带来学习内容的重组,学习任务群和大单元教学正式进入语文课程教学领域,对语文教师和语文教学提出了巨大的挑战。本文正是抓住这个当今语文教学的热点与难点,以从属"科学与文化论著研习"学习任务群的高中语文教材选择性必修中册第一单元为例,阐述单元整体的解读视角,探索单元整体解读的策略与路径,文章选题很有意义。作者展开阐述的五个视角,既顾及时空纵横、文化比较等上位的阅读视角,又关注课文的逻辑结构、阅读对象和表达形势,还涉及编者视角,有较好的涵盖性。作者对具体内容的阐释较为清晰而严谨,分析到位,对高中语文教师这一读者群体具有较好的指引和启迪价值。

孙宗良

2022年4月

原点生根，枝繁叶茂

——以"厉行节约，拒绝浪费"写作教学案例为例

秦 秦

【摘要】作文教学应该基于原点，培养思维力。本文以一节常态作文课——"厉行节约，拒绝浪费"写作教学为例，浅谈在原点思维的指导启发下，兼顾审题、结构、学生活动三个层次，提升学生写作时的思维力。

【关键词】原点审题　原点挖掘　原点成长

提起写作，尤其是高中生写作，笔者脑海中总会浮现一个比喻：如果一篇作文就像一个人，那么骨架、血肉、衣饰等缺一不可。文章结构如骨架，立骨架，结构匀称齐整，让人看起来挺拔；文章语言如衣饰，穿衣饰，衣着得体大方，让人想要亲近，不忍释卷。虽说匀称的骨架、得体的衣饰是一个人显而易见的"外在"，但不能由此看出其"内在"。因此，提升学生写作能力的关键是不断提升文章的"内在"，训练学生写作的思维力。思想的提炼是写好作文的前提。教师和学生构思作文的起点都要从原点上审视。在此基础上，要明确的原因、写的内容、写的方式。这些是在写作之前要弄清楚的问题。在现在的写作教学中，写作教学仿佛不是一个有机的整体，而是立意课、语言课、结构课、思维课等与作文相关性的各种内容的组合。即使分点施教，也难成序列。最后只好以考代练。长此以往，恐难保证写作教学的有效性，恐难落实新课标所倡导的学科核心素养。那么，如何在高中写作教学中有意识地训练，进而提升学生的思维力呢？笔者就以一节常态作文课——"厉行节约，拒绝浪费"写作教学为例，浅谈在原点思维的指导和启发下，兼顾审题、结构、学生活动三个层次，提升学生写作时的思维力。

一、原点审题，确立主旨

既然是我要写，那么首先要思考的问题是我为什么要写，即回到写作的

原点,回归写作这件事的根本,正所谓"君子务本,本立而道生"。且看本节课的课堂活动预热环节:温故而知新,回忆所学的经典的议论文,体会如何围绕核心观点论证。笔者给出了学生在本学期刚刚学过的三篇经典文章——《劝学》《师说》《拿来主义》,让学生再次体会作者的写作目的以及在此写作目的的指导下文章的核心观点、论证方法和语言风格。中国有诗教传统,"诗言志"深入人心。中国有担当的文人的作文更是秉持"文以载道""文章合为时而著"的准则。经典的诗词歌赋历经千年仍需要熟读成诵,代代流传。看荀子写的《劝学篇》,他认为人性本恶,若想变恶为善,必须通过后天的学习。基于此,荀子写的《劝学篇》,强调后天学习的重要性,也强调道德学习的必要性。看韩愈作《师说》,观点鲜明,言辞犀利,直指当时士大夫群体中普遍存在的"耻相师"的不良风气,呼吁人们从师求师。纵观古今,再看鲁迅写的《拿来主义》,针对当时几种对待外来文化的极端做法,先破后立,掷地有声地提出:"我们要运用脑髓,放出眼光,自己来拿!"所以,教师在指导学生写作时,应站在写作的原点启发他们,没有中心主旨的文章,即使结构再严谨,语言再华美,也是南辕北辙。

二、原点挖掘,结构纵深

原点生根,找准了写作的起点,但只做到这一点似乎还不够。想要大树枝繁叶茂,就要保证其多多汲取养分。养分来自哪里呢? 最重要的一点就是根要扎得深,要透过现象看本质,将思维层次由浅层推向深处。否则,写作课堂看似热热闹闹、忙忙碌碌,实则收效甚微。再看本节课的课堂中心环节——"厉行节约,拒绝浪费"的写作指导。考虑到课堂容量,笔者选取了"厉行节约、拒绝浪费"这个话题来训练学生思维。

课堂上,笔者用一则两分钟不到的公益广告设置情景,安排三个课堂小活动。活动一:观看公益广告,确定核心观点。活动二:再看公益广告,透过现象看本质,找原因,提对策。活动三:仿照刚学习的《拿来主义》一文,写一段驳斥文字,不少于150字。这个课堂设计做到了由浅入深,层层推进,并且兼顾了写作练笔。从上课情况看,学生配合度较高,能较好地完成学习任务,并且课堂氛围不错。

可是,透过热热闹闹的课堂氛围去看真正有利于学生完成写作的内容,我们就能发现问题:整节课看似热热闹闹、忙忙碌碌,其实都是围绕浪费说浪费,没有涉及浪费背后值得学生深思的地方。试想,如果围绕浪费,对视频中的内容再关注得多一些,食物的生长需要很长时间,而浪费只需要一秒钟。食物的生长,其实是生命的生长,浪费粮食难道不是在浪费生命?明知生命不可浪费,却毫无愧疚地浪费,有时候缺少的恰恰是对生命的敬畏之心。人如果没有了敬畏之心,这个社会将会变成什么样子,让人不可想象……从浪费食物说起,联想到浪费生命,再深入思考人应对有生命的事物怀有敬畏之心,再联想到种种社会现象,最后回到浪费食物。我们的写作教学需要这样一个原点挖掘、结构纵深的过程。想要枝繁叶茂,我们需要深深扎根,多方汲取养分。

三、原点成长,活动探究

当看到一个写作话题,接触一个写作素材时,学生未必如教师想得那么深广,但最后需要他们完成写作。《普通高中语文课程标准(2017 年版 2020 年修订)》明确提出,语文核心素养是学生在积极的语言实践活动中积累与构建起来的,并在真实的语言运用情境中表现出来的语言能力及其品质。这启示我们,语文核心素养的培养要注重真实语言运用情境的构建,让学生在语言实践活动中提升素养。基于此,笔者在和学生一起探讨"厉行节约,拒绝浪费"这个话题时,精心设计了探究活动。本节课的主要课堂活动就是借助公益广告短片《扔掉只需一秒钟》来启发学生思考。这则公益广告时间不长,通过公司开会、餐馆就餐、情侣约会、家庭聚餐四个典型的生活场景中人们用一秒钟就扔掉了粮食,对比画面的另一半,即这些粮食从一粒种子到成熟的漫长过程。课堂上的活动是让学生分小组去思考、讨论、交流这些场景中人们浪费粮食的原因、危害和对策。其中,大家对浪费的原因讨论得最为激烈,因为浪费现象无须讨论,只是浪费多与少的区别。浪费的原因有很多,可能涉及个人、社会、时代等方方面面,可讨论的点比较多,而且找出了原因,对策就会水到渠成。所以,课堂上学生着重对原因进行分析。学生在活动探究中发现人们浪费粮食的原因是节约意识淡薄,以及所谓的虚荣心、好面子,这就提升到社会观念层面,有了继续深入的价值。还有学生提到浪费粮食就是浪费生命,给这个话题提供了更宽广的探究空间。对学生在活动探究中获得的灵感,教师应及时加以总结和点拨。这样,学生在构思这篇关于"厉行节约,拒绝浪费"的文章时就能思如泉涌。通过积极的语言实践活动,让学生在活动探究中提升写作思维的深度和广度,把打开思维之门的钥匙大胆地交给学生,这比让他们亦步亦趋地跟在教师后面更能带来惊喜。

重新审视高中写作教学,原点审题让我们明白为何写,原点挖掘将我们的思维导向深处,让作文结构层层深入。想要让学生的写作思维真正得到锻炼,还必须借助积极的语言实践活动。这样,原点才会生根,写作之树方能枝繁叶茂。

【导师点评】

学生写作素养的核心是思想力的培养。一篇文章只有拥有了强有力的核心,才能思维通达、结构清晰、语言明畅,就成为好的篇章。当前的作文教学恰恰在思想力的培养上存在明显的缺失,而过多地停留在技能和操作层面。本文以一次"厉行节约,拒绝浪费"主题作文教学为例,呈现如何从现象入手,引领学生的思维往纵深发展,逐层推进,走向对生命的理解和敬畏。这是一次有意义的思想力培养旅程,实现了作者所追求的"原点生根,枝繁叶茂"的思想力培养目标。整个过程是学生在教师导引下自主探究的过程,很好地体现了语文教学牢固树立"学生立场"这一基本理念。而且,在此过程中,教师很好地利用了媒体信息,抓住短短两分钟不到的央视公益广告,贯穿课堂各个环节,反复挖掘,充分利用,从实现"以少少许胜多多许"的课堂效益。

孙宗良

2022 年 4 月

高中语文教学中的朗读实践浅谈

宋美红

【摘要】朗读作为语文教学重点的一个重要组成部分,对学生语文能力的提升有很大帮助。但是,现实是,朗读在语文教学过程中不受重视甚至被无视。对这一问题,教师应该进行反省,在语文课堂中全面开展朗读活动,通过学生之间的互动环节,增添语文课堂的乐趣,提升语文学习的积极性。

【关键词】高中语文　朗读　课堂教学

朗读作为一项自古就流传下来的技能,既具有历史的沉淀,也有新时代元素的混合。掌握语文的朗读技巧可以帮助学生培养良好的语感能力,也可以帮助学生更好地表达自己的情感。总体来说,朗读能力是一项学习语文的基础技能。叶圣陶先生说过:"多读作品,多训练语感,必将驾驭文字。"可见,朗读基于语文学习是不可或缺的。教师应注重训练学生的朗读能力,让学生通过朗读能力的提高,进而提升自己的语文核心素养。有效地丰富学生在课堂上的朗读是高中语文教师必须深刻探寻的问题。

一、高中语文课堂朗读教学的有效途径

(一) 以声设"境"

这个"境"在文学作品中可以理解为两种意思:一种是所处的情境;另一种是所表达的意境。在语文课堂教学中,教师常常会通过设立情境引导学生更好地学习课文。教师首先通过阅读文章中的句子,用声音的感染力带动学生身临其境。例如,舒婷的《双桅船》充满朦胧的意境美。教师可以让声音好听的学生给其他学生朗读舒婷写的另一首诗《致橡树》,把学生带入舒婷诗的朦胧情境中。当优美的朗诵声传入学生耳朵时,他们自发地跟随声音的魅力进入课堂,正所谓"身临其境"。声音能勾起人的专注力,学生浸润并熏陶在这声音之中,接下来学习《双桅船》就会处在良好的学习氛围中。这首诗歌的意境是朦胧的、

唯美的,汉语言的独特魅力也为这意境增色不少。中国古代的诗词在每一个朝代都有自己的特色,并且都达到了登峰造极的地步。意境是一种神奇的东西,如果不用心去感受,即使站在你面前,你也看不见;如果用心去感受,即使远在天边,也仿佛近在眼前。在感受诗词的意境时,需要调动全身所有的感官,让简单的文字描述在脑海中变成一幅幅优美的画卷。朗读后,这首诗在学生脑海里的形象就会丰富起来,从而使学生全身心沉浸在诗歌中。入选语文教材的每一首古诗词都有独特的意境。学生通过朗读陶渊明的《饮酒》系列,感受到陶渊明在田园生活中过得悠然自得;朗读王昌龄的《从军行》,可以感受到诗人保家卫国的英雄气概。可见,朗读在帮助学生理解诗歌的主题方面有很大作用,但教师仍要帮助学生培养朗读技能,训练朗读技巧。

（二）循声识"人"

朗读一部作品时,我们可以通过其中的某个形容词看到人物脸上的表情,感受人物说话的语气,这就是声音的魔力。我们由此更加了解人物的性格和内在特征,这也是把握文章中心思想的一个关键步骤。欧·亨利的小说《最后的常春藤叶》中的主角是老画家贝尔曼和琼珊,读者一般对这两个角色有更多的关注,从而忽略了苏艾这个角色。但是,需要知道的是,剧中的每一个人物都是自己人生的主角,每个人都有自己独特的光辉。在书中有这样一个情节:当听说琼珊将自己的死与一片小小的叶子联系在一起的时候,苏艾就对琼珊进行了一系列的心理疏导。她对琼珊说,你的病很快就会好了。苏艾这句话是在安慰琼珊,其实也是在安慰自己。苏艾肩负着很重的担子,看护朋友造成的经济压力以及在面对朋友会永远离开自己时的惶恐和不安,全都要一个人承受。但是,苏艾并没有把自己的压力转移给琼珊,只是希望她每天都开心,在她面前总是表现出对苦难生活乐观的样子。这里的对话不容易朗读出来,需要通过一定的训练。可见,朗读让我们更好地把握小说中的人物形象。

（三）因声育"美"

在教学过程中,教师要清楚地认识到学科核心素养的概念,同时要明白语文的核心素养包括审美与创造。朗读是一项和审美有关的活动,教师要积极地引导学生进行朗读,帮助学生形成良好的写作审美能力。鲁迅在《汉文学史纲要》中指出,中国文字有三美:"意美以感心,一也;音美以感耳,二也;形美以感目,三也。"通过朗读,学生可以感受到其中的情绪,能够联想到作者创作时的意境,以此培养审美能力。在朗读教学过程中,教师需要饱含感情地为学生示范朗读,让学生从朗读中感受到"美"。这样的"美"通过声音传递给学生,让学生在朗读文章过程中感受到文字的魅力,"把不可言说的感觉放在当下"。在学习闻一多先生的《红烛》时,笔者给学生进行了声情并茂的朗读,学生都沉浸在其中,良久之后掌声雷动。学生和教师都沉浸在朗读所带来的意境中。随着教师的朗读,学生也被带入那个时代的人文环境中,仿佛自己也是新青年中的一员。在潜移默化中,学生掌握了朗读的情感技巧,也深深有感于闻一多先生的"莫问收获,但问耕耘"。很多学生都把这句话当成人生的座右铭。在这个过程中,师生都从朗读中享受到一场听觉的盛宴。可见,朗读对语文教学是极其重要的。

二、高中语文朗读的重要性

(一) 朗读能进一步培养和提高学生的语感能力

课程标准要求学生很好地掌握语感能力。有了语感,做阅读题目就会事半功倍。高中生经过多年的语文学习和积累,已经具有一定的语感能力,但是每个人的语感能力是不同的。众所周知,朗读可以提高语感。有些学生在阅读时只会用默读的方法,而朗读是将无声的文字用有声的语言表达出来。在朗读过程中,一定要带有感情。在遇到慷慨激昂的句子时,要注意何种读法才可以准确表达作者心中的情怀;在遇到伤感的句子时,也要注意如何读才可以表达作者内心的伤感。朗读是有一定技巧的,读者在训练过程中可以提升朗读能力。朗读可以使读者和作者之间产生内心的共鸣,对文章的中心意思理解得更加深刻、更加准确。

(二) 朗读有助于学生摆脱写作困境,提高写作水平

选入语文课本的文章都有其独特的特点,都有自身的价值。这些文章都经得起斟酌,并且越读越能品味其中的深意。学生在赏读作品的同时,也在学习作家的写作手法,并从中受到熏陶。经过一定的训练后,大脑会对这些文字形成特殊的记忆。在以后要想表达自己的内心所想时,大脑能快速地筛选出优美的句子,从而准确地运用到文章中。教师可以设置专门的写作课,在写作课上让学生朗读自己收集到的优美句子或语段。这是一个练习朗读的过程,也是一

个分享素材的过程,学生之间可以互相分享积累的好词好句。当然,好词好句不一定是收集的,也可以是学生自己写的。学生不仅不怕写作文,而且变得更爱表达,写作水平也有了明显提高。

（三）朗读有利于提高学生的语文核心素养

语言作为人类交流的工具,其功能是十分强大的。语文学科很大一部分也是在讲授语言技能,让学生知道如何用语言表达自己,如何用语言与人沟通交流。新课标对"语文核心素养"提出四方面的要求,包括:语言的建构与运用、思维的发展与提升、审美的鉴赏与创造、文化的传承与理解。其中,将语言的建构与运用排在第一位,可见语言在语文学科中是至关重要的,而朗读是语言的构建与运用最好的途径。在语文学科中,有一个人文素质教育板块,内容主要是陶冶学生的情操,提升学生的审美能力。在很多文章中,都包含作者丰富的情感,作者通过文字将其表达出来,读者通过朗读把这些没有声音的文字传送到耳朵里。通过听觉的刺激,学生在大脑中产生与作者的情感共鸣,从而感受到文字的魅力。将文学作品中包含的高尚品格和情操传输给学生,使学生的精神境界得到提升。

高中语文朗读教学应当指引学生积极了解我国语言文字使用的规律和奥秘,让学生对优秀的文字作品进行充分阅读与鉴赏。因此,在朗读教学中,我们应当结合多种形式的活动,提升学生的语言表述能力、思维拓展能力、审美能力和文化创造能力。教师应当指引学生围绕优秀作品展开鉴赏,从语言的优美、人物的生动、结构的新颖、情感的饱满、思想的深化等方面,多角度、多层次地让学生提升审美能力,促使其充分展现自己的主观能动性,进而完成自我创造。在朗读教学中,教师还应与学生一起朗读鉴赏名著,挖掘其中丰富的传统文化内涵,感悟传统文化的独特魅力,进而做到更好地理解与传承文化。实际上,高中语文朗读教学的根本目标是增强学生语文"语感",把学生塑造成符合当代社会要求的全面性人才,而发展学生语文核心素养的根本目的是让学生具有一定的道德素养和重要能力,从而更好地融入社会环境。

三、结论

综上所述,在语文朗读教学中,虽然不是高中教材中所有文章都一定要大声朗读,也不是每一堂课中教师都必须进行声情并茂的朗读,但教师可以在一个合适的时机为学生带来一段高质量的朗读,对学生的心灵会产生很大的触动。在教学过程中,教师需要不断锻炼自己的朗读能力,使自己保持在一个朗读者的水平,这样才能给学生带来美的享受,才能给学生的朗读带来有效指导。与此同时,教师需要积极地运用科学的方法设计好课堂教学内容,在日常教学活动中积累课堂的经验,这样才能使学生有效地开展朗读活动。

【参考文献】

[1] 张慧杰.高中语文朗读妙法妙谈[J].语文教学之友,2018(1):45-46.

[2] 龙晓艳.浅析高中语文朗读教学[J].东西南北(教育),2017(9):96-97.

[3] 万佳英.浅谈高中语文教学中的朗读教学[J].知识窗(教师版),2018(2):99-100.

【导师点评】

在语文朗读教学中,大声的朗读、声情并茂的朗读、产生心灵触动的朗读都会给师生带来美的享受,这就是语文教学的情怀之一。朗读可以避免逻辑错误,高二设有专门的逻辑单元,其实也是语言的积累、梳理与探究,把从小学到高中学过的某些语言和思维现象集中梳理以获得提升。

朗读的魅力在于深入文本,体会情感,品味中国语言的无穷魅力,感其情,晓其理。本文透彻地谈到了高中语文课堂朗读教学的有效途径,即以声设"境",循声识"人",因声育"美"。同时,本文谈到了高中语文朗读的重要性,即朗读能进一步培养和提高学生的语感能力;朗读有助于学生摆脱写作困境,提高写作水平;朗读有利于提高学生的语文核心素养。

岳爱华
2022 年 4 月

外物有时而尽，精神历时传承

——以鲁迅小说《长明灯》为例谈人物聚焦研究

孙晨晨

【摘要】《长明灯》不是鲁迅小说中非常著名的一篇，却是鲁迅思想史上重要的组成部分。小说聚焦老人、青年、孩童和疯子，作者通过三种类型人物的语言、神态、动作描写，不仅反映像疯子一类孤独的反封建战士致力于改变中国社会面貌的艰难历程，还赞美他们反抗绝望、坚持不妥协的精神。鲁迅先生从希望中的启蒙到绝望中彷徨，最后探索出一条只有通过革命才能改造中国的新出路，这种思想的转变在《长明灯》中得到明确的体现。

【关键词】鲁迅 《长明灯》 人物形象 反抗绝望

《长明灯》是鲁迅在 1925 年 2 月 28 日写的一篇具有象征意义的文章，被收入《彷徨》中。"长明灯"被视为反对封建政权、族权、神权三位一体的象征，"吉光屯"则是封建社会背景下的一个缩影，故事情节围绕"熄灯"与"不准熄灯"展开，让"疯子"成为异己，他的疯言疯语激起众人（老人、青年、妇女、儿童）的恐慌与排他心理。表面上，《长明灯》与鲁迅以往大多数作品没有太多异处，常常被视为《狂人日记》的续篇，在研究领域中也远不及《狂人日记》和《在酒楼上》等文章受重视，实则是鲁迅小说创造历程和精神思想史上至关重要的组成部分。过往对《长明灯》研究的文章并不多，仅有的研究中大体可以分为三种：第一种是从启蒙的角度分析，如陈绪石的《从启蒙到革命：〈长明灯〉的一种新读法》认为《长明灯》是批判迷信和封建宗法制的小说；第二种是从叙事策略的角度将《狂人日记》与《长明灯》进行对比后阐释，如金大伟的《文本互补的叙事策略——论〈狂人日记〉与〈长明灯〉的叙事策略关系》将两篇文章进行比较，从叙事粗略角度挖掘文本的内在价值；第三种是从小说空间形式出发，如陈国恩、吴翔宇的《论〈长明灯〉的空间形式与意义生成》从《长明灯》的四个场景出发，探究文章生成的语义空间。以上三种对《长明灯》的研究,无论是从启蒙、叙事策略和反封建的角度,还是把《狂人日记》拿出来进行比较研究,都达到了很高的研究水平。但是,从小说的细节和与鲁迅前后时期的作品比较来看,《长明灯》还有极大的阐释空间。

从不同的角度可以把小说分为很多种,有侧重于表现故事情节的,这种小说的形态着眼于故事的发生、发展与结果;也有重点在于描写人物的,将人物与思想结合,充分发挥人在小说中的主观能动性,改变人物在小说中只能作为表现故事的工具的存在地位。汪晖在论著《反抗绝望》中指出,研究者把注意力集中于故事内容所呈现的客观意义是不对的,应该深入小说的深层次,这在一定程度上否定了只表现故事的一些小说。汪晖在论著中对鲁迅作品所关注的还有一个特点——聚焦人物。传统小说往往聚焦于故事的发展,"欲知后事如何,且听下回分解",主要以编织引人入胜、听了还想听的故事,人物不具有主体性,处于聚焦的边缘。作为文学家与思想家的鲁迅为什么会注重聚焦人物? 他在《我怎么做起小说来》中指出:"说到'为什么'做小说罢,我仍抱着十多年前的'启蒙主义',以为必须'为人生',而且要'改良这人生'。"可见,鲁迅的重点不是讲述故事,所以聚焦人物是意料中的。《长明灯》作为第三人称叙事小说,通过茶馆、庙前、客厅和社庙四个场景,将人物的心理、动作、语言表现得淋漓尽致,既可以勾勒场景,运用语言,又可以深入每个人物的内心,展现不同角色被赋予的意义与思想,客观呈现小说人物的主体个性。所以,本文试图以作品聚焦的典型人物形象作为切入点,分析《长明灯》中四个场景下人物展现的潜在意蕴,也探究鲁迅倾向于聚焦人物的意义所在。

《长明灯》中聚焦的人物包括:孩子、青年、疯子、长者。不难看出,作者是将少、青、中、老所有年龄段都囊括其中,可以分为三种类型:一是作为异己的疯子,代表着冲破束缚,反对封建统治,想要通过自身的努力改变社会现状的人;二是固守封建的老一辈,代表着难以冲破的古旧屏障,也是封建迷信的传播源头;三是有活力的年轻一辈,作为未来国家和社会的继承者,从小被固有的思想束缚。作者将此三种人物放于茶馆、庙前、客厅和社庙四个场地,展开人与人之间的交流与冲突。本文主要从这三种人物出发,分析他们被鲁迅赋予的思想意义。

一、固守封建的古旧屏障

《长明灯》被看作彻底反封建、反迷信,具有强烈战斗精神的作品。从"这屯上的居民是不大出行的,动一动就须查皇历,看那上面是否写着'不宜出行',倘没有写,出去也须先走喜神方,迎吉利"中就可以明显感受到,吉光屯古老而静止,吉光屯人迷信守旧且没有自我。《长明灯》写作的社会大背景非常复杂,社会矛盾更加尖锐,中国大革命走向高潮,封建军阀和买办资产阶级疯狂压榨人民,固守封建的人提出文学复古,抨击新文化运动。鲁迅创作的固守封建的顽固屏障不仅是对这一状况的有力反击,还否定了宗法社会和家庭宗法制度。

作为固守封建者的吉光屯有着封建存在的一切环境与物质,从梁武帝点起的长明灯到社老爷、瘟将军、王灵官老爷等,神权被宗法制拥护,封建宗法制的家族又被神权赋予行政管理的权力。文中涉及的封建家族的行政者一个是年高德劭的郭老娃,另一个是疯子的伯父四爷,一个作为吉光屯的最高评判者,另一个作为"闹事"者的亲属,同坐一堂自然是最有发言权的。郭老娃开口便说"西头,老富的中风,他的儿子,就说是:因为,社神不安,之故。……万一有,什么,鸡犬不宁,……都要来到府上,麻烦"之类的话,一个最高决断者开口就将事情的所有原因归结为"社神不安",并给将来不知名、不知出处的祸患找到了归因之处。德高望重的家族长者、封建宗族的最高评判者郭老娃给出的判定,在众人眼里定当是毋庸置疑的。在宗法社会里,血缘关系被看得极重,四爷作为文中疯子唯一的亲人出现必是有意义的。四爷对郭老娃的一番言辞给出的回答是:"这也是他父亲的报应呵。他自己在世的时候,不就是不相信菩萨么?……现在,叫我还有什么办法?"这话既否定了郭老娃可能要到府上找麻烦,又推脱了自己的责任,将自己"不孝"侄子做的事推给自己的弟弟,之后还叹了句:"真是拖累煞人!"当众人商量完毕,决定将疯子暂时关起来时,四爷又用了一番话伪装可怜,拒绝将疯子关在府上,此时还未忘记为自己谋利,顺势将疯子的一间破屋占为己有。这种不顾血缘亲情,帮恶人谋害自己亲人的做法,其实是对封建宗法制最大的讽刺。在鲁迅作品中,这种以所谓正义维护封建制度,不顾一切谋取自身利益的人物还有许多,《长明灯》并不是特例。正是有这种人物的"熏陶",孩子与青年的心理才会失去控制。

二、备受束缚的继承者

孩子与青年一直被看作未来的希望,国家与社会的继承者。自从接触赫胥黎的《天演论》后,鲁迅就坚信"物竞天择,适者生存"的进化论,认为当下无论境况如何,当年轻一代成长起来后,一切都会化解,将希望寄托在年轻一代身上。他认为国民素质会逐步提高,社会会渐进改革。《长明灯》的出现被认为是鲁迅对先前进化论思想的消解,从聚焦的两种人物即青年与孩子身上得到证明。

(一)"豁达"的青年

鲁迅曾认为青年人总是强于老年人,无条件信任青年人会积极进取并有所作为,在《狂人日记》和《药》等作品中对青年寄予厚望。但是,在《长明灯》中是另一种观点,文章开头交代了茶馆里的几个豁达青年"在蛰居人的意中却以为个个都是败家子"。果然不错,这几个豁达青年比疯子还要年轻许多,却和封建顽固分子一道,甚至对疯子的态度比老人还要强硬、残忍。

这样一批青年贯穿整篇文章,茶馆、庙前、客厅三个场景成为他们谋求权力与地位的阶梯。"吹熄了灯,我们的吉光屯还成什么吉光屯,不就完了吗?"为了让吉光屯是吉光屯,为了让吉光屯不变成海,为了让屯里的人不变成泥鳅,他们承担起不熄灯的责任,这是他们趋于权贵的第一步,也是向普通人和封建固守者表明他们身份的重要时刻。"阔亭和方头以守护全屯的劳绩,不但第一次走进这一个不易瞻仰的客厅,并且还坐在老娃之下和四爷之上,而且还有茶喝。"这对他们是一种荣幸和一种渴望的满足。其实,他们对熄不熄灯大概也不在意,只是在乎"牌风可好"罢了。疯子的行为只是他们谋求权势和自身价值的一个契机。事情结束后,一个个身份得到提升和转换,原来的"败家子"突然变成吉光屯的"守护者"。作为青年人并不热心于国家和社会,眼界只限于自身,这实在是一种讽刺,更表达鲁迅的绝望。

(二)无知的孩童

鲁迅曾说孩子当下的情形便将会是未来的命运,从《故乡》《社戏》《从百草园到三味书屋》中不难看出他对童真天性、天真烂漫的赞美和肯定。鲁迅的进化论是对归家希望的寄托,他在《狂人日记》的结尾处认为孩童是有希望的:"没有吃过人的孩子,或者还有?"高呼"救救孩子"。即使一些孩子议论狂人,脸色铁青,睁着怪眼睛想害他,鲁迅也将原因归为"这一定是他娘老子先教的",用启蒙的思想,呼吁众人要给孩子的成长创造良好的环境,让孩子一步步走向光明,走向未来。

但是，从《长明灯》开始，鲁迅对孩子的看法逐渐发生了改变。"一个赤膊孩子擎起他玩弄着的苇子，对他瞄准着，将樱桃似的小口一张，道：'吧！'"这一行为在文章结尾处又一次出现，可见开始认识世界的懵懵懂懂的孩子也开始把疯子当成玩弄的对象。对孩子的这一描述让人清楚地认识到启蒙者眼中的孩子和孩子眼中的启蒙者，两者对立，蕴含了启蒙者对孩子的失望和孩子对启蒙者的不屑与嘲弄。文中对孩子的描写有两处令人印象深刻：一个场景是猜谜语；另一个场景是唱儿歌。两个场景的出现都和疯子同时存在，疯子作为启蒙者。孩子作为被启蒙者。在昏暗缭绕的社庙里，不管疯子多么努力，始终成为被启蒙者的笑柄。疯子尽管没有讲出对孩子的失望，大概也认为孩子已经不是孩子了，已经和他们的娘和老子一样开始"吃人"了。这种对孩童所抱希望的破灭在《孤独者》和《颓败线的颤动》中都有描述，正如鲁迅自己说的："现在倘再发那些四平八稳的'救救孩子'似的议论，连我自己听去，也觉得空空洞洞了。"这或许就是对孩子进化论思想的彻底瓦解了。

三、孤独、不妥协的疯子

当说到《长明灯》里的疯子时，一些人会将其与《狂人日记》中的狂人作比较，有人说疯子是对狂人的延续，有人说疯子是对狂人的升华。从 1918 年至1925 年，在七年的社会动荡和心路历程中，疯子与狂人同是启蒙者，却有不同的结局：狂人最后赴某地候补；疯子则"一只手扳着木栅，一只手撕着木皮，其间有两只眼睛闪闪发光"，仍不屈从地喊着"放火"。不同的结局显然是不同的思想认知，也表明了作者七年的思想转变。《长明灯》中三种类型人物的存在是鲁迅思想转变的证据，疯子的形象是他对信念的努力与坚守，也被赋予很多意义。

有些人认为疯子作为启蒙者并不是知识分子，因为文中并没有提到这一点，并指出疯子放火只是一种盲目行为和不理性举动。例如，萧浩乐在《〈长明灯〉：疯子的"熄灯"与放火》中认为疯子的放火是一种破坏行为。其实，疯子确实是启蒙者，这在文中有多处暗示。文中讲疯子的祖父是做过官的；他的父亲从来不相信鬼神之说；他的伯父虽然固守封建，但也是吉光屯上层社会的代表。可以判断，疯子也是知识分子。疯子作为启蒙者想通过自己的努力熄灭社庙里的长明灯，其实是他孤独奋战的最大尝试。就像鲁迅笔下的其他知识分子一样,疯子被迫害,被凌辱。疯子的遭遇象征着反封建的战士为反封建所经历的过程,目睹了老人、青年和孩子的所作所为,虽然满是失望,却努力坚持,不妥协,一次又一次地去"熄灯",有一种为反封建而生而活的信念。"我知道的,熄了也还在。""然而我只能姑且这么办。我先来这么办,容易些。"这大概是启蒙者的一种渐进方法,先将吉光屯的长明灯熄掉,随后便是吉光屯人心里的长明灯。启蒙与反封建都不是一蹴而就的,但也是不能放弃的,所以直到最后疯子的两只眼睛还在闪闪发光。

在吉光屯上演的一出"熄灯"与"放火"的故事,其实是像鲁迅这样的反封建者由希望到绝望,然后去反抗绝望的一种实践历程。面对封建固守的老人、沉迷于迷信利益的青年、自小被封建迷信"熏陶"的孩子,单纯的启蒙实在太过微小,即使绝望只能在总结经验教训后重新努力去反抗绝望。鲁迅将《长明灯》聚焦于三种人物身上就是在暗示启蒙者对被启蒙者的绝望,认清了以往做法效果的微小,开始寻找另一种方法去继续战斗。《长明灯》可以说是鲁迅思想转变的一个过渡,他在 1925 年 4 月 8 日致许广平的信中说:"无论如何,总要改革才好。"在写《长明灯》后的一个多月,鲁迅承认了他长期彷徨探索出的一条出路,就是"放火"。这表明了他拯救中国社会的方案由启蒙转向了注重实际行动,也是 20 世纪 30 年代中国知识分子走向社会革命的前兆。

【参考文献】

[1] 陈绪石.重论启蒙视野下的《长明灯》[J].鲁迅研究月刊,2007(11):71 - 75.

[2] 金大伟.文本互补的叙事策略——论《狂人日记》与《长明灯》的叙事策略关系[J].淮南师范学报,2009(1):42 - 45.

[3] 陈国恩,吴翔宇.论《长明灯》的空间形式与意义生成[J].中国文学研究,2008(3):22 - 25.

[4] 鲁迅.鲁迅全集[M].北京:人民文学出版社,2006.

[5] 鲁迅.鲁迅小说经典[M].济南:齐鲁书社,2012.

[6] 崔云伟,刘增人.2001—2010:鲁迅研究述评[M].北京:中国社会科学出版社,2014.

[7] 张永泉.在历史的转折点上——从周树人到鲁迅[M].北京:文化艺术出版社,2001.

【导师点评】

鲁迅先生的《长明灯》,希望中有启蒙,绝望中有彷徨,探索通过革命改造中国的新出路。《狂人日记》中吃人的村民,《祝福》中的祥林嫂,《长明灯》中的疯子……鲁迅笔下塑造了一个又一个疯狂且大胆的人物形象。《长明灯》中的疯子,是时代的斗争者,同封建思想作斗争,是那个山村的先驱。孤独却不妥协的疯子才是吉光屯的引路人。

晨晨老师的文章聚焦了三种人物类型:第一类,固守封建的古旧屏障之人,一个是年高德劭的郭老娃,是德高望重的家族长者,作为吉光屯的最高评判者;另一个是疯子的伯父四爷,作为“闹事”者的亲属,是以所谓正义维护封建制度,不顾一切谋取私利的人物。第二类,备受束缚的未来继承人,包括“豁达”的青年与无知的孩童。第三类,孤独却不妥协的疯子,他的遭遇更象征着反封建的战士为反封建所经历的种种过程,目睹了老人、青年和孩子的所作所为,虽然满是失望,却努力坚持,不妥协,一次又一次去“熄灯”,有一种为反封建而生而活的信念。作者对三类人物没有平均使用笔墨,有所侧重地写清楚了第三类即孤独却不妥协的疯子这个人物,不仅使用陈述句描写,而且加入具体的事例。同时,作者写作时在心中明确下列问题:什么是长明灯?长明灯是不是封建社会之下神权和王权的产物?长明灯的燃烧与疯子的执着意味着什么?疯子象征着什么?长明灯真的长明吗?疯子是一个人吗?晨晨老师的文章对这些问题的探索值得大家学习和探讨。

岳爱华
2022 年 4 月

整体建构下的深度阅读

——以《永遇乐·京口北固亭怀古》的教学为例

王　黎

【摘要】语文教学中,不仅要进行深度阅读以解读文本的深层意义,更要着眼于学生知识和思维的整体建构,也就是将学生零碎、简约的知识点联系起来,勾勒一个完整的知识与能力体系。在教学过程中,教师要培养学生建构完整知识能力体系的意识,形成整体思维。

【关键词】整体建构　辛弃疾　英雄之志

在语文学习中,学生已有的很多知识点与能力往往是碎片化的。如何将学生脑中孤立且简约的点提取起来并使之相互联系,实现知识与能力结构的重构,对教学目标的实现有着重要的意义。这使学生的思维得到发展和提升,有全新的审美体验。更重要的是,在建构过程中,学生的心灵和精神世界也能得到重构,这才是语文学习的本质意义。语文教学的主要任务是在文本解读中指向学习主体的心灵,所以整体建构也能使学生的心灵和精神世界得到重构。本文以辛弃疾《永遇乐·京口北固亭怀古》为例,阐述如何实现学习过程的重构。

根据新课标大单元教学的目标要求,读诗歌也是读作者。那么,读《永遇乐·京口北固亭怀古》,也是在读作者辛弃疾。所以,我将这篇文章的教学重点设置为通过诵读诗歌,解读辛弃疾其人。

辛弃疾是学生非常熟悉的一位词人,他们能说出许多关于词人的知识点。然而,绝大部分学生知道的是被标签化的辛弃疾,一个英雄词人的形象,很少有学生能真正读懂辛弃疾。分析这首词,我发现它有个很大的特点,即作者的情感是动态的,而非静止不变的。同时,本词中的辛弃疾与学生以前在初中学习的《破阵子·为陈同甫赋壮词以寄之》中的主人公又不一样。所以,本课通过诵读、理解、分析文本,帮助学生了解辛弃疾的情感变化,并以此为载体,逐层探究、勾勒辛弃疾的人物形象,形成一个整体的心灵形象。

一、回顾已知诗词，走进辛弃疾——英雄词人

回忆并解读《破阵子·为陈同甫赋壮词以寄之》是比较容易的，学生不会觉得难，他们可以很自信地细数辛弃疾的生平。教师再补充辛弃疾的部分生平。从已有的认知和历史文献中我们不难看出，辛弃疾是一个英雄。北宋灭亡，朝廷南迁后，被侵占的国土上留下了很多的遗老故旧。辛家便是其中之一。国虽亡，但心未灭。辛弃疾的祖父和父亲"思酬国耻，普天率土，此心未尝一日忘"，他们一直不忘种族根脉，也教导辛弃疾不忘"国耻"，并等待机会收复旧土。在这样的教导下，辛弃疾耳濡目染。也许是三代人的忠心感动了上苍，机会终于来了。辛弃疾在《美芹十论》中回忆："粤辛巳岁，逆亮南寇，中原之民屯聚蜂起。臣尝鸠众二千，隶耿京，为掌书记，与图恢复。"辛弃疾为家国一统，走上了抗金之路——他勇敢果断，持钢刀利剑，杀贼寇，平叛乱，血溅战袍，痛快淋漓！

学生根据已有的知识可以轻而易举地触摸到辛弃疾的第一层身份——英雄。在这一步骤中，学生不仅复习了已有的知识，而且将人物放在特定的历史背景中，人物形象、特性就很自然地浮现出来。

然而，词人辛弃疾的《永遇乐·京口北固亭怀古》并非在追忆往日的荣耀，而是借怀古来表达对当下朝局的忧愁以及对某些小人的愤恨。

二、诵读新诗歌，究弃疾愁恨——英雄之悲

辛弃疾这首词的最大特点是借用典故抒发情感。由于典故较多，因此处理时，我制作表格，让学生自读诗词，与同伴分析、讨论并完成表格。这样，可以使学生清晰地理清典故，并且理解典故的用意。

人物	事件	结果或表现	用意
刘义隆	草率北伐	失败	批判执政者草率北伐
北地百姓	佛狸祠祭祀	热闹	对百姓麻木的叹息（前后对比，提醒统治者在北地已经没有群众基础了）
廉颇	问饭	不用	对奸邪小人的痛恨

从表中可以清楚地看到，词中的三个典故：一是刘义隆被王玄谟"忽悠"，仓促北伐，遭受重创；二是金兵入侵宋地，扬州城军民一心，合力抵抗金兵；三是廉

颇被免职后,不被任用。学生在文本的解读中,清晰地抓住作者的用典意图。

刘义隆是君,扬州百姓是民,廉颇是将。用典往往是为了喻今,我们将视线拉回到南宋。

公元 1204 年,南宋宰相韩侂胄急于发动一场伐金战争以巩固自己的地位。他任命辛弃疾为镇江知府。然而,这位抗金名将却异常清醒,他认为这不是最佳时机,不可草率。辛弃疾一番苦心,却遭猜忌,最终被贬。

辛弃疾从当权者出兵目的不纯、北地缺乏群众基础、出兵没有领军人才三个角度出发,劝诫统治者要谨慎北伐,同时表达了对自身闲置的悲哀、对百姓的失望和对小人的痛恨。然而,不管是对百姓的失望还是对统治者的劝诫,甚至是对小人的痛恨,归根结底都是对朝廷命运的担忧,是对家国深沉的爱。所以,作者抒发了对家国的担忧。到这里,我们看到的是一个悲楚的辛弃疾。67 岁时,词人在悲愤中死去,死前大喊"杀贼!""杀贼!",声音凄厉。辛弃疾一生戎马倥偬,却郁郁不得志,这是他的悲哀,也是南宋的悲哀。

在这一环节中,教师要抓住文本特点——多用典故,让学生体会辛弃疾内心对君、对臣、对民不争之怒,这也是英雄最浓烈的悲鸣。

这样一个满心凄楚的人,他的词作却是豪放派的代表作。何谓"豪放"?豪迈,奔放。有伟岸之力量,壮美之气象;激扬之情绪,昂扬之格调;高远之志向,旷达之襟怀……如果以情感为标准,辛弃疾的词是不能成为豪放派代表作的。文学上将辛弃疾归为豪放派是错的吗?当然不是。带着这样的疑惑,学生对辛弃疾的情感世界作进一步探究。

三、再读诗歌,探弃疾愿——英雄之志

矛盾是文本深度阅读最好的引子。教师请学生再读诗词,进行探究。辛弃疾仍然将自己的情感埋在典故的背后。

其一是孙权和刘裕。东吴大帝孙权在京口开辟重镇并以此为都;刘裕在京口起事,推翻东晋后成为皇帝。两位帝王在这里都建立了不朽的功业。辛弃疾用"英雄""风流"来形容他们,可以看出对他们的敬佩和仰慕。

辛弃疾借"英雄无觅""风流总被雨打风吹去",表达了对英雄的叹惋;刘裕的"金戈铁马"也已是"想当年",功绩已过,英雄逝去。辛弃疾在对英雄帝王表

示敬佩和赞赏之余,还对他们已不在表示惋惜。换而言之,对英雄帝王的仰慕与叹惋,不也是作者心存对遇到这样帝王的渴望吗?只有这样的帝王,才能慧眼识人,不被奸邪蒙蔽,创不世之功。

其二是廉颇。廉颇"问饭"的典故说明廉颇依然"老骥伏枥,志在千里"。辛弃疾以廉颇自比,亦暗含老骥之志。他虽然对自己不被重用感到悲哀,但在心里对圣明君主的渴望从来没有停止过,即便年老,也从未放弃自己的志向。这就是辛弃疾,一个虽被小人中伤,却不曾自暴自弃的辛弃疾;一个虽被朝廷打压,却从不曾放弃朝廷的辛弃疾;一个虽想为却从不能为,虽不能为却坚守理想,不曾放弃的辛弃疾。

最后,我借用于德龙给辛弃疾写的批注作为结尾:"一柄利剑一支笔,半生戎马半身情。他是一个拿笔的剑客,舞剑的书生,虽终不能横戈马上,却一不小心做了词里的将军。他用民族仇、复国志炼其词魂。他用胡尘飞、金戈鸣来壮其词威。他用兵写刀刻的笔力镌刻了中华爱国历史。他是一位悲壮得让人荡气回肠的词人,是一位执着得让人心痛不已的英雄。"辛弃疾就是这样一个人,一生历经悲苦打压,理想却从未磨灭,一直站在那里,勇敢地挺直担起民族重任的脊梁。正是这些脊梁撑起了我们中华民族。

本文的解读角度其实很简单,只有两个:历史背景和文本典故。尤其是对文本典故的深度解读,从文本表层到深层意蕴的挖掘,让学生对辛弃疾的精神世界有了深刻的思考,理解辛弃疾为何能在文坛千年不倒,了解辛弃疾身上透出的那种压不弯、摧不毁的坚守,以此建构一个完整而又深邃的辛弃疾的人物形象。

可见,整体建构下的文本深度阅读,不仅把学生零碎、简单的知识联系起来,构建了一个完整而又深邃的辛弃疾的人物形象,还使他们对民族的精神文化有了更深刻的了解,通过审视作者的经历,完成了一次人格上的升华。

【导师点评】

本文呈现了一堂很有意义的古典诗词的赏读课,它让我们看到古典诗词的赏读该如何从作品入手,再一步步走近作者,走近特定的时代,走近人物的心灵情怀和情感世界,最终走近对文化的认知与理解,从而完成对作品、人物、文化的整体建构。这正体现了语文课程核心素养语境下的一个基本追求,即课堂如何从解析转向建构,从点状思维转向整体思维,从语言表层的品析转向语言深层的生命形态与文化内涵。这样的课堂,是学生学的课堂,是学生阅读力不断提升的过程,也是核心素养养成并内化的过程。课堂给学生提供的思维支架也恰到好处,包括历史背景和文本典故。在这个思维支架的运用过程中,静态的知识转化为动态的能力养成,简洁高效,这是古诗词阅读的有效策略。

孙宗良

2022 年 4 月

基于学习共同体的任务驱动型阅读教学探究

——以《哦，香雪》一文的阅读教学为例

吴云丽

【摘要】 新教材、新课程、新理念的培训活动全面展开，笔者在摸索中感受到把外在的知识、价值观念和规范等转化为个人的内在精神，是教育活动中最本质的转化。语文教学过程就是教师和学生间、学生和书本间、学生和学生间实现能量转化的思维过程。笔者尝试从编者角度把握教材编写布局的用意，借助任务驱动，在大单元学习下探索文本的个性，将课堂变为师生彼此生命能量的转换平台，从而提升学生的语文核心素养，构建师生学习共同体。

【关键词】 任务驱动　阅读教学　学习共同体

新课程提出以学为中心，发展学生的语文能力，以学习共同体改善课堂生态。学习共同体是一种师生之间具有整合性、合作性的学习组织方式。课堂上，笔者积极创设学习情境、成长情境，以交互生成和共情关系促进学习过程中的相互学习和共同成长，以打造学习共同体，助力高中语文任务群的学习。

一、胜日寻芳，觅一曲童谣：一分钟带来新生活

（一）敢于质疑，追问文本内容的疑惑点

以学为中心，教师首先要学会倾听。师生共研的学习共同体打造需要教师转变自我角色，从传统的教师完全承担教学责任转变为师生共同承担，互为责任人。教师要关注学生在学习过程中的深度参与和投入程度。部编版高中语文必修上册第一单元收录了铁凝的一篇小小说《哦，香雪》，笔者在课前让学生聊聊阅读感受，说说阅读过程中的疑惑。有学生表示喜欢小说中姑娘们身上的青春活力。有学生表示绿皮火车、台儿沟小山村等内容离他们很遥远。有学生提出：为了一个自动铅笔盒，用一篮子 40 个鸡蛋去换，不明白香雪为什么那么

想要自动铅笔盒。她有父亲做的木头铅笔盒,为什么非要自动的呢?……小说写的是台儿沟的姑娘们,为何取名为《哦,香雪》? 本文的写作意图是什么呢?

一个个问题的提出,体现了同学们愿意深入文本,在阅读过程中进行深入思考。有学生问,作者创作的意图是什么? 我们可以看看铁凝谈自己创作本文的一段话:"我还是怀着一点希望,希望读者从这个平凡的故事里,不仅看到古老山村的姑娘们质朴、纯真的美好心灵,还能看到她们对新生活强烈、真挚的向往和追求,以及为了这种追求,不顾一切所付出的代价。……能唤起我们年轻一代改变生活、改变社会的强烈责任感吗?"《哦,香雪》创作于1982年,笔者出生于1982年,如今时代已发生了巨大的变化,但好的作品可以突破时空的限制,今天我们一起重温这首童歌。

(二)巧设活动,情境表演还原文本精妙处

以学为中心,教师要从学习视角设计课堂组织方式,创设学习情境。笔者设计的第一个活动是多幕剧表演《一分钟里辨新生活》,这个活动要求学生找一找台儿沟出现的新变化。姑娘们对新生活有怎样的态度? 把新生活用三幕短剧表演出来。学生们生成了三幕短剧:《挨着窗口望火车》《踮着脚尖换物品》《打扮一新迎检阅》。

姑娘们刚刚接触火车,她们对火车感到很稀奇,处于观望状态,是看稀奇;日久天长,就在这一分钟里,她们踮着脚尖,双臂伸得直直的,把整筐的鸡蛋、红枣举上窗口,换回台儿沟少见的挂面、火柴,以及属于姑娘们自己的发卡、纱巾。"踮""伸""举""换"几个动作,表现了姑娘们主动接受新的变化,是在换稀奇。凤娇头上别起了淡粉色的有机玻璃发卡,有些姑娘的辫梢还缠上了夹丝橡皮筋。她们仿照火车里那些城里姑娘的样子把自己武装起来,整齐地排列在铁路旁,像是等待远方的贵宾,又像是准备接受检阅。这里用了"别起了""缠上了""等待远方的贵宾""接受检阅"等表述,呈现了姑娘们对新事物从好奇到接受再到主动向往的过程。这大概就是铁凝希望告诉读者的,即"看到她们对新生活强烈、真挚的向往和追求"。

作者希望在《哦,香雪》中告知读者什么? 铁凝自己说,首先是看到她们对新生活强烈、真挚的向往和追求。在三幕短剧中,学生体会到台儿庄姑娘们从看稀奇到换稀奇最后到用稀奇的心理变化。以学为中心,教师要学会倾听,有效整合并提供学习资源,设计可行的学习任务。

二、光景一新,品一首纯诗:铅笔盒带来的心酸

(一) 绘制时空链接图,跨越时间的障碍

以教师为主导的传统课堂,注重目标的达成,呈现"设定目标—学生达成—教师评价"的线性特点。这种阶梯式课堂组织方式的最大特点是目标明确,课堂环节清晰,缺点是学生没有自主选择"道路"的权利。笔者尝试从学习视角设计"登山式"课堂组织方式,让学生自主选择去山顶的道路,围绕主题进行探究与表达。

"如果你是香雪,在当时的情况下会怎么做?"为了让学生贴近文本,笔者设计了"走一走香雪换铅笔盒之路"时空链接图绘制活动,要求学生画出香雪换铅笔盒的前因后果,设计一个时空链接图。

在梳理时空链接图时,出现了两种不同的声音:一半学生没有把"同学盘问香雪,嘲笑香雪"这个情节放在里面;另一半学生认为这个情节必须保留。通过讨论,大家理解香雪作为贫穷山村的姑娘,从懵懂到体会被城里人歧视,同学"一遍又一遍"的故意问话不是出于关心,是城里人优越感的一种表现。理解香雪的心酸,就要设置这个情节。那么,心酸仅仅是香雪一个人的吗?这也是台儿沟的心酸,火车只停靠一分钟;也是台儿沟姑娘们的心酸,她们认为"我们不配"嫁给"北京话"。到此我们已经读懂了铁凝想告诉我们的:能感受到生活本身那叫人心酸的严峻。

(二) 吟诵心灵成长诗,感受香雪们的蜕变

通过"走一走香雪换铅笔盒之路"时空链接图绘制活动,学生们贴近主人公香雪,感受她的喜怒哀乐,而改写小小说为诗歌的活动让学生们更好地与香雪进行心灵对话。作家孙犁说:"读完后,我就退到一个角落里,以便有更多的时间,享受一次阅读的愉快,我忘记了咳嗽,抽了一支烟。……我希望能经常读到你这种纯净的歌!"笔者请学生们仿照本单元前面几首诗歌,把《哦,香雪》改写为诗歌。

香雪受到同学们的奚落,她心里不平静了,渴望改变,并且勇敢去追寻"自动铅笔盒"。香雪在跃上火车的那一刻是冲动的,而当她从西山口走回来,说明

她成长了。她"就像第一次认出养育她成人的山谷",台儿沟是那样让她觉得新奇。在从西山口走回去的路上,她感受到大山的温厚,并延伸出一种骄傲之情。

香雪内心发生了蜕变。其实,发生蜕变的何尝只有香雪,还有来寻找香雪的伙伴们,甚至严峻的大山都为他们发出欢呼声。

三、终识东风的一湾清泉:你我都在发生着转变

(一)穿梭文本之中,感悟新的变化

朱熹有诗《春日》:"胜日寻芳泗水滨,无边光景一时新。等闲识得东风面,万紫千红总是春。"在新课程背景下,笔者尝试了活动体验、对话主人公、改写小说等新的形式,目的只有一个,即让学生深入文本,感受文字意蕴,体会小说魅力。下面是一位学生改写的诗歌《哦,香雪》:

哦,香雪。/我,贫穷,偏僻。/深深地掩藏在大山的皱褶里,/当那两根纤细的铁轨,/像血管流入我的心脏时,/它便开始,/为希望与期待跳动。

哦,香雪。/风对我轻轻地诉说着,/诉说着你的踪迹,/说你走过核桃树下,/是它摇落一树的落叶。/它说秋夜虽然寒冷,/但你的心中并无寒意。

哦,香雪。/月亮认真地描摹着,/描摹着你月光下的身影。/连着那绽开着马蹄莲的铁盒,/它说你,/痴了它的心,醉了它的魂。

哦,香雪。/莫要畏惧前方的黑暗,/我,一直在这儿。/掌着高高的灯,/让远方的你,/能够把我看见……

初识香雪,学生们看到她身上的青春活力;试演香雪,大家体会到她身上的自尊自强;对话香雪,师生一起感受自己和香雪都在发生蜕变。在新课程背景下,笔者专注构建生本课堂,释疑碰撞思维的火花为精彩之处。教师抓住课前学生预习中的疑问,可以明白学生预习中遇到的难题,然后在课堂教学中设计对应的活动,关注学生在学习过程中的疑惑。生本课堂追求在师生交互中推进教学,提高学生的语文素养,增强学生的语文审美能力、探究能力,使学生形成良好的思想道德素质和科学文化素质。

(二)回顾课堂内外,意识自我转变

在新课程背景下,学生的学习方式发生了变化。围绕综合与探究,教学内容发生了巨大变化,新课程注重整合性学习,更需要学生自主建构,学习方式一

定要从传统的听教师讲授变为自主探究。

教师要有全局意识、大单元学习意识。教师要把"以课文为单位的文本解读"改为"以单元为单位的教材解读"。比如,部编版高中语文必修上册第一单元有五首诗歌,时代不同,要读出这一组诗歌的同与异。除了五首诗歌,还有两篇小小说,教师要从站在写作者的视角解读文章,转换为站在编者角度把控教材编写布局的用意。教师可借助任务驱动,在大单元学习下探索文本的个性,基于专题教学优化任务设计,或聚焦一个主题进行扇形深化拓展,或围绕一个主题进行多文整合,在大单元专题式教学过程中提高学生解读文本的能力,提升其语文核心素养。

笔者从全新视角执教《哦,香雪》一文,和学生一起重温多年前的一曲童谣,在慢慢摸索中感受到:把外在的知识、价值观念和规范等转化为个人的内在精神,是教育活动中最本质的转化。语文教学过程就是教师和学生间、学生和书本间、学生和学生间实现能量转化的思维过程。

放下教师以为的"美",笔者尝试让学生自己去寻找"美"。知识从外部进入内部精神世界,要长久留存下来,需要一个活化的过程。教育者要把潜藏在学生生命中的可能性通过教育转变为能力,要把教师头脑中的知识变成学生的知识,这种行为应贯穿整个语文教育过程。

【导师点评】

本文用课例的方式探究基于学习共同体的任务驱动型阅读教学方法,是实践性很强的行动研究类教学论文,是探索"双新"课改的一次实践。

本文有两个关键词语。一是"学习共同体"。日常的班集体授课不一定是学习共同体,尽管具备学习者(学生)和助学者(授课教师)两个组织要素,但是如果两者缺乏沟通、交流,缺少分享各种学习资源的行为,不能共同完成一定的学习任务。作者尝试有意识地营造良好的人际互动关系,在成员之间形成相互影响、相互促进的人际联系,努力构建师生学习共同体。二是"任务驱动"。任务驱动的教与学方式,能为学生提供体验实践的情境和感悟问题的情境,围绕任务展开学习,以任务完成结果检验和总结学习过程等改变学生的学习状态,使学生主动建构、探究、实践、思考、运用高智慧的学习体系。在学习共同体中用任务驱动方式促进学生自主学习,正体现了"双新"课改的核心——以学生为中心。

作者鼓励学生敢于质疑,追问文本内容的疑惑点,以情境表演还原文本精妙处,突破了历史隔阂。从绘制时空链接图到诗歌创作的尝试,作者致力于追求把外在的知识、价值观念和规范等转化为个人的内在精神的教学境界,是很有创意的。

另外,作者提出在大单元教学的视角下,从写作者角度解读文本转变为从编者角度解读文本,把控教材编写布局的用意,借助任务驱动,将课堂变为师生彼此生命能量的转换平台,从而提升学生的语文核心素养,构建师生学习共同体。这些都是很有创意的想法。

鞠朝霞
2022 年 4 月

深化古诗文教学　提振文化自信

姚莉萍

【摘要】经典古诗文作品是解读传统文化的桥梁，但传统古诗文教学注重知识的"呈现"，将经典作品肢解为字词句和文学、文化常识，学生与传统文化之间的"代沟"不仅没有消解，反而加深。笔者尝试将"深度学习"的理念与教学实践相结合，激发学生主动学习的意识，深化个性化解读，让他们在应用传统文化的实践过程中加深理解感悟，从而提振文化自信。

【关键词】文化自信　古诗文教学　深度学习　实践

文化自信，是对民族文化的认同心理和肯定态度，个体没有充分的认知和感悟是无法达到的。经典作品是解读传统文化、提振文化自信的一种手段，是古今交流的"桥梁"。语文教学要教会学生通过"桥梁"去感受历史长河中的人和事，从而对当代文化的来路有所了解，从而能够更好地把握当下，乃至思考未来中国文化的发展，这就是古代经典作品教学的意义所在。

传统古诗文教学更注重知识的"呈现"，将经典作品肢解为字词句和文学、文化常识，学生与经典作品之间的"代沟"不仅没有消解，反而加深。人们不禁思考：怎样的古诗文教学是切实而有效的？

在研读"核心素养"相关理论和研究成果的过程中，笔者接触到深度学习，并尝试将其与教学实践相结合，以激发学生主动学习的意识，深化个性化解读。

一、深度学习的概念与解读

针对古诗文教学，文化自信靠灌输、再现是不够的。"文化"是一个动态名词，发展轨迹不是只有"传统"这个单向维度。

传统文化教学要深化，就要变"呈现式"课堂为"深度学习式"课堂，让学生在课堂上"发声"而非"聆听"，"应用"而非"掌握"，引导学生自己去提高实证、推理、批判与发现的能力，增强思维的逻辑性和深刻性，这样才能认清传统文化的价值所在,才能让传统文化融入他们原有的认知结构中。

二、深度学习的教学实践及思考

以下是《"一叶一世界"——〈采桑度〉诗歌推介会》教学实录片段。

发言人:第五组推荐人李同学(PPT 略)。

李同学:各位同学,大家好。我推荐的是《采桑度(其六)》:"采桑盛阳月,绿叶何翩翩。攀条上树表,牵坏紫罗裙。"

这首诗既有采桑的环境描写,又有动作描写,非常生动。但是,我想跟大家聊一聊的不是内容、手法,而是古人的"审美"。

首先,是采桑少女的审美。采桑少女即便劳动,也穿着美丽的罗裙。她喜欢的是高贵典雅的紫色! 在古代的织染水平下,紫色应该不容易得到。俗话说"物以稀为贵",在中国传统文化中紫色是尊贵的代名词,如春秋战国时期国君服装用紫色,北京故宫又称"紫禁城",还有"紫气东来"的说法。在这首民歌创作的南北朝时期,紫衣为贵官公服,有"朱紫""金紫"之称。大家可以参看《新唐书·车服志》《宋史·舆服志五》。由此可见,这个少女可不是不修边幅的劳动者,她对美好的事物有自己的评价标准。

其次,诗歌作者的审美。作者笔下的采桑女,除了衣着与众不同,还有体态之美。作者没有过多描写语言、神态等,而是抓住了一个细节"攀"。别小看这个字,通过这个字,我们仿佛可以看到采桑少女轻盈的体态、娴熟的动作。作者借这个字写活了少女的形象。跟现在很多人重"颜值"不同,古人更重形态之美,值得我们反思。整幅画面,有绿有紫,有动有静,极富张力。可以说,作者的审美品位很高。

最后,我们再提高一个层面,到社会大众的审美层面。诗歌描写的是社会一角,也可以说是整个南北朝时期的社会缩影,采桑少女、诗人都是社会中的个体,从他们身上折射出整个南北朝的审美品位。这首诗歌只有二十个字,却是非常重要的文化遗产。透过它,我们可以复原一个崇尚高贵典雅、健康个性的南北朝。

············

李同学选取的角度独特,分析有理有据,并对文本进行深入浅出的解读。

通过解读,我们还可以看到她的文学乃至文化修养。

那么,这样的语文课堂"合格"吗?

可以说,这个教学片段在传统古诗文课堂中不能呈现,甚至可以说不会呈现。但是,站在深度学习的角度,这显然是一次较好体现其意义的学习过程。

深度学习是教师使用合理的教学手段促进学生的知识迁移的教学过程。在这个案例中,李同学的解读显然已经离开诗歌"知识"的层面,进入更高的审美层面——以现代文化的视域,关照古人的劳动、生活方式,进而理解古人的审美标准,建立现代文化与古代文化之间的联系,使两者之间形成一种共振关系,以今解古,以古衬今。她能调动已知,吸纳新知,在"外用"的实践中"内化"新知。她不仅活学活用,更重要的一点是,提升了获取、解读新知的能力。

不同于传统教学模式,在本次教学过程中,笔者主要是在课前、课后两个环节进行教学指导。

第一,课前准备。

教学内容:课前准备分两个学习阶段——个体学习阶段和小组学习阶段。

个体学习阶段:搜集与诗歌相关的文化常识、历史背景等知识,采访相关人员或开展问卷调查,完成"学习任务单"(任务单略),形成具有个性化的诗歌内容理解。

小组学习阶段:讨论研究个体学习成果,进行整合汇总,并制作成果展示材料(报告、PPT 等)。

教师指导:硬件支撑方面,提供自学设备(图书馆、理论读物、电脑),进行 PPT 制作、演示的技巧指导;方法指导方面,就如何开展采访、问卷调查等进行指导;过程指导方面,协助学生搜索、分析、汇总、整合资料。

教学目的:协助学生掌握理解诗歌内容的方法,并能形成个性化解读;明确小组分工与协作的重要性,能够深度参与小组活动。

第二,课后评价。

教学内容:略。

结果评价:票选"推介最成功小组";全校性展示"推介最成功小组"的成果;完成本次学习的自我思考,反思参与情况,或在进一步搜集材料的基础上,进行诗歌再解读、诗歌创作等(形式开放)。

过程评价(每项最高 5 分,自主打分):四个维度,即预习阶段参与度、资料整合阶段参与度、展示阶段参与度、诗歌解读方法掌握程度。

教学目的:能思考在整个学习环节中的收获,并运用搜索、调查等学习形式,针对某一方面进行深入思考;获得学习成就感,激励学生自主学习。

在《"一叶一世界"——〈采桑度〉诗歌推介会》的教学过程中,教师起到近似导演的作用,把展示的舞台留给学生,需要做的是设计教学任务,搭建课堂的框架,选择合理的教学手段,进而引导学生开展深度学习和自主学习。

三、浅谈深化古诗文教学的策略

(一) 何妨"迎合"——切准学生脉

生长在一个文化、价值多元时代的青少年,其民族自豪感在当前不同代际中最高,价值观和兴趣爱好更加多元化,对新事物的感知能力、接受度、包容度更高,并有强烈的表达欲。有学者指出:"国潮回归、国风大热、传统文化内容在青年群体中受热捧,说明中华优秀传统文化有着强大的生命力与吸引力,也折射出当代青年人对中国传统文化更加自信。"

语文教师要把准学生的脉搏,只有了解文化背景特征,了解他们的群体心理画像,才有可能深化传统文化教育。正如案例中的李同学,勇于求新求异,表达自己。

(二) 不如"放手"——引导学生用

笔者在研读苏格兰的"卓越课程"、日本的"德育乡土教材实验研究"等教育改革先进理论的相关文献资料时,注意到教育发达国家和地区都非常强调实践对文化教育的重要性。寓教育于实践,"内化""外用"相辅相成,这就是笔者所强调的深化传统文化教学的重要策略。

教师要给学生创设运用传统文化的情境,激发学生运用当代文化去关照传统文化,形成文化的碰撞,进而把传统文化知识运用到解读中,使"古为今用""古为己用",这样传统文化才能落地生根。

在实际操作中,我们要注意以下几点:

首先,教师必须转变理念,还课堂于学生。传统文化不再是被"呈现"到学生面前的知识,而是学生表达、分析、质疑的对象,通过学生的思辨,深刻地、灵活地,进而批判地、独创地解读,在语言实践中学习。

其次,教师必须创新教学方法,不拘泥于形式。教师要搭建学习平台,而不是单纯通过讲授,还可采用调查研究、诗歌诵读、课本剧、文创作品、专家讲座等形式。

最后,教学评价标准也要转变,要针对结果,更要针对过程;要有标准测试等定量评价,也要有针对学习能力的定性评价,肯定可行的多元解读。

（三）关注"过程"——重视学生学

"深度学习式"古诗文课堂是学生学习的课堂。教师应关注学生在学习过程中的表现,如情感态度、协作能力、思辨批判等,从而判断学生的学习情况,采取相应的干预策略。具体而言,应主要把握以下几点:

第一,学生的参与度:要关注每个学生在学习开展过程中的参与情况,对参与度不高的学生要及时引导。

第二,探究的深化点:要紧扣学生的兴趣点、学习能力等,巧妙设计课堂的实践任务;要鼓励学生提出问题,并引导学生进一步深入探索。

第三,思维的批判性:要重视每个学生的独立见解,鼓励学生质疑、反思,培养学生的批判思维。

第四,主动建构的生成度:对学习结果的处理不可随意,应要求学生形成一定的成果。

总之,要重视学生的学习状态和进程,培养学生的参与意识、问题意识、反思意识、成果意识。

知识本身具有育人的价值,但我们强调的是"育人",而非知识本身。语文教学如果不能帮助学生架设打通古今之间的桥梁,也就不可能有真正意义上的让青少年接受、认同的传统文化。只有落实到实践中,才能让传统文化成为提振当代青年文化自信的基石。

【参考文献】

[1] 谢友明.基于核心素养建构的语文深度学习[J].中学语文,2018(24):7-8.

[2] 何玲,黎加厚.促进学生深度学习[J].计算机教与学,2005(5):29-30.

[3] 刘路.语文深度学习的理论基础探析[J].广西教育学院学报,2015(3)：59－60,66.

【导师点评】

学习古代诗歌,是了解、传承我国优秀传统文化的重要途径。本文从切脉、放手、过程角度浅谈深化古诗文教学的策略,力图帮助学生构建古今之间的桥梁和纽带,让传统文化成为提振学生文化自信的基石。

姚莉萍老师尝试将深度学习理念与教学实践相结合,激发学生主动学习的意识,深化个性化解读,让学生在应用传统文化的实践过程中,内化外用,加深理解感悟,启迪学生在课堂上发声、应用,增强思维的逻辑性,提振文化自信。从教学实践《"一叶一世界"——〈采桑度〉诗歌推介会》片段的展示,可以看出教师只是扮演导演的角色,搭建课堂的框架,驱动学生自主学习。学生可以在审美层面上关照古人的劳动、生活方式,在审美评价中运用自己的尺度去衡量审美的对象;同时,活学活用,提升获取、解读新知识的能力。课堂是学生学习的场所,是学生自我提升的主渠道,学生是课堂学习的主体和主人。姚老师把课堂还给了学生,透彻解读了古诗文教学的策略,值得一读。

岳爱华

2022 年 4 月

任务驱动为哪般

——浅谈语文任务驱动教学法的目的

张雁平

【摘要】 本文就语文任务驱动教学法的任务设置目的这一问题展开论述，明确语文任务驱动教学法旨在驱动学生，并结合语文课堂具体的"任务"设置，从激发学生学习动力、激发学生学习兴趣、满足学生学习需要三个方面进行分析，力图解决这一基本问题。

【关键词】 语文教学　任务驱动　设置目的　学生学习

新课程改革如火如荼地开展，以任务设置的方式组织课堂教学的现象十分普遍，语文课堂上也逐渐开始采用任务驱动教学法来组织教学。我们不禁要思考：这种教学方法好不好？是否值得提倡？

首先，传统教学方式基本上以教师为主体，学生只是教学的对象。填鸭式教学方式往往是多数教师采用的方法，对学生进行知识的灌输是基于对知识的重视。后来，教师们逐渐认识到能力的重要性，认识到学生才是教学的主体，若只有教师"一头热"，这样的教学没有效果。任务驱动教学法是在教育教学改革逐渐深入的背景下产生的，它的应用与推广符合时代要求。

任务驱动教学法是一种建立在建构主义学习理论基础上的教学法，它将以传授知识为主的传统教学理念转变为以解决问题、完成任务为主的多维互动式教学理念；将再现式教学转变为探究式学习，使学生处于积极的学习状态，每位学生根据自己对问题的理解，运用已有的知识和特有的经验来解决问题。

任务驱动教学法是通过设置的"任务"以驱动学生的学习动力，让学生主动自觉地通过活动来完成学习目标的一种教学方法。为了完成学习目标，在设置具体"任务"时，大家就必须考虑以下几方面：

一、设置"任务"：依据学生的学习兴趣

学习兴趣是产生学习动机的重要因素。兴趣是最好的老师。这说明，兴趣

可以推动学生主动学习。学生对学习活动、某事物或现象产生一种力求认识或趋近的倾向源于兴趣,学生源于兴趣获得他所探寻的内容时,又会产生愉悦的情绪和更持久的兴趣。因此,在激发学生学习动机的诸多因素中,兴趣是内发性学习动机的中心。"最好的学习动机莫过于学生对所学材料本身具有内在的兴趣。"所以,教师在实施任务驱动教学法时,要激发学生学习语文的动机,应当以培养学生学习语文的兴趣作为起点。

培养学生学习语文的兴趣,似乎对低年级学生比较重要。那么,注重培养高中生学习语文的兴趣,是不是有些不合时宜? 其实,在某种程度上,这恰恰更能激发学生的学习兴趣,毕竟语文学习的内容非常广泛,并且是母语教学,有着得天独厚的优势。只不过高中生面临高考升学压力,学习动机更多表现为获得更好的学科成绩以符合社会、家庭与自我的期望和要求,兴趣爱好有可能被压抑。如果外部学习动机与内部学习动机能够协作配合,学习的效果会更明显。因此,如果我们在设置高中语文学科的任务活动时,也能注重激发学生的学习兴趣,让他们乐在其中,那么完成任务不仅是一个分析探索并尝试解决问题的过程,而且是一种享受,带给学生的学习体验会更加强烈而持久。

笔者曾学习过黄厚江老师上的课堂实录《猫》,其中印象最深刻的是黄老师让学生给文中的三只猫取名字的环节。这是一个非常"有趣"的任务,学生通过阅读文本中关于猫的颜色、动作、情态等方面的文字,结合自身的体验和感受,纷纷给猫起名字,"白雪球""跳跳黄""小忧忧"……在这些名字的背后,体现的是学生在特定情境任务下对文本信息进行提炼、加工、创造的语言建构与活动过程。除此之外,这些名字也串联起学生与小动物之间的情感纽带。现在不少人抗拒不了猫的诱惑,"铲屎官"很多,这些有趣的动物和人内心的童真童趣一旦被激发,会让学习活动生动起来。教师可以更深入地引导学生去体悟生命,感受生命……学习目标就可以顺利地完成了。由此可见,一个"有趣"的任务设置,确实可以驱动学生积极主动地学习,从而取得更好的学习效果。

二、设置"任务":满足学生的学习需求

学习需求是激发学习动机与兴趣的基础。"需求"就是我们常说的"需要",

是指人感觉到有某种缺乏而力求满足的一种内心状态,是生理需求和社会需求在人脑中的反映,是个体倾向性的基础。在诸多"需要理论"中,最著名的应该是"马斯洛需要层次理论"。马斯洛把需要分为生理需要、安全需要、归属与爱的需要、尊重的需要、求知的需要、审美的需要、自我实现的需要,并将其分为缺乏性需要(低层次需要)和成长性需要(高层次需要)两类。

从这个理论出发,人的诸多需要或多或少会投射到学习需要上,学习需要可以说是学习动机与兴趣的基础。同时,我们也会发现,其实每个人对各层次的需要是不一样的,这也恰恰体现了人的个性差异。因此,任务驱动教学法在设置任务以满足学生学习需要时,也应当注意学生的个性差异。"任务"的设置最好不要以统一的结果为目标,以适应不同学生的不同学习需求。

例如,笔者曾在教学《林黛玉进贾府》这篇课文时,让学生根据自己的个人喜好为文本中出场的人物设计一个"红楼明星推荐榜"。学生会根据自己对红楼人物的喜好查阅各种资料,带着自身情感、求知、审美甚至自我实现等需要去证明他们的选择及原因。这堂课上,学生的表现非常积极,还有学生出人意料地推荐了一些"小众人物"。这堂课体现了读者与文本的对话、古代与当代的碰撞以及学生的个性特点。围绕支持"红楼明星"这一任务进行的系列分析探索的过程,让课堂变得意义非凡。

总之,语文教师在实施任务驱动教学法时,除了要考虑学科特点外,也要紧密联系教育心理学理论,以驱动学生为目的来设置具体教学任务,真正做到从学生的实际出发,围绕学生学习设置能激发学生学习动机与兴趣、满足学生学习需求、培养学生语文素养与提升学生语文能力的学习任务,真正体现学生学习的主体地位。这才是值得我们提倡与运用的有效的教学方法。

【导师点评】

本文就任务驱动教学法在学科教学中如何实施进行了全面的思考和大胆的尝试,反映了作者在教学中锐意进取、大胆变革的精神,能积极主动探索学生学习方式转变的新途径;具有比较先进的教学理念,在文中反映了以学生为本的思想。

作者指出,设置"任务"要注意激发学生的学习动机,学习动机是推动学生学习的动力;要注意激发学生的学习兴趣,学习兴趣是产生学习动机的重要因素;应尽量满足学生的学习需求,学习需求是激发学习动机与兴趣的基础。作者结合马斯洛需要层次理论,论述了学生的内驱力和外在驱动力,深入思考,从学习者的需要、学习的动机和学习的兴趣入手。任务驱动教学法最重要的是第二部分,即任务设置的情境和学习者生活经验相结合,这是考验教师教学智慧的关键,体现了教师注重任务的现实性,给人以启迪。教师通过任务驱动教学法,培养学生语文素养,提升学生语文能力,真正体现学生学习的主体地位。

鞠朝霞
2022 年 4 月

基于现象教学优化高中语文课堂阅读教学实践研究

朱阜生

【摘要】2016 年开始于芬兰的现象教学侧重于学生的综合能力培养。我国的现象教学更多应用于具体学科教学中,通过一个恰当的现象串联整堂课,让学生在已有的经验和认知基础上建构新的知识。本文从现象教学有利于整合学科知识碎片、有利于提高教学方式的灵活性、有利于切实培养学生核心素养三个方面探讨现象教学在高中语文课堂阅读教学中的策略与实施。

【关键词】现象教学　课堂阅读教学　优化

源于芬兰的现象教学开始于 2016 年,2016 年又称为芬兰现象教学元年,从此在全球教育领域中展开了如火如荼的教育改革。芬兰的现象教学侧重于跨学科教学,培养学生的七大能力,如思考与学会学习能力,文化感知、互动沟通与自我表达能力,识读能力等。我国的现象教学同样侧重于学生类似能力的培养,只是受分科教学模式的限制,主要是在学科内实施,也会渗透至其他学科,即在具体学科教学中,通过一个恰当的现象串联整堂课,让学生在已有的经验和认知基础上建构新的知识。

在高中所有学科中,语文学科的包容性较强,这就给现象教学这朵异域之花提供了绽放的机会。

一、现象教学在高中语文课堂阅读教学领域中的价值

现象教学类似于情境教学,它们最大的区别在于:现象是生成的,情境是预设的。也就是说,现象教学中的现象可以是教师提出的,更多是学生自发提出的;情境教学中的情境基本是由教师提出的。从两者之间的区别可以发现,现象教学更有利于调动学生的参与性,落实学生学习主体的地位,使学生真正以自主、合作、探究的学习方式建构自身的知识体系。

语文是基础学科，它的意识形态属性强，是实现立德树人根本任务中颇为重要的一环。现象教学能在语文教学过程中创设生态教学环境，师生从现象的研究出发，站在学科视角分析现象，使学生在课堂上提高自主参与意识，增强问题意识，拓展思维能力，培养学生的学科核心素养，从而有力地改善传统语文教学"高耗低效"的状况。可以说，现象教学对提高语文教学尤其是高中语文课堂阅读教学质量有着重要的作用。

二、现象教学在高中语文课堂阅读教学中的策略实施

课堂是学生学习的主阵地。笔者有一个教学习惯，即在进行课堂教学之前，让学生提出自己思考的问题，由于问题来自学生，贴合学生实际，因此很多可以作为课堂中的现象。同样，现象教学中的现象可以来自课程标准，可以从社会生活、民族文化背景中寻找，如社会热点、传统节日、人文历史等，赋予学生与教师自主权。作为教师，如何用现象教学为高中语文课堂阅读教学提质增效是值得深思的实践问题。

（一）现象教学有利于整合学科知识碎片，提高学生学会学习能力

语文的外延是生活。语文学科的内容包罗万象，知识点往往不成体系，甚至在学习实践中，部分学生有错误认知：初中的语文和高中的语文之间没有区别，阅读教学的学习内容都是文言文、诗歌、现代文；学习过程就是一篇一篇学，似乎永无尽头；学习方法往往是师讲生记，直到下课铃响，再配以测试检查等。钟启泉教授曾在《语文教育展望》中指出："语文教育不是简单的知识传递，更不应该成为一门记忆课程，而是走向强调知识与能力的整合，综合提升学生心理发展、思维训练、创造能力的跨界教育。"课堂中的阅读教学应该由点及面，以课堂为支撑，让学生充分参与、合作甚至探究，在学习过程中体会到学习的主动性，从而真正提高学生学会学习能力。

在阅读教学课堂中，教师要善于发现学生感兴趣的现象，经过引导延伸，可以让零碎知识体系化。如在整理容易误解的成语时，有学生误用了"嫣然一笑"，引起同学善意的嘲笑。当时笔者没有根据预设的课堂设计继续课堂教学，而是灵机一动，问还有哪些词语或成语是专用于形容女子的。学生积极回答："豆蔻""绰约多姿""楚楚动人""亭亭玉立""巾帼"……甚至还有口语"人家"等。

学生主动合作,利用思维导图,将多领域中误用的成语做成了简单的手抄报,在"班级园地"中展示。

统编语文教材中,古诗文阅读教学任务重,要让学生走近古诗文,第一步就是要积累文言实词。笔者曾利用学生对成语感兴趣的特点,从学生对成语误解原因的解读中,提出个别字词的正确理解,如"不刊之论"的"刊"应理解为"削除",告诉学生成语是积累文言实词的重要方法之一。由"刊"字引申,类似的如"劝学"之"劝"应理解为"勉励"等。利用字形也是积累文言实词的重要方法之一。

学生是学习的主体,是积极的、具有主观能动性的主体。因此,教师在教学过程中要尊重学生的独立性。现象教学由生活中真实的情境入手,通过学生的参与、讨论,教师的引导,让现有的知识提供认识的模式和工具,促进学生自主思考,帮助学生将零碎的知识体系化,形成抽象、整体的认识,从而远离死记硬背,提高学生思考与学会学习能力。

(二) 现象教学有利于提高教学方式的灵活性,增强学生沟通与表达能力

现象教学以学生为中心,"要努力让每个孩子都能享受公平有质量的教育",教育的最终落脚点是让学生获得更好、更全面的发展,为达到这一目标,课堂教学中教师要充分相信学生,给学生更多的自由,让他们展示自己的魅力。

"一言堂"不符合教育改革的要求,需要教师找到师生互动的"点",驱动学生内在的学习动力。例如,学习语文选择性必修上第三单元《复活(节选)》时,以学生感兴趣的思维导图入手,教师提出要求:根据男女主人公情绪的变化画出情节思维导图。上课时,挑选优秀的思维导图让学生上台讲解,并解读触动他们心弦变化的描写。在他们的讲解过程中,同学、教师不时地加以补充,完成课程要求:了解社会时代画卷,鉴赏《复活》中精彩的心理描写,最后教师解读"复活"的主题及列夫·托尔斯泰的文学特点等。

在现象教学的学习过程中,学生的思考是真实的,学生的表达是生动的,学生与学生的协作是真诚的,学生与教师的沟通是贯穿始终的。现象教学让课堂教学方式变得更灵活、机动。

(三) 现象教学有利于切实培养学生核心素养,提升学生文化感知能力

知识的积累不代表能力的提高、素养的提升。课程标准明确提出语文核心

素养的四个维度——语言建构与运用、思维发展与提升、审美鉴赏与创造、文化传承与理解。通过现象教学在课堂教学中的有效实践，能够帮助学生融会贯通所学知识，提升学生学习的参与、合作、探究意识，切实提高学生的核心素养。

核心素养中的"文化传承与理解"要求"学生在语文学习中，继承和弘扬中华优秀传统文化、革命文化、社会主义先进文化，理解与借鉴不同民族和地区的文化，拓展文化视野，增强文化自觉，提升中国特色社会主义文化自信，热爱祖国语言文字，热爱中华文化，防止文化上的民族虚无主义"。这里值得关注的是学生不仅要传承文化，还要理解、剖析文化现象。

教师提醒学生回到文本，情绪矛盾的冲突是如何在文字中体现。学生通过研读文本，深刻体会作者身为封建官员却做道士装束的无奈，以及文本中"幽阒辽复""谪居之胜概"等短语的"潜台词"。由此篇迁移至前一篇《滕王阁序》，理解名句"落霞与孤鹜齐飞，秋水共长天一色"中明丽景色暗含的"落""孤"等的落寞情怀；迁移至已学文本《赤壁赋》《小石潭记》等，学生可以总结归纳出文人山水诗文"不在亭子、不离亭子"的意境，能理解文人明志、明心寄情般的个体生命与自然山水的精神契合，从而获得一定的文化感知能力。

核心素养的养成不是一蹴而就的，是在师生的每次互动中渐渐形成的。素养是无形的，但形成素养的过程是有形的。现象教学不同于照本宣科，它能启发学生由具体到抽象、由表及里、由浅入深地去思考问题和解决问题，提升个人核心素养。

三、现象教学在现阶段的挑战与期待

近年来，传统教育模式越来越遭受诟病。源于芬兰的现象教学是对教育的一次重大变革，能提升学生的个人素养，但在我国还没有全面发展的环境。我国的应试压力是现象教学最大的拦路虎，同时现象教学对教师的素质有很高的要求。期望在素质教育的推动下，随着国家选拔体系和培养体系不断优化，有中国特色的现象教学能为学生的综合发展带来实质性帮助，为教育改革注入新的活力。

【参考文献】

[1] 倪文锦，欧阳汝颖.语文教育展望[M].上海：华东师范大学出版

社,2002.

[2] 孙四周.现象教学[M].长春:吉林教育出版社,2018.

【导师点评】

作者看到芬兰的"现象教学"与我国的学科教学之间的差异性,并能认真思考、积极借鉴、大胆尝试,这种精神和做法难能可贵。同时,作者有比较先进的教学理念,深得"现象教学"的精髓,主要是为了培养学生的七大能力:思考与学会学习能力,文化感知、互动沟通与自我表达能力,自我照顾和日常生活技能,识读能力,信息技术能力,职业技能与创新能力,参与影响并构建可持续性未来的能力,以跨学科知识为基础,通过头脑风暴的方式确定现象主题,制定操作手册,培养学生的团队协作精神。由此,在高中语文课堂阅读教学中,作者关注知识的整体性与系统性,注重对学生的核心素养的培育,尊重学生的主体性,尝试改变学生的学习方式。作者结合自己的教学实践,增强教学的灵活性,在整本书阅读中尝试核心问题的推进方式,分组解决,激发学生阅读的兴趣,在高中语文教学中不失为有效的教学模式。

鞠朝霞

2022 年 4 月

以"寻"为迹，循"寻"探幽

——《青玉案·元夕》词旨教学浅谈

朱家伟

【摘要】辛弃疾的《青玉案·元夕》是高中学生的必学篇目，关于其主旨解读存在多种观点，使学生准确领悟其主旨至关重要。在词旨分析层面，可以辛弃疾对美人的寻找过程为线索，通过对其所寻地点、寻找过程、寻找对象的分析探究主旨；在词旨教学层面，需要引领学生沿着线索步步探究，突出学生的主动性，使其在主动寻找中完成对词旨的领悟和对古典诗歌价值的习得。

【关键词】寻找　词旨探究　词旨教学

《青玉案·元夕》是宋代词人辛弃疾写的一首脍炙人口的词作，作为辛弃疾诗作中为数不多的婉约风格的作品，辞藻精炼华丽，意味含蓄悠长，流传至今。本词以上元佳节为背景，极力渲染灯火绚丽，人声鼎沸，欢乐热闹的节日盛景，以词人"众里寻他千百度"的行踪为线索，步步推进，塑造了一个孤高淡泊、清雅脱俗的女性形象。关于本词的主旨，有不同的看法。有人认为这是一首纯粹的爱情词作，辛弃疾在上元佳节追随自己心爱的女子，千回百转，韵味悠长；有人认为这个女子乃是辛弃疾理想的化身，"众里寻他"的步步寻找是辛弃疾对理想的追求……教师带领学生逐步探究，使其准确把握本词的主旨内涵，显得至关重要。

综观整首词，境界由浅入深，步步升华，由元夕盛况到千百寻觅，由蓦然回首到灯火阑珊，词中的思想在结尾"众里寻他千百度，蓦然回首，那人却在灯火阑珊处"逐渐显露，辛弃疾的思想感情伴随着步步寻找逐渐展现。可见，对词中词人寻找过程的分析不失为一种探究主旨的蹊径。因此，教师在课堂上可以带领学生沿着辛弃疾的寻找过程进行主旨探究，步步深入。

一、探作者"寻"美人

（一）所寻之处的相互矛盾

词人在上元佳节之夜寻找，寻找之处在词中的描写为："东风夜放花千树。

更吹落、星如雨。宝马雕车香满路。凤箫声动,玉壶光转,一夜鱼龙舞。"灯火灿烂,烟花满天,车水马龙,灯乐升鸣。词中选取了典型意象,辞藻极尽华丽,写出了元夕的烟火之盛、车马之盛、灯乐之盛。词人正是在这样一个欢快热闹、灯火通明、声乐繁盛的环境中继续着自己的寻找路程。同时,值得注意的是,词中下阕用"蛾儿雪柳黄金缕。笑语盈盈暗香去"对当时的人群进行了描写。人们头饰名贵,盛装打扮,欢声笑语,幽香缕缕,表现出万众齐聚、彻夜狂欢的繁华与热闹。元夕盛景与元夕盛众共同构成了空前的元夕盛境。

吴自牧《梦粱录》记载了当时临安的元宵夜:"家家灯火,处处管弦""公子王孙,五陵年少,⋯⋯将带佳人美女,遍地游赏着⋯⋯甚至饮酒醺醺,倩人扶着,堕翠遗簪,难以枚举",繁盛之景溢于言表。再观东晋:"过江诸人,每至美日,辄相邀新亭,借卉饮宴。周侯中坐而叹曰:'风景不殊,正自有山河之异。'皆相视流泪。唯王丞相愀然变色曰:'当共戮力王室,克复神州,何至作楚囚相对!'"相同的境遇,巨大的差别,不禁令人感慨。

本词的创作时间已无法考证,学界有多种不同说法,但不论是哪一种观点,当时的政治背景是相同的。辛弃疾作为南宋著名词人,终其一生都在渴求复国,其创作背景也都集中在强敌压境、国势日衰的南宋偏安环境下。在历经苦难、遍历屈辱、被迫偏安的情况下,词中没有激情杀敌的军兵,没有卧薪尝胆的帝王,没有抑郁顿挫的百姓,取而代之的是一幅歌舞升平、欢快热闹的节日图景,可谓极大讽刺。由此可以看出,词中那些沉溺于歌舞享乐、忘却了历史与屈辱、失去了斗志和勇气的"元夕盛众"正是南宋偏安江左、不思恢复、粉饰太平的统治阶级的真实写照,辛弃疾当时的心情可见一斑。

(二) 寻找过程的艰难不懈

一片祥和、暗流涌动的元夕,"一夜鱼龙舞",辛弃疾无心赏灯听乐,在"众里""千百度"地苦苦寻找,时间之久,范围之广,过程之艰,不言而喻。在寻找过程中,辛弃疾的心情也随之发生变化。"众里寻他千百度",在艰难的寻找中,辛弃疾愈发焦急而渴望;放眼望去,目光所及之处尽是忘却了苦难与屈辱的名士贵妇,绝望之意不禁涌上心头;正要放弃之际,回首望去,自己苦苦寻找之人正站在那灯火阑珊处,心中充满了期望得到满足的欣慰与释然。

那么,到底是什么令辛弃疾如此苦苦地寻找?

（三）寻找之人的深层含义

"众里寻他千百度,蓦然回首,那人却在灯火阑珊处",对寻找的主要目标,辛弃疾只是寥寥数笔带过,他的大部分笔墨反而放在名士贵妇身上。"绝代有佳人,幽居在空谷",在笑语盈盈暗香缕缕的名士贵妇衬托下,辛弃疾要寻找的那人身处阑珊无人的冷落僻静之地,自甘寂寞、高贵冷傲而不同流俗。

那么,辛弃疾苦苦寻找的那人到底是何人?有哪些深层的意义在里面?从词牌名来看,"青玉案"源自东汉末年张衡的《四愁诗》:"美人赠我锦绣段,何以报之青玉案。"其以情诗的形式,寄托了词人的政治抱负,抒发了忧国忧民的情怀。因此,来源于《四愁诗》的"青玉案"便包含了政治失意、愁苦无奈的感情意蕴,在后世以"青玉案"为词牌名的词作中,大多数表达了迂回悠长、悲凉婉转的情思。辛弃疾的《青玉案》自然与辛弃疾自身的仕途命运、身处时代的政治环境有着密切的关系。

回望辛弃疾的一生,他率领两千多人起义抗金,后投奔耿京为首的抗金农民义军;南归后,在任地方官期间为北伐积极做准备,表现出非凡的军事和政治才干,但遭到主和派的打击;被贬家居期间,他反复被起用、被罢职,闲居在信州上饶前后近 20 年,到了晚年,朝廷情势危急,虽被起用,但仍然得不到信任,最后含恨而去。辛弃疾在写本词时,强敌压境,国势日衰,而南宋统治阶级却不思恢复,偏安江左。洞察形势的辛弃疾,欲补天穹,却恨无路请缨,他满腹的激情、哀伤、怨恨,交织成了元夕求索图。

国难当头,朝廷偷安享乐,民众"笑语盈盈",有谁在为风雨飘摇中的国家忧虑?辛弃疾身处一片祥和、暗流涌动的元夕苦苦寻找知音,那位独立灯火阑珊之处、不同凡俗、自甘寂寞的美人,实则正是辛弃疾英雄无用武之地,而又不肯与苟安者同流合污的自我写照。

至此,词中的一切便有了合理而正当的解释,"那人"是辛弃疾志怀高远,不同流俗的自我;"灯火阑珊"之地便是辛弃疾仕途失意,在政治上屡受排挤,无人理解的真实写照;奢华惬意、笑语盈盈的"蛾儿雪柳""宝马雕车"则是南宋偏安一隅、无心复国的苟安者的象征;同时,辛弃疾"众里寻他千百度"的苦苦寻找便寄寓了他不愿意随波逐流、自甘寂寞的孤高坚守,对崇高理想的不懈追求以及对国家兴亡的感慨和对社会现实的批判。

二、引学生"寻"主旨

新课程、新教材、新高考背景下,语文教学明确了对中华传统文化古典诗歌的研习要求,要求学生在学习方法上注意合作学习,养成相互切磋的习惯。新课程改革提出,要凸显学生作为学习的主体和原点,促进"教"与"学"的转变,设计多样化的语文学习任务,提升学生语文素养。在《青玉案》的实际课堂教学中,当引导学生进行主旨探究时,教师的想法预设只能起到辅助作用,更重要的是来自学生自身的合作探究,主动习得。以词人的寻找过程为线索进行《青玉案》的主旨探究可以对诗歌的内涵意蕴和深层价值进行快速而准确把握,更重要的一个层次是以学生的"寻找"过程为主,使学生在辛弃疾的寻找中寻找主旨。课堂上,可让学生朗读多遍,边读边想,边读边画,预设情境,让学生自己发现辛弃疾的"寻找",并以此展开,进行小组合作探究,从寻找中展开、发散、深入。

新课程标准针对古诗词教学提出要使学生能品味古典诗歌之美,把握其传统内涵,理解传统文化精神,增强文化自信和自豪感,提升思想境界和审美水平,品味古典诗歌之美,并能联系现实,从诗歌反映现实生活的角度认识其当代价值。学生以"寻找"为线索对《青玉案》的主旨进行主动探究,领略作者在词中所寄寓的精忠报国的渴望、矢志不渝的情怀、无路请缨的惆怅、孤寂郁闷的牢骚,理解了诗词中所蕴含的以作者为代表的古代文人的爱国热忱和人生悲叹,从而使学生从古典诗歌中汲取营养,领略古典诗词之美,激发爱国奋斗之情。

梁启超评价:"自怜幽独,伤心人别有怀抱。"本词表面写元宵节灯火辉煌、万人狂欢的场面,繁华之景下衬托出一位自怜幽独、脱俗不群的美人形象,屡遭贬谪的词人在寻找美人的过程中寄寓了自己对自我理想、人格、抱负、追求的坚守,表现出唯我独醒、不随波逐流的清高品格,以及仕途失意、立志复国的不懈追求;以"寻"为迹,循"寻"探幽,带领学生在辛弃疾的"寻找"中寻找诗词的主旨内涵,引领学生主动探究,提升语文素养,使其在"寻找"的过程中,习得本文的主旨和文化价值。

【参考文献】

[1] 上海市教育委员会教学研究室.上海市高中语文学科教学基本要求

[M].上海:华东师范大学出版社,2016.

[2] 王宁,巢宗祺.普通高中语文课程标准解读[M].北京:高等教育出版社,2018.

【导师点评】

长期以来,人们习惯于从宏观上把宋词归为豪放与婉约两派,其中的苏轼、辛弃疾被视为豪放派词作的代表作家。当然,豪放者也不乏婉约之作,如苏东坡的《江城子·十年生死两茫茫》《卜算子·缺月挂疏桐》。谈到辛弃疾的此类作品,《青玉案·元夕》从词作内容和写作手法角度分析,都可以划归为婉约词,意象繁多,运用了多种修辞手法铺陈描摹。辛弃疾以诗词特有的笔致,将精忠报国的渴望、矢志不渝的情怀、无路请缨的惆怅、孤寂郁闷的牢骚,全部倾泻在《青玉案·元夕》这首千古佳作之中。家伟老师的文章通过对《青玉案·元夕》词的上阕和下阕以及背景的解读浅析,探作者"寻"美人,所寻之处的相互矛盾,寻觅过程的艰难不懈,寻找之人的深层含义;引学生"寻"主旨;主旨自然而然地呈现了。

出现在辛弃疾《青玉案·元夕》中的"众里寻他千百度,蓦然回首,那人却在,灯火阑珊处",为宋词中的名句。其中的美妙之处从书写故事的情节上看,无疑是借用了《离骚》中的"求女"手法,在这首婉约词中,下阕的"那人"有爱人、理想、词人等多种解释,以词人自比的说法较为普遍。家伟老师谈到"那人"是辛弃疾志怀高远,不同流俗的自我;"灯火阑珊"之地是辛弃疾仕途失意,在政治上屡受排挤、无人理解的真实写照,有一定的道理和价值。在新课程、新教材、新高考背景下,明确了对中华传统文化古典诗歌研习的要求,要求学生在学习方法上注重合作学习,养成相互切磋的习惯。品味古典诗歌之美,把握其传统内涵,理解了传统文化精神,增强了文化自信和自豪感,提升了思想境界和审美水平,品味古典诗歌之美,并能联系现实,从诗歌反映现实生活的角度认识其当代价值。从这个角度来说家伟老师对诗歌的意蕴也做了挖掘探究,值得学习。

岳爱华

2022 年 4 月

大观念视角下的历史学科单元教学设计

——以统编版高中历史教材必修下册第九单元为例

卢娟娟

【摘要】在学校教育教学中,学生核心素养成为新课程标准关注的热点,课程内容不同程度地体现了核心内容的要求。大观念的提出和实践对整合课程内容、达成教学目标、培养核心素养具有事半功倍的重要作用。

【关键词】大观念 单元教学 课程内容编排 教学设计

新课程标准推出几年来,学生的学科核心素养日益成为教师进行教学设计、教学实施及教学评价的方向标。但是,由于我们每个人都身处信息时代,我们每天都接触到不同的声音;又因为统编版高中历史教材采用"纲要＋专题"的方式,学生要完成大容量的历史学习任务,如何将历史知识与技能、历史知识与生活、历史与未来实现有机高效整合,是值得教师思考的一个重要问题。大观念正是需要教师帮助学生形成深度思考、知识延展和问题探究的习惯,进而使学生学会学习。

一、什么是大观念

大观念正是这样一种"联结,且居于学科中心"。[1]它能将看似琐碎零散的知识点勾连成知识团,荷兰当代史学理论家安克斯密特说:"历史叙事有如观景台,在攀越上其各个个别陈述的台阶之后,人们所看到的区域远远超出了台阶所在的那个区域。"[2]大观念具有两方面的属性,即"大"和"观念"。"大"指涵盖范围相对较广,涉及内容相对较多,具有较广泛的时间属性和空间属性。大观念"具有概括性、永恒性、普遍性、抽象性"。[3];"观念"聚焦于概念、理念、模型、模式,具有超越具体内容而能将不定内容涵盖进来的一般化公式或一个"似是而非"的命题或短语,它是一个具有一定应用范围的模型。核心素养是学校教育教学的主流,核心素养的培养是通过落实到学科素养的具体内容中体现的。大观念未必与核心素养完全贴合,但教育本身就是一个长期的动态的发展过程。由于大观念居于学科概念的中心地位,它"是概念的概念"[4],因此从操作角度看,理解与运用大观念体现了这门学科比较重要的学习目标,它代表了这门学科课程目标或学科素养的要求,后者恰恰是核心素养要求在学科层面的体现。[5]换句话说,要培养学生的核心素养,必须以学科素养作为抓手和途径,而使用大观念视角下的单元整体教学设计又是贯彻实施学科素养的有效整合手段。由于大观念具有"超脱内容"的拔高性,因此在选择单元主题教学时,分散的内容通过大观念完成了编排、重组和升华,它能揭示远超书本内容的规律和模型。引发深度思考和树立发展的理念正是培养学生核心素养的基点所在,"学生的学习可能成为一种深层次学习,这样的学习有助于学生加深对知识的记忆,促进新知识的吸纳,以及知识在新情境中的迁移"。[6]从历史角度讲,大观念的应用能整合历史教科书中不同的单元体系,也可以延伸或压缩课堂内外的相关材料,将历史知识、历史解释和历史观有机结合起来。由于我国教育特别是基础教育长期处于以应试为主的状态,师生对课程的理解还停留在知识的层层累积和不断记忆巩固的简单重复层面,表面看师生都为此付出了大量的精力,但效果未必呈正相关。那是因为"这些学习只是表层学习,只能导致对内容的肤浅理解和短暂保持,甚至可能会在其他信息的影响下变成错误的形式"。学生识记的知识实际沦为信息的孤岛,它们未曾建立相互之间的逻辑联系,更未溢出学科范围和课本范围,因此不成体系的零散信息不仅容易被遗忘,也无法被用来解决现实的需要。大观念代表的是课程或学科的关键概念及特质,体现了当今学习理论的内涵,而且大观念的学习要求与学科核心素养、中国学生发展核心素养密切相关。利用大观念作为教学设计的主题,可以树立单元教学乃至学科教学甚至跨学科教学的引子。

二、如何运用大观念进行单元教学设计

大观念在课程建构中处于顶层设计的核心地位,其对课程目标的设定、课程内容的选择、课程实施的过程及课程评价的实施均有巨大的影响,这就意味

着大观念的选择范围出自单元内容,教师需要厘清教科书中不同模块的内在逻辑,设计可供教师进行教学评价及学生学习评价的方案。以下以《中外历史纲要(下)》第九单元为例进行初步探讨。

(一) 了解学情,明确学生已有知识

了解学情是进行教学设计的前提。学生掌握的知识以及对知识掌握的程度都将直接影响教师在教学设计过程中问题的设置和在教学环节中的实施。为了解学情,教师可以在课前进行导学案设计,其中涉及分层次问题设计。教师可以事先设定好大观念,后围绕大观念进行分层次问题设计和情境创设。大观念实际上完成了将学生头脑中已有知识与预设生成的教学目标和结果进行串联,教师通过设置层次不同的问题激活学生已掌握的知识并且在繁杂的知识点中构建一个最大化的网络体系。以《中外历史纲要(下)》第九单元为例,教师设计一个课前预习环节,让学生自主找出本单元的关键词,其中对自己已经掌握的关键词用笔做好标记,如世界多极化、经济全球化、和平、发展、全球治理体系等。

(二) 确定大观念,串联知识网络

教师在收集了学生的相关信息后,结合教材和新课程标准,审视关键词与每一课子目标之间的相互关系,最终提炼出大观念。确定大观念后,教师再尝试用严密的逻辑体系进行有机整合与构建整体框架,最终用图表的方式直观呈现,见下页图示。

借助单元知识结构图,教师提取出大观念:变局促进发展。由该大观念衍生出子观念,子观念可以"通过问题导向的学习活动"呈现:(1)当今世界变局的表现集中体现在哪些方面? 有何特点?(2)这些变局起源于何时? 历史上哪些因素在推动它们发展?(3)在发展过程中,这些特点相互之间有无联系? 如何体现?(4)当代世界发展的主要趋势有哪些特点?(5)当今人类社会在发展过程中面临哪些机遇与挑战? 机遇与挑战是一成不变的吗? 通过什么方式可以实现相互转化?(6)现实中主要国家又是如何应对的? 应对的结果如何? 有没有更好的选择? 通过解析和重构,利用大观念和若干子观念将本单元内容进行必要的增减,利用情境创设、问题探究和小组讨论等方式调动学生积极主动挖掘自身能力和寻求团体合作以及协商

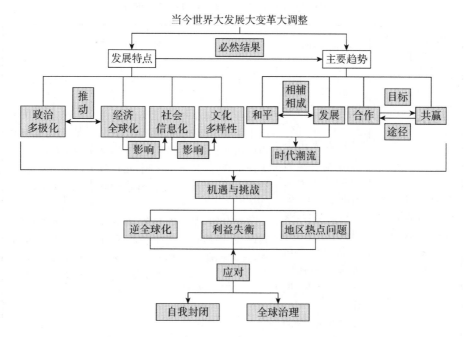

单元知识点结构图:当今世界发展的特点与主要趋势

论证等方式解决现实问题。教师的作用就是充分发现每个学生独特的思维特点,引导学生学会从多角度思考问题。所有的大观念和子观念必须围绕新课程目标与核心素养,教师为达成大观念所设计的问题必须能吸引和保持学生的学习热度和持久度,这些问题必须具有实际可操作性和及时反馈性,这就涉及学习评价。从迁移角度分析,大观念体现了课程重要特质,不仅代表甚至超越了单元目标。大观念不仅深度延伸了课程内容,同时也拓宽了课堂的广度。

（三）课堂延伸,反馈学习评价

在课堂上对围绕大观念进行的探讨可以通过文字表达或其他形式作为成品呈现。因此教师需要精心设计评价方案。作为第九单元大观念"变局促进发展",为了判断其落实的情况,教师可设计评价表以供学生进行自主评估和参考改进。这种探究要求设计内容丰富的主要问题及其相关内容,关注情景化的统整性评价任务,注重多元的学习方式。以第九单元为例,见下页表格。

大观念"变局促进发展"学习要求的评价设计

大观念的学习要求	表现性任务	评分规则		
		优秀	良好	尚待提高
变局促进发展成立的条件以及带来的影响	1. 试着以"变局促进发展"为论题,结合"二战"以来世界历史相关史实完成一篇280字左右的小论文,要求史论结合,逻辑清晰。 2. 制作反映该大观念的视频作品或简报作品。 3. 举办该主题的辩论赛。	1. 能引用两个以上论据并且明确指向论题;史论结合;作品独特,原创性高。 2. 层次分明,逻辑严谨,结构完整,表达通顺。	1. 能引用两个论据并且指向较明确,史实基本无误,论证较充分;作品较新颖。 2. 层次较分明,逻辑较严谨,结构较完整,表达基本通顺。	1. 史实引用不足、错误或与论题不符。 2. 有一定分析,但论证不充分、不完整。 3. 逻辑不严谨,层次不分明,结构不完整,篇幅严重不足。

三、结语

大观念视角下的历史学科单元整体教学设计对教师提出了非常迫切的要求。目前我国教师在大观念探索方面还停留在初级层面,"如何以大观念为抓手设计指向核心素养的教学方案极其复杂,相关研究亟待深入探讨"。

【参考文献】

[1]盛慧晓.大观念与基于大观念的课程建构[J].当代教育科学,2015(18):27,28,29.

[2]钟启泉,崔允漷.核心素养与教学改革[M].上海:华东师范大学出版社,2018:87,93.

[3]邵朝友,韩文杰,张雨强.试论以大观念为中心的单元设计——基于两种单元设计思路的考察[J].全球教育展望,2019(6):75,78,80.

[4]邵朝友,韩文杰,张雨强.试论以大观念为中心的单元设计——基于两

种单元设计思路的考察[J].全球教育展望,2019(6):80.

[5]钟启泉,崔允漷.核心素养与教学改革[M].上海:华东师范大学出版社,2018:93.

[6]钟启泉,崔允漷.核心素养与教学改革[M].上海:华东师范大学出版社,2018:93.

【导师点评】

运用大观念来统摄和组织教学内容,有助于聚焦核心素养,强化教师的目标意识;有助于帮助学生建立知识间的纵横联系,在学生头脑中形成系统的"观念、观点、认知",有效解决"知识碎片化"问题;有助于完成统编教材"纲要+专题"大容量的教学内容。因此,本文的研究对落实核心素养,有效落实统编教材教学任务具有较大意义。作者以《中外历史纲要(下)》第九单元为例,提出了"了解学情,明确学生已有知识""确定大观念,串联知识网络""课堂延伸,反馈学习评价"等三个步骤的设计途径,对推动学生实现历史学科知识的拓展和重构,学科高阶思维的形成具有一定推动作用。

邵　清

2022 年 4 月

高中历史教学中培养学生历史思辨力的路径探微

——以"第一次世界大战与战后国际秩序"为例

由凤丹

【摘要】 本文立足于高中历史教学实践,探索培养学生历史思辨力的路径与策略:构建立意引导下的教学主题,疏通历史与思辨力发展的逻辑,帮助学生实现意义建构;立足人文价值情感,剖析历史细节,补充教材叙述的不足,引导历史思辨的价值取向;遵循历史发展的逻辑和规律,利用有效的教学策略,营造开放式的问题情境,推动学生在解决问题的过程中深化历史思辨力。

【关键词】 历史思辨力　意义建构　历史细节　问题情境

历史学科的思辨力是指运用辩证唯物主义和历史唯物主义,对历史事物进行思考与辨析,从而认识历史的本质及其内在发展理路,进而解决历史及其相关现实问题甚至未来问题的能力。可见,培养历史思辨力的关键在于引导学生运用历史思维去解决相关问题。正如英国历史教学法专家汤普森所说:"学校的历史学习,不是把焦点集中在历史本身发生了什么上,而是要集中在我们如何具有对历史的认识。"因此,高中历史教学应重视学生思辨力的培养,帮助学生学会用历史的思维与方法来审视今天的问题。本文以南航苏州附中邓金龙老师的展示课"第一次世界大战与战后国际秩序"为例,探索培养学生思辨力的路径。

一、关注意义建构,提升思辨的厚度

认知学派的典型代表布鲁纳认为,学习的核心部分是为学生搭建知识结构。这里包含两个基本主张:一是强调学生是学习的主体,一切教学活动、教学内容,都必须作用于学生的发展,以关注学生的长远发展和成长作为教学活动的主要目标。二是为促进学生的发展,主张应通过教学的实施帮助学生构建起

相应的知识结构,建构教学意义。在历史教学中,要帮助学生构建知识结构,需要教师根据历史发展的逻辑和学生思维发展的逻辑对教材内容进行主题建构,突出教学立意,在教学立意的统领下,帮助学生"准确选择史料,通过合理想象,构建一个历史事实的完整叙述;建立多个历史事实、概念间的关系,再现某个历史过程的全貌"[1],于历史全貌中引导学生逐渐形成对历史事实基本框架和意义的清晰认知,在认知过程中逐渐提升思辨的逻辑性,深化历史解释素养,正如徐蓝教授所强调的"历史解释……是诸素养中对历史思维能力与表达能力的要求,也是学生形成自己对历史的看法的主要体现。"[2]

细观邓老师的这堂课,在开篇就用"失衡·崩溃·重构·反思"八个字展现了对教材内容的建构与解释,在这一教学主题的统领下,将教学内容勾画为力量的失衡、世界的崩溃、秩序的重构、和平的反思四大板块,并选用适切的史料给学生构建起一幅相对明晰的关于一战的历史图景。这样的教学立意体现了对一战的逻辑性认识,也建立在学生经过初中系统的历史学习后,对一战的始末经过有一定了解,形成了一定的历史思维的基础。正是基于学生的学习经验,借助教学主题构建起的逻辑清晰的历史图景,邓老师很好地调动了学生学习的积极性,通过教师的引导,学生在对史料的解读、运用中及参与课堂中逐渐形成自己对一战的理解和叙述,并自然地将战前帝国主义国家间力量的失衡与战争的爆发、战后国际秩序的重构及产生的新矛盾和新问题等相关史实联系起来,梳理清楚这些事件之间的内在逻辑关系,在此基础上形成对一战发生、发展全貌的认知。在认知建构过程中,学生对一战、对战争就会形成自己的逻辑与看法,形成自己的思辨力,进而促成学生历史解释素养的逐渐养成。

二、剖析历史细节,提升思辨的温度

关于战争史的描述,教材内容关注的是战争发生的始末,却缺乏对战争细节的描绘与叙述,这就给学生的思辨带来困惑,以为把握住战争的发生发展等全貌,就能形成对战争的逻辑认识。宏大、全面的历史场景确实能提升学生的整体认知,但塑造学生的情感体验还不够。历史思辨力的提升固然需要宏观的逻辑叙事,同样也离不开人文价值的体验与培养。《普通高中历史课程标准(2017年版2020年修订)》指出:学习和探究历史应具有价值关怀,要充满人文情怀并关注现实问题,以服务于国家强盛、民族自强和人类社会的进步。[3]

战争史的学习与探究确实需要战争逻辑的描述与勾画,但仅靠这种逻辑性、全景式的宏大叙事很难从情感上唤起学生的"同理心",而价值关怀、人文情感与"同理心"有着十分密切的联系。但是,对历史的"同理心"往往产生于具体形象中,这种具体形象就存在于历史细节中。历史细节通常是形象的、具体的,具有典型性、有特色,富于启发。[4]借助历史细节勾画出真实、具体的历史情境,能弥补教材叙述之不足。通过历史细节的讲述与描绘,构建起人文价值体验的历史情境,帮助学生直观地架构起从历史经验通往有价值的学习之间的桥梁,使学生沉浸于当时的情境中,以当时当事人的感受审视历史,体验他们的所思所想,在沉浸与体验中加深对历史的认知,生发出对人事的深刻理解,形成自己个性化、科学化的历史解释,进而提升历史思辨力。

教学过程中,邓老师在向学生展示"世界的崩溃"时采用了地图、表格、文字、醒目的数字、图片以及极具视觉冲击力的小视频来勾勒战争的不可控性、极端残酷性、持久性和科学的两面性,用这些生动形象的历史细节将学生对一战的认识进一步具体化,将战争的宏大场景具化为一串串具体的数字、触目惊心的、如在眼前的真实景象,这种细节很容易打动学生,带动学生迅速沉浸于残酷的战争场景中,唤起学生内心那根对战争最深切的体验之弦,加深学生对战争残酷性的真实体验与感悟。

对于战争,学生本身并没有亲身经历过,想要单纯通过教师的讲述让学生体验到战争带来的伤痛,对教师来说是一个巨大的挑战。邓老师通过图片、数字、表格等勾勒出来的历史细节能将学生带入战争现场,给学生带来一种沉浸式的感受,这种细节体悟比教师滔滔不绝的"说教"更能深化学生对战争的感悟,更能给学生带来持久深刻的情感体验,在此基础上塑造出的人文价值对学生思辨力的提升、生命成长有着实质的影响。有了这种情感体验,邓老师设计的第四板块"和平的反思"就显得不那么生硬了,在如此残酷而血淋淋的历史教训面前,学生自然就会顺着教师的思路得出"国家有担当,个人有坚守"的价值体验和思维认知。

三、设置问题情境,拓展思辨的深度

历史学并不是历史史实的堆积、罗列,它有着自身的发展逻辑和规律。中学历史教学不仅承载着传授历史知识和基本史实的功能,更担负着引导学生从错综复杂的史实中厘清历史发展的逻辑,梳理历史发展的规律,养成历史思辨力的任务。历史学科思辨力的内核是历史思维能力,"历史思维表现在对历史学科所具有的逻辑性的主动认识和正确把握。"[5]高中阶段是帮助学生培养历史思维的重要阶段,《普通高中历史课程标准(2017年版2020年修订)》也强调:中学历史课程承载着历史学的教育功能……学生通过高中历史课程的学习,进一步拓宽历史视野,发展历史思维,提高历史学科核心素养……为未来的学习、工作与生活打下基础。[6]可见,历史思维是历史学科的内核与灵魂,中学历史教师通过课堂教学,引导学生把握这个内核,便可以用逻辑化、结构化的方式将纷杂的历史展现出来,搭建起知识转化为能力的桥梁,教学生学会思考、学会学习,进而提升历史思辨力。

要在高中历史教学中拓展学生的历史思辨力,课堂提问是一个不错的选择。历史课堂教学中,要想让学生行动起来,在行动中收获真知,激发思维,离不开有效的问题驱动。赵亚夫教授也认为,中学历史教学不能回避有意义或有价值的问题。那什么样的问题才是有意义或有价值的呢?相关理论及实践经验告诉我们,那些能调动学生学习兴趣,能激发学生思考、探究欲望的问题更能营造出开放性的课堂氛围,创设合理的活动情境,推动学生去质疑、思考、解决问题,在此过程中推动历史思辨力的拓展。

邓老师的课堂带给我很多启发。为了引导学生更好地理解一战后所重构的国际体系、国际秩序是建立在火山上的,邓老师在提供相应史实的基础上提出问题:参与巴黎和会的各国为什么争吵? 国际联盟的组建上美国为什么会缺席? 它的缺席又带来哪些影响? 国际联盟的弱点是什么? 有何影响? 试各举一例说明。

显然,这些问题较好地激发他们学习、探究的兴趣点,将学生刚经历的历史细节描绘所引发的历史认识和情感体验持续深化:战后的国际局势如何? 为什么当时会出现这些问题? ……当学生的注意力被问题吸引住时,教师再加以引导,以进一步推动学生对材料进行深入剖析,引导学生去发现、推敲、琢磨材料背后所隐含的历史深意。邓老师机智地利用问题所引发的生生互动、师生活动推动学生的思维进一步发散:如此残酷的战争给参战各方带来了怎样的影响?战争的结局与参战各国的初衷有没有出入?有多大差距?对这种差距,各国又将作出何反应?这又会给战后世界带来怎样的影响?……在持续的、层层深入的追问中,学生思维的潜能得到进一步开发与锻炼。在深化问题的探讨中,学生的思维变得更有活力,显得更加灵动。在推动问题解决的过程中,学生思辨力的深度与广度得到拓展,进而帮助学生的历史思辨力走向层次化并得到提升。

综上所述,基于历史课堂,围绕历史思辨力的培养与提升,构建立意引导下的教学主题,疏通历史与思辨力发展的逻辑,帮助学生实现意义建构;立足人文价值情感,剖析历史细节,补充教材叙述的不足,突破学生思辨力发展的困境;遵循历史发展的逻辑和规律,利用有效的教学策略,营造开放式的问题情境,推动学生在解决问题的过程中深化历史思辨力。借此落实历史学科核心素养,实现历史学科的育人价值。

【参考文献】

[1] 郑林.中学生历史学科能力表现及测评初探[J].历史教学(上半月刊),2015(5):15.

[2] 徐蓝.关于历史学科核心素养的几个问题[J].课程·教材·教法,2017(10):35.

[3][6] 中华人民共和国教育部制定.普通高中历史课程标准(2017年版2020年修订)[M].北京:人民教育出版社,2020.

[4] 叶小兵.细节的重要[J].历史教学(上半月刊),2005(9):57.

[5] 王成军.中学生历史思维的培养——从导课说起[J].中学历史教学参考(上半月·综合),2017(1):12.

【导师点评】

思辨力培养是落实历史学科核心素养的关键。思辨力不仅是历史学科培养的关键能力,并且在价值观念与品格的形成过程中具有重要作用,是落实历史核心素养的突破口与切入点。作者从一节课堂教学实例出发,从思辨的"厚度""温度""深度"三个角度论述在历史课堂中培养学生思辨力的三个路径。关注问题情境设置以提升思辨的"深度",作者尤为关注历史意义的建构和历史细节的剖析,强调思辨的"厚度"与"温度",即强调思辨的价值取向与人文内涵。作者关于思辨力培养的路径,引导思辨,有利于彰显历史学科的育人价值,对一线教师具有启发性和借鉴性。

王长芬

2022 年 4 月

浅谈新课改下的历史思辨力的培养

庾秋英

【摘要】历史思辨力就是用辩证的方法去认识历史问题,并在此基础上培养认识、解决甚至预测现实或未来问题的能力。新课改注重对学生能力的培养,这种能力的培养需要广大一线教学工作者去研究和实践。笔者将从历史思辨力的内涵、目前的困境和培养途径等几方面对历史思辨力进行探讨,并获得一些教学启示。

【关键词】新课改　新高考　历史思辨力　教学实践

随着江苏新高考改革的不断深入,对学生能力提出了更高的要求。而历史思辨力正是一种重要的历史学习能力。传统的死记硬背的学习方法越来越不适应新高考和新课改的要求。我们需要培养学生新的学习思维,提高学生历史的学习能力。

一、历史思辨力的内涵

思辨力是人才成长过程中必备的能力素质之一。信息时代,科技飞速发展,各种信息真伪莫辨,学生必须具备一定的思辨能力,才能去伪存真,做出正确的选择,而不被虚幻所迷惑。因此,思辨力的培养成为最重要的教育培养目标之一。历史思辨力是针对历史认识或历史现象而进行的一种辩证分析的能力,也就是能从历史问题的辨别和分析过程中解决现实问题,甚至能认识或预测未来可能存在的某种问题,有助于培养学生的理性思考和判断的能力。

二、历史思辨力培养的现状

目前,我国正在积极进行教育改革,出台了多项改革措施,改革力度也颇大,但效果甚微。其中存在的问题主要有三方面:

(一)过分注重历史知识的记忆和背诵,忽视思维能力的培养。尤其在面对书本的历史结论时,过于重视现有历史结论的记忆,而非思考。

(二)课堂仍以教师为中心,而非学生为中心。这就导致课堂以教师讲授为主,学生往往处于被动状态,填鸭式学习,久而久之学生就丧失了对历史问题的思考和分析能力,无法培养学生的历史思辨力。

(三)教学资源的单一。虽然在信息时代,教师上课时会采用多媒体技术,但对其他教学资源的利用却非常有限,如历史遗址、历史文物等更直观的教学资源受客观条件的影响未能有效应用于教学。

针对以上问题,笔者根据现有资料和自身教学经验分析,其原因主要有以下几方面:

(一)过分重视考试成绩

我国的教育以高考为指挥棒,分数成为衡量学生和教师的主要标准,尤其是高考成绩成为家长为孩子择校的主要依据。所以在分数的压力下,存在"考试考什么,教师教什么,学生就学什么"。学生往往成为"应试机器",对学生能力的培养往往会忽视。目前新课改正在如火如荼地进行着,但对分数的过分追求成为改革的阻力。我们应该在新课改和新高考中找到学生分数与能力的平衡点,在获得分数的同时提高学生的历史思维能力。

(二)传统历史学习习惯的僵化

历史学习往往给人的印象是死记硬背,很多学生过分注重对知识的记忆,而忽略提高自身的历史思维能力。但在新课改、新高考的要求中,明显对学生的历史思维能力有了更高的要求,而弱化对历史知识的记忆和背诵。2021年1月江苏等八省联考中的开放性试题,要求学生根据两幅图片,就我国体育事业的发展折射出的社会主义现代化建设的相关信息,撰写一篇历史小论文。很多学生只是简单罗列了社会主义现代化建设过程中的历史时间和事件,却没有将之与我国体育事业的发展相结合,缺乏对历史知识的思维和辨析,故得分很低。这反映了传统学习思维无法适应新课标、新课改的要求。

(三)历史思辨教育未落到实处

很多教师已认识到对学生历史思辨力培养的重要性,但由于受课堂时间有限、新教材容量较大和传统上课模式等诸多因素的影响,这一要求仍然停留在认识层面,在实践中较少落实。对历史思辨力的培养不但要求教师具备丰富的学科知识和教育知识,而且要求教师具备优秀的品质。教师通过自己丰富的知识,将学生带入历史情境中,从而激发学生思考的积极性,诱导学生主动寻找解决历史问题的方法。通过层层递进的问题设计,引导学生对已有知识进行思考和分析,从而对历史问题有更深层次的认识,并得出自己的历史结论。

三、历史思辨力培养的新途径

历史思辨力是一种重要的学习能力,因此当前对历史思辨力的培养显得尤为重要。作为一线教师,我们理应根据新课改中五大核心素养的要求,加强对学生历史思辨力的培养。笔者认为应从史料、课堂、练习、课程资源等方面入手。

(一)重视一手史料,适当使用其他史料

一手史料主要是指直接史料,主要包括:历史文献、历史文物、口述历史等。一手史料非常珍贵,通过对一手史料的收集和使用,能直观地反映历史史实,让学生有身临其境之感,这带来的学习效果要远超书本的描述和教师的讲解,能帮助学生进行有效学习。学生在面对一手史料时也更容易有自己独立而理性的历史判断,从而具备历史思辨力。如在学习"从局部抗战到全面抗战"一课时,教师往往借助音影资料和其他书本资料,学生接受的只有一些直观的历史描述和一些模糊的战争场面。所以,笔者带领学生参观了侵华日军驻盛泽司令部和苏嘉杭铁路侵华日军炮楼遗址。这些历史遗址能直接地展示抗日战争中侵华日军在吴江盛泽地区的侵略行径和吴江人民的英勇抗战,达到情境教学的目的。学生在实地参观的同时,收集相关历史信息,在返校后按小组进行资料汇总。小组讨论后选定一个主题,围绕主题对历史信息进行删选、整合,运用多媒体、手抄报等多种手段,制作并展示小组参观所得的成果。在对相关历史信息的收集、讨论和辨析的过程中,很好地培养学生历史思辨力。

除了一手史料外,二手史料以及其他史料中也有一些有价值的信息,但这些史料往往鱼目混珠。高中生又处于价值观和世界观塑造的重要学段,所以教师需要引导学生思考,辨其真伪,从而加以有效利用。如在"资本主义殖民体系的形成"一课中,在谈到对新航路开辟的认识时,很多史料是西方史学家从欧洲中心论出发做出的评价,大多是赞扬甚至美化哥伦布等航海家开辟新航路的行为。若在课堂上过多选用此类史料,不利于学生客观地学习历史。因此教师要尽量选择一些中立、客观的史料。如马克思在《不列颠在印度的统治的未来结果》一文中就阐述了殖民侵略的双重性——破坏性和重建性。选择此类史料,能更好地帮助学生培养历史思辨力。

(二) 重视课堂讨论,设置多维角度

课堂讨论会给学生营造民主、开放的学习氛围,在讨论中学生通过交换信息能激发学生发散性思维,培养学生的质疑和批判能力,从而引导学生思考和辨析。如在"亚非拉民族民主运动的高涨"一课中,学生在讨论亚非拉民族民主运动的影响时发现这些运动在促进亚非拉民族独立的同时,也发现了独立后的部分亚非拉国家变得更加贫困和落后。这就引发了学生对书本知识的进一步探索和思考,因此讨论是培养学生思辨力的有效途径。

在讨论过程中,教师可提前为学生选择相关史料,这不仅可以帮助学生拓宽知识面,还能培养学生在丰富的史料中学会选择、辨析有用的历史信息,帮助学生培养自己的历史思维。如在学习"从局部抗战到全面抗战"一课时,在评价西安事变的历史作用时,教师可以从张学良、蒋介石、共产党、国民党、日本法西斯和国际社会等多方面提供相关史料,让学生从中选择史料,辨析史料中蕴含的历史信息,从而建构自己对西安事变的历史认识。在这个过程中不但可以加深学生对西安事变的认识,而且还能培养学生分析和思考历史的能力,这也是历史思辨力培养的一个有效途径。

(三) 答案多元化,但须提纲挈领

目前我们的考试主要以标准答案为主,但在开放性试题和材料题中,已出现了答题的多元化,答案的多样化。在高三一模考试的开放性试题中,以表格的形式列举了多条信息,要求学生从中任选 2 条信息,发表自己的观点或见解。这道题的答案是多元的,只要学生主题明确,语言通顺,逻辑清晰,史论结合即可。相信在以后的考试中此类试题会越来越多。这其实是新课改新高考对学生的能力要求,在这样的改革导向下,学校和教师会越来越重视对学生历史思辨力的培养,学生的思辨力会得到有效提高。

值得注意的是,在鼓励学生答题多元化的同时,不可无限制地拓展,甚至偏离题目本意,要抓住关键信息。如在高一期末模拟考试中,有一道材料题要求:

"结合材料与所学知识,谈谈你对社会主义过渡时期的认识。"很多学生忽略了过渡时期这个重要的时间点,却写了十年探索时期的社会主义建设。这是无效答题,偏离题目本意。因此,我们鼓励学生多元化答案是建立在对题目正确把握的基础上,抓住关键信息,理性辨析题目要求的基础上答题,这样答案的多元化才是有意义的。否则一味地大谈空谈,甚至出现偏离社会主义核心价值观的言论,这种答案不但无效,而且背离了教育的本意。

(四)丰富课程资源,参与实践探究

由于地区资源、课时、经费等因素的限制,目前历史课程资源仍以教材和参考书为主,学校图书馆的历史书为辅,课程资源相对单一,不利于丰富学生的历史知识,培养学生的历史学习能力。如在学习有关太平天国运动时,苏州的太平天国忠王府就是一个很好的教学资源。在假期中笔者带领部分对历史感兴趣的学生一起参观了忠王府。我们对忠王府的卧虹堂、古典戏台、鹤轩及忠王李秀成留下的书信史料进行了仔细观摩。这加深了学生对太平天国运动的认识,也培养了学生辨析历史史料、探索历史真相的能力。

由于历史学科重视史料,教师往往忽视培养学生历史实践探究的能力。在讲"经济与社会生活"一课时,部分内容是有关古代手工业中传统的纺织业。教师可以充分利用吴江地区,特别是盛泽镇的资源优势,创造条件带领学生去实地参观学习。同学们在先蚕祠认识江浙地区蚕桑产业的起源,在丝博园认识从蛾到蚕、从蚕到茧、从茧到丝、从丝到面料、从面料到服装的蜕变过程及这一过程中所涉及的机械、技术、民俗文化等变迁。条件不允许,可以利用我校生态丝绸文化校本课程基地中丰富的纺织业机械模型、相关实物和史料专著。在带领学生参观过程中,教师可展示传统丝绸加工方法之一的"手剥蚕茧成棉兜",并鼓励学生尝试、体验这一过程。这不仅会激发学生的好奇心,更能突破书本知识的局限,直观展示历史。"纸上得来终觉浅,绝知此事要躬行"。在实践中获得的知识会深深地扎根在学生的脑海中,帮助学生形成理性、清晰的历史认识,培养他们的历史思辨力。

四、历史思辨力培养的启示

传统的教育注重对学生知识的记忆,忽视对学生思维逻辑能力的培养,这显然不符合新课改的要求,因此如何提高学生的思维能力已成为当务之急。历史学科作为一门重要的学科,不仅要让学生学习辉煌灿烂或复杂曲折的历史,还要让学生在纷繁复杂的历史事件中能抽丝剥茧,发现历史表象下深埋的历史实质,掌握历史发展的规律,从而培养学生一叶知秋、见微知著的敏锐的思考和辨析能力。《普通高中历史课程标准(2017 年版 2020 年修订)》提出了五大历史核心素养,这五大历史核心素养都与历史思辨力息息相关。我国教育正通过培养学生的历史思辨力来拓宽学生的思维空间,激发学生的学习潜能,使学生成为有独立思考能力的人。但是,历史思维的培养从来不是一蹴而就的,这需要社会、学校和学生都能认识到它的重要性,并把它真正落实到实践中。

当前世界形势变幻莫测,中国作为世界大国之一,肩负着大国使命。中国的未来寄希望于高素质的国民,"少年强则中国强",他们需要积极地响应国家、社会和时代的号召。当前国家正在全力推进新课程改革,力求通过改革来培养符合时代要求的社会主义建设者和接班人。因此提高学生的思辨力不仅是新课改的要求,更是国家和社会对未来发展的要求。只有我们的学生具备了这种独立思考和理性思维的能力,我们的国家才能在国际竞争中屹立不倒,才能有机会赢得未来发展的先机,实现民族国家综合国力的飞跃,实现中国梦。

【参考文献】

[1] 王先雯.核心素养视角下高中历史教学改革探略[J].读写算,2021(36):115 - 116.

[2] 叶玉洁.核心素养视野下高中历史概念教学策略思考[J].中学历史教学参考,2021(18):7 - 9.

[3] 郑林.把握新课程理念,深化历史教学改革[J].历史教学(上半月刊),2021(09):3 - 9.

[4] 郝琦.赵亚夫中学历史教育学研究初探[D].河北师范大学,2021.

[5] 许婷.高中生历史批判性思维培养研究[D].山东师范大学,2020.

[6] 蔺海旺.赵亚夫新历史教育理论研究[D].青海师范大学,2020.

[7] 张昕.《美国国家历史课程标准》的借鉴意义[J].安徽冶金科技职业学院学报,2019,29(02):76 - 78.

[8] 董亮.浅谈初中历史课堂学生问题意识的生成[J].文教资料,2019(06):205-206.

【导师点评】

思辨力是核心素养中的关键能力之一。历史教育的本义和历史本质决定了在历史学科教学中开展思辨力培养的必然性和可能性。本文作者在分析当下思辨力培养的现状及其成因的基础上,立足历史学科中思辨力培养的具体内涵,提出了"重视一手史料,适当使用其他史料""重视课堂讨论,设置多维角度""答案多元化,但须提纲挈领""丰富课程资源,参与实践探究"等四个在历史学科教学中培养思辨力的路径,理论与实践相结合,具有一定的参考与借鉴意义。作者在思辨力培养的实践中,深刻认识到思辨力培养在人才培育中的重要价值,进一步凸显历史学科的育人价值。

王长芬

2022 年 4 月

浅谈高中历史概念教学

张　任

【摘要】在新课程、新教材、新高考的背景下,历史概念教学的重要性日益突出。通过归纳总结、史料分析、比较论证等方法,可以促进学生对历史概念的认识和理解。从而在教学过程中,培养学生学科素养和历史思辨力,促进学生的全面发展。

【关键词】高中历史　历史概念教学

历史概念是对历史人物、事件等历史现象的认知和概括,反映历史现象的发展规律和历史事物的本质属性。《普通高中历史课程标准(2017 年版 2020 年修订)》中强调历史学科核心素养,要求学生从历史核心和本质角度来理解历史,可见历史概念在目前高中历史教学中的重要性。

在新课程、新教材、新高考的背景下,考察更多的是学生的综合素养能力和历史思维能力,而不是简单的历史记忆。这对一线教师的历史教学提出了更高的要求。我们不能再像过去那样,让学生对某些历史事件或人物有一个大致的印象就足以"应付"考试,而是要引导学生在对某些历史概念理解的基础上进行分析。理解才是学习的关键,如果核心概念理解不到位,那么学生就难以基于自身所学去分析问题、解决问题,对灵活多变的高考试题也就无从下手。由此可见,历史概念教学在提高学生学习能力和培养学生核心素养方面起到重要作用。

一、历史概念教学的必要性

学生对历史概念的模糊不清,是笔者在复习过程中发现的问题。特别是在讲到经济史的有关历史概念时,部分学生只能对其有一个大致的、模糊的印象,在做题、解题过程中就不会有深刻、全面的认识和理解。这种现象引人深思。这也反映了在新课讲授过程中,我们只注重内容的讲述,而忽视了对历史概念之间的逻辑分析。所以，无论是在新课讲授还是在复习过程中，加强历史概念教学变得尤为重要。同时，在新课程、新教材、新高考的背景下，如何利用有限课堂时间，将新教材中的内容进行系统性、逻辑性讲授，需要教师重视和加强历史概念教学。教师应通过多种教学策略和方法，将所学历史概念的具体内容、意义以不同的途径讲述，引导学生掌握历史知识，深入理解历史现象和规律，从而构建历史知识体系，提升历史学科素养，培养学生历史思辨力，达到学科育人的最终目标。

在历史教学过程中，由于师生之间的历史素养存在差异，一些教师认为熟悉、不必讲的概念，可能就是某些学生认知的"盲点"。所以，教师要学会换位思考，从学生角度去分析、讲解历史概念，真正做到基于学情进行历史教学。

二、历史概念教学的策略探究

（一）基于所学，分析概括

在复习课的过程中，由于学生已经有一定的历史知识基础，教师可以引导学生根据所学，梳理知识结构、搭建知识框架，进而对核心历史概念进行分析、概括和总结。例如，在复习"冷战"和战后世界政治格局的演变时，让学生结合相关史料，从范围、形式、内容等方面进行分析，拆分历史概念的构成要素，引导学生通过小组合作探究方式对"冷战"的概念进行分析和概括。得出"冷战"是以美苏为首的两大集团之间逐步形成的既非战争又非和平的长期对峙与竞争状态。使学生在原有知识基础上，对"冷战"及相关概念有更深刻的理解和记忆，在提升学生历史素养的同时，逐渐培养学生的历史思辨力。

历史概念教学不是简单的概念节点，而是在教学过程中推动学生主动进行知识整合、构建历史知识框架。在学生有能力对历史概念下定义后，教师需要进一步引导学生将其放在特定的时空背景下进行分析和探究，构建历史的整体性，以培养学生的唯物史观和时空观念，从而提高学生的分析能力。

（二）运用史料，综合概括

历史概念与史料不可分割。在新教材、新高考的背景下，光靠教师的合理引导和教科书是无法支撑起高中生所需历史概念体系的，历史概念教学还需要大量的史料佐证。阅读史料是学生认识历史、融会贯通的必由之路，是当前教育机制下应对历史素养考核的必备能力。学生可以通过对相关史料的感知和分析,结合所学对史料进行归纳、分类和解析,从而对历史事件及事件背后的历史概念有深刻的理解和记忆。例如,在讲授早期的殖民扩张与掠夺有关内容时,如果直接给出"资本原始积累"的概念,学生可能会在不理解的情况下死记硬背。教师可以根据学情给出马克思、恩格斯对资本原始积累的表述(见史料一、二),并结合早期殖民扩张时期具有代表性的史料。比如,对英国圈地运动时期的相关史料进行拓展,从而理解资本原始积累是通过暴力方式使直接生产者与生产资料相分离,由此使货币财富迅速集中于少数人手中的历史过程。在当时进行资本原始积累是由于生产力发展水平较低。在开阔学生视野思维的同时,引导学生基于史料对"资本原始积累"进行概括、分析,培养学生的思辨力和史料实证素养。

史料一　所谓原始积累只不过是生产者和生产资料分离的历史过程。这个过程之所以表现为"原始的",是因为它是形成资本及与之相适应的生产方式的前史。

史料二　在原始积累的历史中……首要的因素是:大量的人突然被强制地同自己的生存资料分离,被当作不受法律保护的无产者抛向劳动市场。对农业生产者即农民的土地的剥夺,是形成全部过程的基础。这种剥夺的历史在不同的国家带有不同的色彩,按不同的顺序、在不同的历史时代通过不同的阶段。只有在英国,它才具有典型的形式。

——马克思《资本论》第一卷

同时,教师在选取史料时,需要注重对史料的选择和甄别。选取契合核心概念的相关史料,并在教学过程中提高学生分析史料、提炼关键词的能力,从而通过历史解释和史料互证将历史概念教学落到实处。

(三)注重差异,比较分析

高中历史知识结构十分庞大,所涵盖的历史概念众多。由于学生的能力和思维有限,学到相似或相关联的历史概念时,容易混淆,导致在解题过程中遇到类似情况无法排除相关选项。因此,在教学过程中,教师应引导学生运用对比分析法,将相似概念进行区别记忆,帮助学生理解历史概念。例如,"早期中国政治制度"中,西周的分封制和宗法制是高考热门考点,也是易错考点。教师在复习过程中可以引导学生根据所学,通过制作表格(如下表)或构建思维导图的方式比较两者之间的异同。通过对比和分析去理解分封制是权力的分配,是政治生活的等级化;宗法制是权力的继承,是家族生活的政治化。两者互为表里,与礼乐制度共同构成西周时期主要的政治制度。教师引导学生在对比中抓住核心关键词,使学生在解题过程中更加快速、准确地区分两者。在提升学生历史思维能力的同时,培养学生的思辨力。

	分封制	宗法制
目的	巩固奴隶制国家政权统治	缓和贵族之间权力继承的矛盾
内容	周王分封土地和人给诸侯;诸侯拱卫王室	以父系血缘关系亲疏来维系政治等级
特点	层层分封,等级森严	嫡长子继承制为核心
作用	初期加强王权,巩固统治	保证贵族特权,有利于内部稳定与团结

此外,教师在教学过程中可以将史料教学和比较分析相结合,这样有助于学生理清相似历史概念,在有效落实教学内容的基础上,提升教学水平和教学质量。

(四) 创设情境,感知概念

历史概念能揭示历史现象的本质,所以具有抽象性和概括性。面对难懂的历史概念,学生往往无法将其与所学知识有效联系,对知识点的理解和记忆就会存在困难。这时就需要教师根据教学内容,创设相关历史情境,激发学生学习兴趣,使学生在获得感性认识的同时,对相关历史概念有更深刻的了解。

例如,在讲授人民公社运动时,教师可以给出全国第一个人民公社——嵖岈山卫星人民公社时期的相关资料,如《嵖岈山卫星人民公社的试行简章(草案)》及当时描述公社美好前景的顺口溜:"住的是楼上楼下,用的是电灯电话,使的是洋犁洋耙,高音喇叭会说话,苏联有啥咱有啥。""到时过的是共产主义生活。天天喝羊肉汤、吃白面馍,顿顿包扁食(饺子)。"创设相关情境,结合基于史实分析体现人民公社的特点,并合理想象自己作为人民公社的一员,是如何度过每一天的。这样在教学过程中,既增强了学生的课堂参与度,又促进了学生对历史概念的理解与分析。使学生在历史情境中感知历史,认识历史,让原本遥不可及的历史概念变得真实、鲜活,提升学生的历史核心素养。

三、总结与思考

在历史概念教学的过程中,需要我们注意的是:学生掌握历史概念固然重要,但是不能顾此失彼,将历史概念僵化成思维定式,也不能单纯地只讲授历史概念。我们要将历史概念放到具体的历史知识体系中,放到有效灵活的课堂教学中,使学生全面、细致地理解所学历史概念,加深对知识的记忆和理解。

总而言之,无论是新课讲授,还是复习巩固,历史概念教学都极其重要。作为一线教师,要始终从学生认知出发,以立德树人为根本目标,不断提升自我能力,通过多种方法进行历史概念教学,引导学生自觉、自主地进行深度学习,从而提升学生的思辨力和学科核心素养,促进学生的全面发展。

【参考文献】

[1] 钱洪潮.高中历史核心概念的界定与教学策略[J].现代中小学教育,2011(10):35-36.

[2] 苗颖.逻辑课堂,深度教学——例谈历史教学中的链式史料运用[J].历史教学(中学版),2015(11):65-66.

[3] 严明贵.概念教学在历史学科核心素养培养中的价值刍议[J].历史教学问题,2016(5):15-17.

[4] 杨养梅.浅谈高中历史概念的有效教学[J].中学历史教学参考,2019(11):22-23.

[5] 唐涛.高中历史课堂强化"核心概念"教学的研究[J].中国校外教育,2019(10):28-29.

[6] 严迎春.从历史概念出发,贯通历史解释[J].中学历史教学,2020(8):47-48.

【导师点评】

本文作者从教师的教和学生的学两个视角,关注教学过程中学生对历史概念的认识和把握,彰显了以学生发展为本的教学理念,反映了基于核心素养的新课程观。作者从"基于所学,分析概括""运用史料,综合概括""注重差异,比较分析""创设情境,感知概念"等四个方面,提出了实施历史概念教学的策略。研究体现了历史学科特征,关照了高中学生思维特征、认知水平和知识结构,探索了新教材新课程背景下出现的新问题,推动了学科核心素养的有效落实。文章有理论探究也有实例展示,有助于一线教师的学习和借鉴。

邵 清

2022 年 4 月

在高中地理教学中灵活运用"生活即教育"的思想

李甜甜

【摘要】从生活中来,到生活中去,是生活化教学的核心。教师在高中地理教学中要灵活运用"生活即教育"的重要思想。教学中可通过创设生活化的情境、设置生活中的地理问题、活化地理课堂教学、增强地理学习体验和设置生活化的作业等策略,实现"生活即教育"的思想在高中地理教学中的实践运用。

【关键词】高中地理教学 "生活即教育"的思想

陶行知先生指出,传统教育中存在学校与社会割裂、课本与生活脱离的问题,提出"生活即教育"[1]。从生活中来,到生活中去,是生活化教学的精髓;生活与教育相互影响,紧密相连。脱离生活的教育是"纸上谈兵",而脱离教育的生活是"索然无味"的。

一、地理教学与生活教育的关系

地理学是一门古老的学科,人类对其生活环境的不断认识促进了科学的地理学诞生。例如,早在公元前3000多年,古埃及人就开始观测尼罗河水文的变化;我国战国时期成书的《尚书·禹贡》依据名山大川的自然分界将当时的疆域分为九州,并从山川、湖泽、土壤、植被等方面对各州进行区域对比[2]。地理学本质上就是研究人地关系的学科,人地关系就是指人类及其各种社会活动与地理环境的关系。地理学的学科特点决定了地理教学必须依托真实的生活情境。

《普通高中地理课程标准(2017年版2020年修订)》在地理学科核心素养水平划分中,均要求学生能对"现实中人地关系地域系统""现实中地理事项"及"现实中的区域地理问题"进行分析、解释、应用;主动在生活中体验和在反思中学习;能提出具有创造性的想法,有克服困难的勇气和方法[3]。

二、"生活即教育"思想在高中地理教学中的实施策略

"生活教育"旨在从生活现象中发现问题,以生活中的真实地理问题引导学生进入地理知识学习,充分认识地理与生活紧密结合,感受地理学科的魅力,从而产生地理学习的需要。

（一）精选学习素材,创设生活化的情境

现实生活中蕴含丰富的地理知识,教师应从实际生活出发,收集、整理、归纳乡土教学素材,根据学生的认知特点来创设生活化的地理课堂情境。地理教学素材可以源于生活中的各种地理现象,也可以来自地理杂志、地理视角下的时政热点、纪录片及高考试题等。教师需要根据学生的认知特点,整理、改编成可供教学使用的图文资料或短视频,以地理核心素养和课标要求为根基、以教材中的地理事实与原理为主干、以富含知识性和趣味性的真实情境为枝叶进行地理教学设计,创设生动的、具有启发性的教学环境。学生有问题、有质疑、有探究的好奇心与兴趣,就会转化为一股强大的内驱力去能动地学习。

例如,选择性必修 2《流域内协调发展》中主案例选取中华民族的母亲河,我国第二长河——黄河作为案例。课本注重地理结论、地理知识的呈现,内容比较枯燥。为了增强学生的感性认识,使学习过程具有趣味性,教师可以展示图片,拟人化地呈现黄河曾面临的问题:"大量脱发""动脉阻塞""腹泻"及"脚肿"。形象的比喻激发了学生的好奇心,学生迫切想知道这些拟人化的问题究竟代表了什么,是什么原因导致黄河流域出现这些问题。学生带着问题进入本节课学习。在问题探究过程中,教师再分别播放介绍黄河流域荒漠化、凌汛、水土流失和地上河等问题的视频,增强学生的直观感受,并引导他们从地理环境整体性角度深入分析黄河"易淤、易决、易徙"的原因,获得了很好的学习效果。

（二）立足素养培养,设置生活化问题

传统的地理课堂往往以直接呈现大量的地理知识作为教学重点,轻视学生的自主学习。学生地理学业水平的高低更多地取决于课堂上教师"讲授多少",而与学生参与地理问题解决的自主性学习关系较弱。新课标指出,学科核心素养是学生通过学科学习而逐步形成的正确价值观念、必备品格和关键能力;地

理学科核心素养主要包括"人地协调观""综合思维""区域认知"和"地理实践力"[4]。地理课改要求在真实、复杂情境下,运用"地理视角",即地理学的思维方式和方法培养学生解决实际问题的能力。

在授课前,教师要以地理核心素养为导向,以课程及教材的核心内容为依托,设计教学目标。课堂的教学过程由一系列具有层次性、关联性、贴近学生生活的问题串联,问题的设计要与教学目标相匹配,并起到引导学生发现、探究、创造的作用,从而实现学生由"被动学习"向"能动学习"的转化。

例如,在设计农业区位因素与区域农业可持续发展的专题课时,对应课标中的内容要求为,"结合实例,说明农业的区位因素"和"结合实例,从地理环境整体性和区域关联的角度,说明因地制宜对区域发展的重要意义"[5]。教学过程中以南方分布广泛的圩田农业为情境,设置生活中的地理问题。教师先播放《航拍中国(第三季)》关于大公圩的片段,对生活在长江下游地区的学生,他们对视频中的景象会有熟悉感。观看视频后,学生知道了圩田是中国古代农民发明的一种特殊的田地,是改造低洼地、向湖争田的造田方法。教师继续提供资料:"在一些生态敏感地带,圩田因围占河湖造成生态破坏而被诟病。"学生对此产生疑问,在历史上曾为农业增产立下过汗马功劳的圩田为什么还会造成生态破坏呢?接着教师引导学生探究相关问题:圩田之功——为何修圩田,探究圩田的功能;圩田之过——为何拆圩田,探究围垦圩田的弊端;圩田之退——为何和谐共生,探究退圩还湖的生态效益。一连串的问题探究,让学生认识到,在快速发展经济的同时,更要注重环境保护,与自然环境和谐共生。学生除了收获地理知识外,还得到了情感态度与价值观的提升。

(三)进行探究归纳,凸显生活教育意义

生活是不断发展变化的,陶行知"生活即教育"的思想告诉我们,正是由于生活的不断发展变化使"生活无时不含有教育的意义"[6]。不断发展变化的现实生活,要求学生拥有独立思考并进行批判性和创新性思维的能力。探究性学习是培养学生自主学习思考的有效方法之一,学生通过探究性学习,能在大脑中形成用地理视角看待世界的思维体系。只有完整的思维体系,才能用于指导学生实践。

以"流域内协调发展"为例,设置了三个探究主题:黄河流域的自然背景、黄河流域面临的问题和黄河流域的治理。每个探究主题下安排若干活动,如探究主题一:黄河流域的自然背景,要求学生画出黄河流域的界线;结合教师提供资料,自主观察、思考并写出黄河下游流域面积狭小的原因及黄河没有成为重要航运通道的原因;小组合作探究,总结黄河流域的水文、水系特征。通过探究相关问题,学生既明确了学习目标,又有了解决问题的心理驱动,进而激发了学生的问题探究意识和能动学习的积极性。在每个探究主题结束后,引导学生依据探究过程,归纳总结相应的知识点及它们之间相互关联的思维导图,并在完成本节所有教学内容后,整合成流域内部协调发展的总的思维导图。实践表明,思维导图是检验思维体系是否生成,即思维可视化的有效方法。

（四）挖掘知识内涵,设计生活化作业

能用来指导学生生活实践的地理知识,才有价值和意义。设置生活化的作业是使学生感悟"有价值的地理"的重要渠道。人教版地理教材每章末设计了一个相关问题研究,所研究的问题来自真实的生活。以地理必修第二册为例,教材在每章学习内容完成后,安排了问题探究:"如何看待农民工现象""从市中心到郊区,你选择住在哪里""实体商店何去何从""城市交通如何疏堵"和"低碳生活知多少"等[7]。为此,学生需对其生活的环境进行深入了解,查找大量的图象和资料或进行实地调查,并结合自身生活经验、体验,对相关问题进行分析。教材中还设计了一些调查活动,如在学生学习了第一章人口的主要内容后,安排了让学生"调查家庭人口迁移情况"的活动。学生按照基本步骤,询问父母和祖辈的出生地和迁移经历;绘制家庭人口迁移路线图;然后比较两代人迁移的特点及原因,讨论迁移给家庭带来的影响[8]。问题研究和调查活动将课堂所学地理知识应用到生活现象的分析中,贴近学生的生活实际,展示了地理知识的现实价值。

生活化的地理作业可将教材与近期社会热点相联系。例如,教材内容"水资源的合理利用"与3月22日"世界水日"相结合。第三十五届"中国水周"的主题是"推进地下水超采综合治理、复苏河湖生态环境"。教师可提供一些线索,如"什么是地下水""中国的地下水储量有多少,它们都'藏'在哪里""为什么要'南水北调'""尽管南方水资源丰富,但是我们要预防水质性污染,保护水资源,你要怎样做"等问题,安排学生在课后查找相关资料,在课上开展"微讲座"。"微讲座"的形式丰富多彩,如小组分工制作了精美的课件 PPT 或拍摄了视频,展示环节活泼生动、精彩纷呈。

(五)增强活动体验,拓展生活教育途径

教师可将传统的地理课堂拓展到更广阔的生活空间中,如组建地理兴趣小组。地理兴趣小组活动是开展生活教育的有效途径之一,可充分发挥生活教育的功能,拓宽学生的视野,培养学生地理思维能力和动手能力,同时也丰富了学生的校园文化生活,促进师生与生生间的情感交流。

地理小组的活动方式可包括:制作自然地理模型,如地球运动模型、地质构造模型、手绘地图等,以此培养学生的实践操作能力;演示地理现象,如地球的自转和公转,并说明地球运动的地理意义,加深学生对地理知识的理解与巩固;地理观测和测量,如在校园内测量正午太阳高度、观测特殊天象、校园内植被等,充分展示学生的个性特长;编写调查报告,如针对"低碳生活的措施",分小组组织学生进行调查研究,搜索图片、文字和数据,并从政府、企业、个人等不同层面,提出自己的看法和观点,形成报告,让学生感悟可持续发展,树立人地协调的观念;创编地理板报,以地理小常识、地理科普知识为主,开发学生的智慧与艺术潜能,培养学生的创造能力。

三、小结

实践告诉我们,"生活即教育"思想在高中地理教学中的实践应用,可以使教学过程有温度,教师教学有高度,学生学习有态度,问题探究有力度。因此,教师在地理课堂教学中,要继续探索现实生活与高中地理教学有效结合的实践策略,进一步提升学生的地理学科核心素养。

【参考文献】

[1] 虞伟庚.陶行知教育思想概论[M].武汉:武汉大学出版社,2012.

[2] 段玉山.《普通高中地理课程标准(2017 年版)》教师指导地理[M].上海:上海教育出版社,2020.

[3] 中华人民共和国教育部制定.普通高中地理课程标准(2017 年版)

[M].北京:人民教育出版社,2018.

　　[4] 中华人民共和国教育部制定.普通高中地理课程标准(2017 年版)[M].北京:人民教育出版社,2018.

　　[5] 中华人民共和国教育部制定.普通高中地理课程标准(2017 年版)[M].北京:人民教育出版社,2018.

　　[6] 孙培青.中国教育史(第四版)[M].上海:华东师范大学出版社,2019.

　　[7] 人民教育出版社,课程教材研究所,地理课程教材研究开发中心.普通高中教科书地理必修第二册[M].北京:人民教育出版社,2019.

　　[8] 人民教育出版社,课程教材研究所,地理课程教材研究开发中心.普通高中教科书地理必修第二册[M].北京:人民教育出版社,2019.

【导师点评】

　　本文基于"生活即教育"的思想,探索新时期的生活化地理教学,主张"从生活中来,到生活中去"的地理教学。作者从纵横两个维度阐述地理教学与生活教育的关系,进而通过自身实践提出"生活即教育"思想在高中地理教学中的 5 个实施策略。第一是选择,选择什么生活素材进入课堂教学,这是实施地理生活化教学的关键一步。第二是情境问题的创设、探究归纳、作业设计、活动体验,辅以具体事例,文章"思维链、逻辑链、学习链、素养链"清晰。地理生活化教学不是终点,而是教学策略,最终引领学生"更好地走向生活",融合生活的地理活动设计、生活化的作业设计,为这种主张提供了可探索、可操作、可实践的路径。在生活中获得体验,有助于丰富学生的感知,从中获得地理知识、提升现实问题的发现和解决以及活动组织的素养,还有助于未来公民增加对"现实社会"的认知。本文立足新时代,着眼于学生核心素养提升的新目标,探索"生活即教育"在地理教学实施的新途径,选题立意较高,文章脉络清晰,阐述策略层层递进、前后呼应,以自身实践示例举证观点,真实可信,并为一线教师提供了可借鉴、可操作的实施策略。

姚伟国　夏志芳
2022 年 4 月

指向综合思维培养的专题复习课活动设计

——以高二地理洋流复习课为例

吴　静

【摘要】地理复习课,教师固然要进行必要的讲授指导。但是,作为学习主体,知识与技能的落实,方法与元认知的获得,最终都要依靠学生的活动与思维来实现。因此,在地理专题复习课中设计一些训练学生"综合思维"的活动是必不可少的。本文以小组合作学习为组织形式,开展了"航海家与宝藏"的活动,从而获得理想的复习效果。

【关键词】综合思维　专题复习　活动设计

高中地理进入复习阶段后,有教师认为,学生参与性活动主要发生在新课,复习课主要以教师讲、学生练为主。因而,专题复习课中的学习活动的设计与实施有所忽视与淡化。有的复习课虽然也有学习活动,但往往局限于某一专题的知识点,没有充分关注专题内的知识整合以及与外在知识的关联。

进入复习阶段,教师的讲解,包括对知识的归纳、对重点的提炼、对难点的解析等,是十分必要的。但是,并不意味着可以忽视学生的投入与参与。作为学习主体,知识与技能的落实,方法与元认知的获得,最终都要依靠学生的思维来实现。只有在活动中积极学习,学生才能达到内化、建构与巩固知识的目的。因此,促进思维过程的学习活动在复习课中应该有其重要地位。

高中地理中的基础知识,在章节内部呈现出极强的系统性和条理性,而章节之间又互相渗透,环环相扣,彼此相辅相成。新授课如果遇到涉及其他章节的知识,教师在讲解时可以点到为止,但复习课应将涉及的各章节相关知识点进行梳理和联系。高中地理学科核心素养要求"学生运用综合思维方法,从多维度对地理事物和现象进行分析,认识各要素之间相互作用、相互影响、相互制约的关系",所以在地理专题复习课中设计一些训练学生"综合思维"的环节是必不可少的。

基于上述认识,根据高中地理学科知识巩固和能力训练的需要,以及学生复习迎考的需要,笔者尝试在高中地理专题复习课中设计课堂活动。以下是活动设计的主要做法与体会。

一、活动设计内容吸引学生,组织形式和任务驱动合理

(一)活动内容

"航海家与宝藏"是笔者设计的一节高二地理洋流模块的复习课。航海家与海上航行等故事对学生有较强的吸引力,笔者在本校开课和异地借班开课均获得了较高的参与度和完成度。可见,学生对人文类、历史类、自然类主题的课堂活动有较高的兴趣。

表1 "航海家与宝藏"活动内容和涉及的知识与能力一览表

主题	航海家与宝藏		
活动内容	根据五位航海家的航海故事,在地图上寻找坐标、航海线路、海区等,探究地理景观、地理现象背后蕴含的地理原理		
探究知识	洋流的动力	影响洋流的因素	洋流的分布
	洋流对海上航行的影响	洋流对沿岸气候的影响	洋流对海洋生物的影响
涉及	气压带与风带	热带气候的分布与成因	季风气候的风向变化
能力训练	经纬网地理坐标定位	根据文字、图表材料,图文转换后,勾画航线	根据地理景观、地理现象判定地理原理 / 局部图定位

"航海家与宝藏"一课的主题是关于五位人类历史上最著名航海家的航行事件。学习和探究的内容包括洋流的动力、影响洋流的因素、洋流的分布、洋流对海上航行的影响、洋流对沿岸气候的影响以及洋流对海洋生物的影响等。此外,探究内容涉及气压带与风带、气候的分布与形成原因等其他章节知识点,还巩固了经纬网地理坐标定位、图文信息转换和局部图的辨识等地理学科能力。

(二)活动的组织形式

本课以学生分组活动为主要组织形式。具体要求:

1. 每组 5～6 人,保证小组活动效率;

2. 组内成员分工、合作完成学习和探究任务；

3. 每组设置一名组长，统筹各个活动进度，帮助各位组员顺利完成分配的任务；

4. 每位组员安排了一个必须完成的任务，不能由他人代替完成；

5. 整节课的学习和探究任务以任务单的形式布置给各活动小组，组内可以合理分工，相互协作，同时，倡导争先，鼓励脱颖而出。

表2　活动的组织形式一览表

小组人数 （每组5～6人）	人数太少会导致小组数量过多，学生展示时间耗费大；人数过多，易出现懈怠，影响合作活动的效率
设置组长	选择地理单科优良且同学关系良好、有组织协调能力的学生
组内合作	每位组员都安排了任务，任务需要全组合作才能尽快完成
设计任务单	所有学习和探究任务以任务单的形式布置给各活动小组，鼓励组内与组间的竞争，组内可协调提前准备下一个任务，以便优秀团队的脱颖而出
组间竞争	每位航海家匹配两个小组，以便在比较中取长补短

（三）活动的任务驱动

组内合作，组间竞争，形成一种比较真实的合作和竞争关系，在一般的语言驱动、任务（问题）驱动的基础上，尝试性地辅以良好的个人和组间"竞争驱动"。

组长的设置是对学生个人能力的信任，也给学生提供展示团队领导力的机会；对作为普通组员的学生而言，则是团队配合能力、集体活动参与度的锻炼。

任务单展示所有任务，提供一种激发团队潜力的可能性，作为个人无法做到的事情，优秀的团队在合作的基础上就有可能倍速完成。

二、活动难度适中逐步提高，调动学生各种感官参与

学习活动的设计要有一定的梯度，并且要有利于调动学生的心智与各种感官一起投入地理探究学习。

表3　探究活动一览表

探究活动	任务	涉及学科知识	地理学科能力
活动1	地理坐标精确定位	经、纬线分布规律	经纬网建立
	在大地图上找对位置	不同图幅的世界地图	熟悉经纬网
活动2	回答基本原理问题	船只航行动力（洋流影响）	联系学科知识
	在地图上勾画航线	辨识世界海陆轮廓	图文转换能力
	航海故事的解惑	根据地理景观和地理现象分析相关地理原理	图文转换，辨析文字信息
活动3	寻找藏宝图的位置	经、纬线分布，海陆轮廓	局部图的定位

活动1：经、纬度坐标的定位活动

这项活动，一是需要组内成员配合，以最大速度在地图册上确认正确地点；二是由指定的1号组员到黑板上将本组随机抽到的坐标标签贴在世界地图上。由于学生的地理学科知识水平、读图能力不同，每组的1号组员并不一定能又快又准确地找到该坐标的位置，需要其他组员帮助才能完成。

该任务在实际操作中并不像表面上看上去那么简单，往往会出现各种错误。有时候组内在地图上找到两个以上不同的地点，需要去伪存真，统一组内意见；有时候组内统一了位置，负责贴标签的1号组员上黑板后，在大地图上找不到正确位置而功归一溃。组长和其他组员要共同关注1号组员的所有操作完成后，才能确定这个活动最终完成。

同时，每个小组随机抽中的这个经、纬度坐标是经过精心挑选的，是五位航海家的海航故事中某条航线上的一个地理坐标，在正确定位后，每两个小组会匹配到同一位航海家。每位航海家都有一个航海故事，故事中既有航海线路又有下一个活动的相关信息，所以需要组内成员互相配合，提前阅读文字和地图等信息并共同准备所有活动。

活动2：航海路线与航海故事

首先，通过一个问题，理清学科基础知识与活动主题的关联，明确古代船只航行的动力来源，既有风力，也有洋流，还可能是人力划桨。其次，要求2号组员将航海家故事中蕴含的航海线路描绘在世界地图上，并用实物投影展示自己勾画好的航线。再次，3号组员根据航海故事中的地图和文字信息，分析一些地理景观和地理现象的关键词,并用地理原理解释这些景观和现象。

活动3:寻找藏宝图的位置

藏宝图都很神秘,甚至很多藏宝图都是破损的。"局部图"的出现很符合宝藏的气质。准确找到藏宝局部图位置的小组应既熟练掌握经纬网的分布,又熟悉世界地图中大洋大陆的轮廓。本活动中五张局部图都由经、纬线和海陆轮廓线构成,判读难度较大,是本课所有活动中最难的任务。

一连串的活动,需要学生先"看图""读文字""听教师指导或点评""听同学表述",然后进入"贴坐标""画线路""框海区""解说原理"等活动,也是全面调动学生各种感官参与课堂活动的一种尝试。

三、注重培养学科综合思维,兼顾区域认知和地理实践力

(一)梳理航海家故事背后的地理原理

前文所述,完成终极任务藏宝图(局部图)定位后,宝藏呢? 本节课的主题是"航海家与宝藏",活动末教师解释本节课的终极宝藏,是点睛环节:

表4 航海家故事引出的地理原理一览表

	迪亚士故事	达伽马故事	麦哲伦故事	库克船长故事	郑和故事
故事概况	船队向南航行途中遇风暴,落帆后仍被推向南	赤道附近的非洲西岸可看到森林,东岸只看到草原荒漠	两次自东向西穿越大西洋耗用的时间不同	从西北太平洋返航中发现某海域鱼虾成群	三月从江苏出发,夏季从印度洋西岸返航
关键词	落帆仍被推向南	西岸看到森林东岸看到草原荒漠	1492年用37天1493年用20天	鱼虾成群的海域(大渔场)	三月借北风南下夏季借南风返航
地理原理	洋流、风、海陆轮廓共同影响	东岸地形和洋流影响气候(植被)	顺洋流航行加快航速	寒暖流交汇的海域形成渔场	东亚季风、南亚季风(洋流)
相关章节	洋流和影响洋流的因素	热带雨林、草原、沙漠气候分布和成因	洋流对航海速度的影响	洋流对海洋生物的影响	季风环流(季节与风向的转换)

教师:同学们,经过了一系列活动,我们来到了打开宝藏的时刻。伟大的航海家早已消逝在历史的长河中,他们给我们留下的宝藏其实不是那些金银珠宝,而是——

同学:航海技术(航海知识)!

(二)培养地理学科综合思维

洋流专题是一个综合性很强的章节,作为洋流模块的复习课,要梳理本章知识点的联系(见图1),也要适时复习其他章中与洋流有关的知识,从而形成体现综合思维的认知成果。

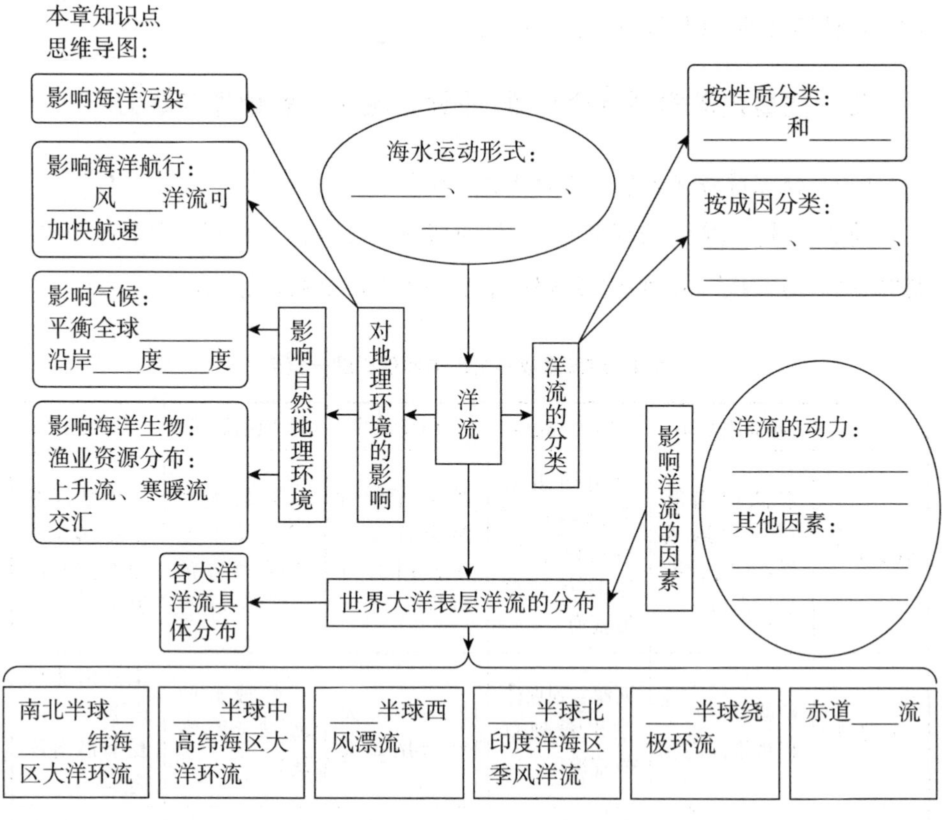

本章知识点
思维导图:

图 1　洋流专题知识的思维导图

图文并茂是地理学科的特色,将地图和文字材料结合起来作为综合题,也是考查学生地理学科能力的常用手段,在课堂活动中训练学生的图表分析能力和文字信息的提取能力,也是高中地理日常教学中必不可少的环节。

总之,教师首先要在教学设计中树立在地理课堂上让学生“全面、系统、动态地认识地理事物和现象"的"综合思维"意识。

（三）兼顾区域认知和地理实践力

地理学科核心素养把"区域认知"定义为地理学基本的认知方法。经纬网的构建是地理空间能力的重要部分，是"运用区域综合分析、区域比较等方式，来认识区域特征"的前提和基础，确认区域的地理位置，才能进一步认识并分析该区域特征；"掌握区域认知方法，就能形成从区域视角认识地理现象的意识与习惯"。

地理学科核心素养的另一个重要内容是"地理实践力"，它是"指人们在地理户外考察、社会调查、模拟实验等地理实践活动中所具备的行动能力和品质"。本节课的三个主要活动环节从"看""读""听"等输入性活动，转为"贴""画""框""说"等输出性活动，让学生动脑想、动手写、动手画、动嘴说。所以，首先得让学生"动"起来，然后使学生"就能运用适当的地理工具完成既定的实践活动"。在课堂上，前文所述的各种输入性和输出性动作，也应属于一种实践活动，课堂活动虽然受到时间和空间的限制，但是如果能精心选择活动内容，就可以让学生"对地理探究活动充满兴趣与激情"；精心设计活动环节，也可以让学生学会"用地理眼光认识和欣赏地理环境"。

【参考文献】

［1］中华人民共和国教育部制定.普通高中地理课程标准（2017 年版）［M］.北京：人民教育出版社，2018.

［2］夏志芳，张建珍.地理案例教学论［M］.合肥：安徽教育出版社，2011.

【导师点评】

本文具有很强的针对性，对改进高中地理专题复习课教学模式有一定的指导意义。不少教师认为，复习课时间紧，开展活动浪费时间，忽略了学习活动的设计。这种理念有悖于具身认知理论与深度学习理论。学生只有在活动中激活思维，才能加深对知识的内化与建构，达到巩固与运用知识的目的。另外，作者指向综合思维培养的活动设计思路也是符合地理核心素养要求的。作者结合教学实践，在洋流专题复习课上，立足综合思维培养，采取小组合作学习方式,设计了激发学生兴趣、贯穿复习课全程的"航海家与宝藏"的活动。活动目标明确,内容丰富,组织合理,逐步深化,学生踊跃参与,积极思考问题,完成驱动性任务,形成思维导图,获得良好效果。文章结构清晰,朴实具体,体会真切,以自身实践案例证明复习课的活动设计与实施是必要的、可行的,从而为地理复习课品位的提升提供了宝贵经验。

夏志芳　姚伟国
2022 年 4 月

机 遇 与 挑 战

——高中地理教学中的生态文明教育探索

朱广春

【摘要】生态是人类文明的根基,生态环境变化直接影响文明兴衰演替。因此,在课堂教学过程中加强生态文明教育越发重要。地理学科所承载的生态文明教育需要教师在教学实施过程中摒弃传统教学观念与教学模式,大力改革创新,精心组织施教。本文分别从高中地理教材与生态文明的关联性、地理教学中实施生态文明教育的机遇与挑战、地理教学中落实生态文明教育的策略进行论述,以期为生态文明教育的实施提供参考。

【关键词】生态文明教育　地理教学　教学策略

生态文明是人类对传统文明形态特别是工业文明进行深刻反思的成果,是人类文明形态和文明发展理念、道路和模式的重大进步。生态文明建设不仅体现在国家层面上的制度文明与产业建设,更体现在个体层面上生态文明意识与生态文明行为的培养。生态文明教育是生态文明建设领域方面的布局,地理教学与生态文明关系密切,是开展生态文明教育的主阵地之一。

环境问题仅靠政策、法规、技术等手段是无法彻底解决的,加强生态文明教育,培育绿色发展理念、可持续发展理念、人地协调发展理念,是解决环境问题,加强生态文明建设,实现可持续发展的根本途径。

一、高中地理课程与生态文明的关联性分析

地理学科承载着生态文明教育功能,地位重要,功能突出,责任重大,意义非凡。地理教材是生态文明教育的良好载体,两者在知识体系、价值观培养及行为实践等方面具有很强的关联性与融合性。

（一）内容关联

以高中地理教材人教版为例,人口的自然增长,尤其是在传统型人口增长

模式下,人口迅速增长带来的资源问题和环境问题给生态与资源带来巨大压力;人口机械增长,对于迁入地与迁出地的土地、资源、环境等都产生相应的影响,特别是对迁入区的生态环境主要表现为负面影响。人口增长与自然环境、资源条件等的关联性紧密。此外,人地关系思想、全球环境问题、区域性生态破坏与环境污染问题、可持续发展理念与行动均反映了地理学科与生态文明在内容上的关联。

（二）价值观关联

环境承载力、人口的合理容量等概念,区域发展与区域资源、环境相适应,打造宜居城市、生态城市、海绵城市等的现代聚落发展新理念,循环经济在生态农业、清洁生产上的具体实施,均着力培养学生正确的人口观、资源观、环境观以及可持续发展理念。地理学科的生态育人价值主要体现在它能帮助学生树立正确的人地观念。人地关系是地理学科的主要研究对象,注重资源、环境对社会、经济发展的影响和人类活动对环境变化的影响。人们对人地关系的正确认识和正确的资源观、环境观、人口观,决定着可持续发展的方向。

（三）行为关联

老龄化、人口合理容量从理论到实践,落地为人口再生产政策的制定与实施,践行于家国未来。垃圾分类、绿色出行、光盘行动、节约资源让城市更美好;"山水林田湖草沙"生命共同体在区域发展中的制定与践行;开发清洁能源,发展低碳经济,倡导低碳生活,积极建设资源节约型、环境友好型社会等。地理课程与生态文明在行为关联上表现紧密。

综上所述,教材内容与生态文明教育内容高度契合,符合高中地理课程的知识体系和人地协调的地理核心素养要求,与生态文明教育体系相适应。

二、地理教学中实施生态文明教育的机遇与挑战

（一）地理教学中实施生态文明教育的机遇

上述"高中地理课程与生态文明的关联性"分析中已经明确:地理学科在生态文明教育方面具有科学价值、育人价值及社会价值。生态文明建设已上升为国家战略并付诸实施,在给地理教学带来生机与活力的同时也带来了机遇。在

基础教育学科体系中,地理学科承载着生态文明知识的传播、生态文明价值观的树立及生态文明建设践行者的培养任务,提升了地理学科在生态文明教育上的使命感与时代感,由此提升了学科地位,也为广大地理教师教书育人提供了更为广阔的舞台。

此外,机遇来源于地理课程标准的培育要求,其中明确提出必须落实立德树人的根本任务,其来源于培养社会主义建设者与接班人的要求,来源于培养21世纪合格的地球公民的要求。地理教学要利用好教材中的生态资源,探究人地关系,落实生态文明教育,从根本上促进人地协调发展。

（二）地理教学中实施生态文明教育的挑战

首先,受教、学、考大方向指引,生态文明教育现状堪忧。以考定教,弱化生态教育。具体来说,高考考什么,教师教什么;高考考什么,学生学什么;学是为了考,不是为了用。其次,教学方式单一,照本宣科,学生只知其表,不懂其里;教学目标不明,评价模糊,生态文明教育浮于表面。在教学中,教师往往以讲授为主,很少指导学生调查实践;教育过程中很少使用生活实际案例进行教学;教师甚至忽视生态文明教育。最后,在生态文明教育的形式方面,表现为以课堂学习为主,较少利用网络媒体,少有公益讲座与报告,鲜有野外考察与调查;学校、社会、家庭等外部环境对生态文明教育不够重视。综上表现与因素,都在一定程度上对高中地理教学中生态文明教育形成制约,对生态文明教育的实施产生较大的挑战。

三、地理教学中开展生态文明教育的策略

（一）生态文明教育生活化

地理学科高度贴近生产生活,具有鲜明的生活化的学科特色。教学设计应充分引入生活情境,关注资源短缺、生态破坏、环境污染等生态环境问题。例如,创设如下情境:全球变暖背景下,天气和气候越发异常。2018年初美国南部创下−17℃的极端低温纪录;2021年6月27～29日,加拿大北部某地一度刷新并打破尘封80年的高温纪录,最终达49.5℃的极端高温。全球变暖带来的影响也在我们身边,2021年春末夏初,苏州局部出现了冰雹、龙卷风等极端恶劣天气,给当地带来较为严重的财产损失与人员伤亡。据当地的老年人介绍:"生活

了大半辈子,偶有见到冰雹,龙卷风更是第一次见到。"借此,探究形成机制并撰写地理小论文:我们可以为生态文明建设做些什么?

（二）生态文明教育生命化

在生态文明教育的教学设计与实施过程中,通过地理情境的创设,引导学生树立对待生态环境的正确态度:要像保护自己生命一样来保护我们赖以生存的生态环境,维护生物多样性。例如,教学中创设情境:为了尽可能减少铁路的修建与运行对大熊猫及其栖息环境的干扰,川藏铁路在穿越大熊猫国家公园过程中,实行最严技术标准,最严工程措施。在施工过程中,尽量减少爆破,设置隔音设施,降低隧道工程对自然保护区的环境影响。

（三）生态文明教育生动化

生动化的生态文明教育形式新颖,内容有趣,过程活泼,结果有效。比如,教学中引用央视著名主播的一则段子就可以很好地解决垃圾分类的认知难题:猪可以吃的是厨余垃圾,吃了会死的是有害垃圾,连猪都不吃的是其他垃圾,可以卖了钱买猪肉的是可回收垃圾。又如,全球变暖不只是气温上升这么简单,而是整个大气系统的紊乱,表现为极端天气现象越来越频繁发生,可将这一系列现象比喻为地球母亲感冒了,额头发烫,手脚冰凉,还伴有咳嗽、打喷嚏、头痛等症状。生动化的生态文明教育,从学习动机到情感体验,均可以使学生对生态环境问题的学习得到较好的深化与内化。

（四）生态文明教育生成化

生态文明教育的生成化,强调生态文明教育不是现成的,而是生成的、创造的。其过程是人的现实的关系、心理、文化的建构过程。教育正在把人类所创造的一切文化内化为个体的主观能动性,使其在实践中实现人格的生成。从知识、情感到行动,达到知行合一,从内化到外延,落实到日常工作、学习与生活,最终生成真正具有生态文明观念的人。创新生成化的教学模式,创设良好的学习情境,开展研究性学习,走出课堂,与大自然、社区、企业零距离接触,去探究生态文明现状、成因及应对措施。比如,学校教学楼北边与宿舍楼之间的砺园（又名十步泽,一方小池塘）就是良好的生态教育教学基地,砺园水域在近几年由于淤泥不断淤积,渐渐退化,几近消失。通过现场观察及原有照片景观对比发现:水质变差,浮萍铺满水面,水中的小鱼小虾数量明显减少,几近消失。值得思考:淤泥从何而来？水质为何变差？小鱼小虾为何减少？如何恢复生态原貌？显然,生成化的教育理念从知识生成到情感价值观养成,再到践行,给生态文明教育带来了活力与生机,具有显著的育人优势。

四、总结

党的十八大报告中明确提出:全面推进经济建设、政治建设、文化建设、社会建设和生态文明建设,实现以人为本、全面协调可持续的科学发展。在生态文明建设的国家战略背景下,地理教师承担生态文明教育的责任与使命:要充分挖掘地理教材中的生态文明元素,强化并落实生态文明教育;要主动扭转传统教育观念、教育模式及为考而教和为考而学的误区,积极转变为以核心素养培育为导向的教学理念;打造生态化地理课堂,提高生态文明教育的有效性和趣味性,提高学生的学习动机,提升青少年的生态文明意识与行动能力;要加强学科融合,探索跨学科合作教学新模式;开展生态文明研学实践活动,最终使受教育者能将生态文明带入未来的工作、学习、生活中,促进人类社会与自然和谐发展。

【参考文献】

[1] 韦志榕,朱翔.《普通高中地理课程标准(2017 年版)》解读[M].北京:高等教育出版社,2018.

[2] 金旭峰.生态文明教育在高中地理教学中的渗透研究—— 以人教版高中地理必修 2 为例[D].重庆:重庆师范大学,2017.

[3] 张广君,孙琳,许萍.论生成教育[J].中国教育学刊,2008(02):6 - 9.

【导师点评】

生态文明建设是公民教育的一项重要内容,也是地理教育承担的培育学生可持续发展观的责任与使命。文章揭示了高中地理课程与生态文明的相互关系,指出无论在内容上,还是在价值观、行为态度方面,它们都有着紧密的关联性。文章对这些关联性展开分析,认为生态文明教育内容与教材内容具有高度契合性,与高中地理课程的知识体系和人地协调的地理核心素养要求具有一致性。文章联系当前教学实际,说明了生态文明教育既是高中地理教学的一种机遇又是一场挑战。在此基础上,以鲜活而典型的实例,探讨了在高中地理教学中开展生态文明教育的生活化、生命化、生动化、生成化的若干策略,给人以深刻启示。文章结构严谨,层次清晰,整篇文章紧凑,一气呵成,文字流畅,观点与论据结合紧密,显示了作者一定的专业知识功底与写作能力。

夏志芳　姚伟国
2022 年 4 月

"现象教学"视角下的数学抽象

——同角三角函数关系教学为例

封其磊

【摘要】现象教学理念的提出已近百年,世界上多个国家和地区也进行了80多年的实践。我国的现象教学研究还处于探索阶段。现象教学从真实的情境出发,提供学生观察世界和思考世界新的观念和新的方法。现象教学课堂模式在落实数学学科核心素养方面有独到的优势。

【关键词】现象教学　直观想象　核心素养　生成

本文以《普通高中课程标准实验教科书·数学》(苏教版)必修四第一章第二节"同角三角函数关系"一课为例,探析基于"现象教学"模式下如何培养学生数学抽象素养的一般策略。

一、数学抽象及"现象教学"理论的相关介绍

数学抽象是数学的基本素养,是形成理性思维的重要基础,反映了数学的本质,贯穿数学的产生、发展、应用过程中[1]。正是经由抽象,数学才成为一门独立的学科。数学化的过程首先是数学抽象化的过程,数学模型也都是抽象化的结果。数学抽象也是人必须发展的核心素养之一,在不同人的身上体现不同的水平。史宁中老师在《数学思想概论》中提到,数学抽象依照其深度差异,可分为三个阶段:简约阶段,符号阶段,普适阶段[2]。

现象教学法是让学生直面真实的情境。培养数学抽象能力必然地要以数学知识、能力等为基础,现象教学的不同在于它把思维的触角前伸。是让学生通过对真实现象的探究而形成能力和知识的教学方法,它是根据一定的目标和计划,利用包含特定教学任务的现象,通过现象教学法对学生进行的教学。"现象教学"依据真实的现象,确定一些学习或研究主题,然后围绕特定的主题将知识融入新的课程模块,实现横向的跨学科综合教学[3]。这就把观察世界、思考

世界、表达世界落实到具体教学中。在学生收获知识的同时，还收获了认识世界的经验和能力，后者是更为本质的素养。

二、"现象教学"模式下"同角三角函数关系"的教学设计探究

（一）现象教学设计理念分析

在学习"同角三角函数关系"内容之前，学生已经掌握了任意角的三角函数的定义，并掌握了求特殊角的三角函数值。通过"同角三角函数关系"的探究过程，提升学生从具体实例中提炼数学概念的能力；通过"同角三角函数关系"的推导、证明、应用，提升学生在数学中熟练运用数学思想方法的能力；通过"同角三角函数关系"的教学，探析数学抽象素养在现象教学中的一般策略，在教学过程中，逐步发展学生的数学抽象素养。

（二）"同角三角函数关系"现象教学的具体实施路径

1. 现象呈现

教师利用多媒体向学生展示两组数学表达式：

（1）已知 $\sin\alpha = \dfrac{1}{2}$，求 $\cos\alpha$，$\tan\alpha$ 的值？

（2）已知 $\alpha = 1\,560°$，求出 $\sin\alpha$，$\cos\alpha$，$\tan\alpha$ 的值？

（说明：回到问题本身，让学生直面今天要学习的内容。）

教师继续引导学生发现生活中有关同角三角函数关系的真实数学现象，使学生感知在探究"同角三角函数的关系"中现象教学的优点。

2. 新知探究

① 同角三角函数关系的探究

现象 1. 请大家回忆任意角三角函数的定义？

活动 1. 在角 α 的终边上任取一点 $P(x,y)$，

$$\sin\alpha = \frac{y}{\sqrt{x^2+y^2}},\ \cos\alpha = \frac{x}{\sqrt{x^2+y^2}},\ \tan\alpha = \frac{y}{x}.$$

回到定义中，教师总结任意角三角函数的定义，从代数角度和几何角度去理解 $r = \sqrt{x^2+y^2}$ 的意义，帮助学生理解抽象的定义，生成数学抽象思维，构建数学核心素养。

现象 2.已知 $\sin\alpha = \frac{1}{2}$，求 $\cos\alpha$，$\tan\alpha$ 的值？

活动 2.$\sin\alpha = \frac{1}{2}$，所以 $\alpha = 30°$，从而 $\cos\alpha = \frac{\sqrt{3}}{2}$，$\tan\alpha = \frac{\sqrt{3}}{3}$.

$\sin\alpha = \frac{1}{2}$，所以 $\alpha = 150°$，从而 $\cos\alpha = -\frac{\sqrt{3}}{2}$，$\tan\alpha = -\frac{\sqrt{3}}{3}$.

$\sin\alpha = \frac{1}{2}$，所以 $\alpha = 30°$ 或 $\alpha = 150°$，从而 $\cos\alpha = \pm\frac{\sqrt{3}}{2}$，$\tan\alpha = \pm\frac{\sqrt{3}}{3}$.

......

说明:在什么条件下可以求三角函数值。让学生直面今天的问题,开展活动,有利于学生问题意识的培养,从特殊的三角函数值开始,引导学生由特殊的三角函数值去寻找同角三角函数关系。调动学生思考的积极性,自然生成本节课所学内容,培养学生抽象概括的能力,体现数学核心素养的要求。

② 同角三角函数关系的生成

由学生自主思考,总结生成 $\sin\alpha$，$\cos\alpha$，$\tan\alpha$ 之间的关系。得出关系式:

$$\sin^2\alpha + \cos^2\alpha = 1, \tan\alpha = \frac{\sin\alpha}{\cos\alpha} \quad \left(\alpha \neq \frac{\pi}{2} + k\pi, k \in \mathbf{Z}\right).$$

注:a. 强调"同角"是生成关系的前提;

b. 强调正切关系中 α 成立的条件。

③ 同角三角函数关系的证明

数学学习讲究思维逻辑的严谨性,生成结论后,我们需要证明结论的准确性。

代数法(从定义出发)

$$\sin\alpha = \frac{y}{\sqrt{x^2+y^2}}, \cos\alpha = \frac{x}{\sqrt{x^2+y^2}}, \tan\alpha = \frac{y}{x}.$$

可得 $\sin^2\alpha + \cos^2\alpha = \frac{y^2}{x^2+y^2} + \frac{x^2}{x^2+y^2} = \frac{x^2+y^2}{x^2+y^2} = 1.$

$$\frac{\sin\alpha}{\cos\alpha} = \frac{y}{\sqrt{x^2+y^2}} \div \frac{x}{\sqrt{x^2+y^2}} = \frac{y}{\sqrt{x^2+y^2}} \times \frac{\sqrt{x^2+y^2}}{x} = \frac{y}{x} = \tan\alpha.$$

几何法(利用单位圆中三角函数线)

由学生归纳生成证明过程,教师引导辅助,不必强行导出两种证明方式,由学生总结概括。

3. 同角三角函数关系的应用

现象 3.已知 $\sin\alpha = -\dfrac{3}{5}$,且 α 为第三象限角,求 $\cos\alpha$,$\tan\alpha$ 的值。

已知 $\tan\alpha = \dfrac{3}{4}$,求 $\sin\alpha$,$\cos\alpha$ 的值。

活动 3.分组讨论。

教师通过多媒体展示相关例题、习题,学生独立完成,接着小组讨论,达到本节课对知识的巩固,然后教师对学生学习情况进行总结,作出评价。通过相关题型的巩固,达到对本节课知识更加深入理解与掌握,抽象素养在课堂中得以落实。

4. 课堂小结

学生在教师的引导下,亲身经历了"现象—独立思考—发现—合作交流—生成知识—应用评价"的多次循环探究过程,从而达到利用现象教学发展学生数学抽象素养的目的。

学生通过真实的情境,自身体验,动手操作,归纳证明。在现象教学模式下,完成了"同角三角函数关系"的探索,既掌握了同角三角函数关系的证明,又在一定程度上提高了发现、生成、概括的能力,发展了数学抽象素质。

三、现象教学模式下,培养学生数学抽象素养的路径分析

利用现象教学发展学生的数学抽象素养,既要分析教材的内容结构,理清重点和难点,又要考虑学生现有的知识水平,呈现真实、科学的现象。

(一) 呈现与知识水平相适应的数学现象

教师在设计现象教学时,要以学生作为主要参考对象,根据学生知识基础和认知水平,遵循真实的情境就是呈现数学现象。例如,在讲解通过现象,引导学生独立思考,合作学习,生成知识。在数学现象中,经历知识的生成,逐步发展数学抽象素养。

(二) 呈现与抽象层次相适应的数学现象

学生的数学抽象素养必须在数学抽象的过程中培养,而数学抽象的过程又具有层次性。因此,在呈现数学现象时要与学生的抽象层次相一致,高中生经

过九年义务教育,其思维的抽象水平早已跨过了抽象的第一层次"简约阶段",到达了抽象的第二层次"符号阶段"[4]。在这一阶段,强调去除具体内容支撑,利用数学符号描述数与形之间的关系,如上述同角三角函数关系的生成,就是用符号、图形语言描述同角三角函数关系,这是抽象的第二层次在教学中的体现。

(三) 呈现与数学抽象素养长期性和潜在性相适应的数学现象

数学抽象素养的培养是多方面的,也是一个长期的过程,它的形成与发展不是一蹴而就的,需要长期潜移默化的熏陶[5]。因此,我们在利用现象教学进行教学实践时,要考虑到数学抽象素养形成的潜在性和长期性,立足当下,呈现与学生自身发展相适应的现象教学,为后续抽象素养的继续发展奠定基础。

总之数学抽象素养是在数学抽象过程中逐步积累的核心素养,是适应个人终身发展和社会发展需要的必备品格和关键能力。现象教学则是以学生为主体,通过真实的情境呈现的教学模式,在现象、合作交流、生成知识中,逐渐形成对新知识的系统构建,进而达到对知识灵活运用的目的。现象教学法为发展学生数学抽象素养提供了一个强力工具。

【参考文献】

[1] 中华人民共和国教育部.普通高中数学课程标准(2017年版)[M].北京:人民教育出版社,2018.

[2] 史宁中.数学思想概论:数量与数量关系的抽象(第1辑)[M].长春:东北师范大学出版社,2008.

[3] 姜引引.浅谈综合实践活动与学科教学的整合[J].中国校外教育(中旬刊),2017(4):35-36.

[4] 孙四周.现象教学[M].长春:吉林教育出版社,2018.

[5] 陈中峰.试论"数学抽象"素养形成和发展的基本途径[J].福建中学数学,2017(06):1-4.

【导师点评】

"现象教学"提倡回到问题本身,创设真实情景,关键在于营造适合学生认知需求的教学活动。本文借助"现象教学"理念,进行数学抽象思维能力的培养,让学生在"现象—独立思考—发现—合作交流—生成知识—应用评价"的循环探究过程中,体验"同角三角函数"关系从锐角到任意角变化中的"不变",构建新的(直角坐标系)知识体系:同角三角函数的"平方关系""倒数关系""商的关系",学生在真实问题的思考、解决中,感受结论的意义,体现"回到问题本身",不过透过字面意义,今天的学习更需要回到认识"同角三角函数"关系本质的内在联系上,即任意角背景下的三组关系成立。希望能透过现象看到事物的本质。

王 华

2022 年 4 月

HPM 视角下数学现象选用原则的思考

——以基本不等式的概念教学为例

顾卫清

【摘要】本文以基本不等式的概念教学为例详细阐述了 HPM 视角下数学现象选用的基本原则:好奇心原则——数学现象的选用须始于寻求激发数学学习动机;自主性原则——数学现象的选用须注重学生积极参与培养;过程性原则——数学现象的选用须注重学生知识生成的体验;文化原则——数学现象的选用须注重与其他领域的有效联系。

【关键词】HPM 视角　现象　选用原则

《普通高中数学课程标准(2017 年版 2020 年修订)》提出:"精选课程内容,处理好数学学科核心素养与知识技能之间的关系,强调数学与生活以及其他学科的联系,提升学生应用数学解决实际问题的能力。""高中数学教学以发展学生数学学科核心素养为导向,创设合适的教学情境,启发学生思考,引导学生把握数学内容的本质。""数学建模是对现实问题进行数学抽象,用数学语言表达问题、用数学方法构建模型解决问题的素养。数学建模过程主要包括:在实际情境中从数学的视角发现问题、提出问题,分析问题、建立模型,确定参数、计算求解,检验结果、改进模型,最终解决实际问题。"

笔者以"基本不等式的概念教学"为例,来阐述 HPM 视角下数学现象选用的原则。

一、什么是数学现象

同一个物体或事件,用物理的眼光看就是物理现象,用化学的眼光看就是化学现象,用语文的眼光看就是语文现象,用数学的眼光看就是数学现象。教学中合适的教学情境笔者认为可以看成是现象,它是用来观察和思考的,所以数学现象须能指向数学活动。宇宙、战争、经济、娱乐乃至爱情,只要能用数学的眼光去观察、用数学的思维去思考,就是数学现象。

从现实生活中发现数学,其现象就是好的数学现象。把客观事实呈现给学生,让他们用数学的观点进行观察和研究,这个事实就成了学生眼中的数学现象。这里的"客观事实"可以是生活中的事实,也可以是数学中的事实,还可以是其他合适的教学情境。但是,其中的数学问题是隐含的而不是外显的,其中的知识结构符合学生的认知基础。

二、基本不等式概念教学设计

(一)教材分析

本节课是《普通高中教科书·数学必修第一册》第二章 2.2"基本不等式"中的内容。根据任教学生的实际情况,将"基本不等式"划分为两节课,"基本不等式的概念"是第一节课。基本不等式是不等式中的重要内容,它不仅可以证明不等式,解决函数最值问题,同时在生活及生产实际中,应用广泛。

(二)学情分析

学生属于普通中学生源,在学了等式性质与不等式性质后,对不等式性质及证明的应用,有一定的基础,如解一些简单的不等式,研究简单的不等式性质等,本次教学建立在学生已有知识的基础上,进一步开展探究和活动。

(三)设计思路

1. 从数学历史背景中提出相关数学问题,引起学生的思考,感受数学文化的影响,在活动中学生面临一个认知冲突,通过认知冲突提升学生的好奇心,加强他们活动的强度和思维深度,进而导致数学发现。通过师生互动,完成数学理论的建构。最后通过对新知识的应用,实现知识的同化,形成新的技能,建构新的认知结构。

2. 通过活动让学生真正成为教学过程的主体,力图让学生从不同角度去探究基本不等式的证明,让学生体会到基本不等式不仅是一个简单的式子,而且具有丰富的几何意义,另外也是培养数形结合的思想方法和思维方式。

3. 教学过程中力图在培养和发展学生数学素养的同时让学生掌握一些学习、研究数学的方法,并体会分类讨论和数形结合的研究方法,以便将其迁移到其他不等式与数学知识的研究中。

（四）教学目标

1. 掌握两个正数的几何平均数不大于它们的算术平均数的结论,明确基本不等式等号成立时的条件,并学会用代数法和几何法进行基本不等式的证明,初步学会用定理解决一些简单问题。

2. 通过对比、转化,借助数形结合等思想方法获得基本不等式和证明,在观察、归纳中分析问题、解决问题。

3. 体会数学学习的严谨,大胆尝试,小心求证,学会严谨的科学态度,用发展的眼光看待问题。

（五）重点与难点

重点:掌握基本不等式。

难点:基本不等式的灵活运用。

（六）教学方法

以学生为主体,教师为主导,引导启发学生进行自主、探究、合作学习,通过师生、生生的互动和交流获得知识,提升能力,达成学习目标。

（七）教学过程

1. 回首与展望

• 公元前 5 世纪古希腊哲学家修昔底德(Thucydides)通过绕岛航行一周所需时间来估算西西里岛大小。

• 公元 1 世纪,博物学家普林尼根据周长来估算不同地区的面积。

• 公元 5 世纪的公有制社会里,将周长大的土地分给他人,被视为大公无私。

问题 1:你觉得他们的做法是否可靠? 为什么?

设计意图:从数学历史上的实例出发,引发学生探索新知识的积极性和欲望,例子贴近生活,能有效地让学生进入学习状态,达到预定的效果,也体现了数学来源于生活,又实践于生活的本质。

2. 直观感知

问题 2:如何从实际操作层面出发,将上述情境转变为"数学问题",将"抽象推理"转化为"数学模型"?

请学生尝试将周长为 100 厘米的绳子围成不同的矩形,并通过计算说明其面积是否相等。

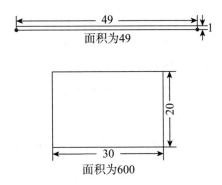

面积为49

面积为600

问题 3:请问通过上述两图你能得到什么样的结果。

设计意图:通过观察、试验、归纳,进行建模,强化和培养学生分析问题和解决问题的能力。而此结论的得出,也为接下来研究基本不等式的形式做铺垫和提示,为本节课的重点和难点的突破打下坚实的基础。

3. 现象解析

问题 4:请问周长都是 100 的矩形,何时面积最大。

上述问题可转化为:设围成的矩形长为 a,宽为 b,求 $S=ab$ 的最大值。

解:

$$S=ab=a(50-a)=-a^2+50a=-(a-25)^2+625。$$

利用二次函数的最值即可求得当 $a=25$ 时面积最大。也就是说周长固定时,围成的正方形面积最大。换而言之:在长方形的情形中,长和宽分别为 a 和 b 的长方形的面积不超过等周长正方形的面积。

数学式子表示为:

$$ab \leqslant \left(\frac{a+b}{2}\right)^2.$$

4. 规范化

$$\sqrt{ab} \leqslant \frac{a+b}{2}.$$

问题 5:这里的 a,b 有何条件的限制?($a \geqslant 0, b \geqslant 0$)

问题 6:这个不等式中的等号何时才能成立?(当且仅当 $a=b$)

我们今天学到了一个新的不等式：$\sqrt{ab} \leqslant \dfrac{a+b}{2}$，其中 $a \geqslant 0, b \geqslant 0$.

① $\sqrt{ab} \leqslant \dfrac{a+b}{2}$ 成立的条件为 $a \geqslant 0, b \geqslant 0$.

② 对于 $\sqrt{ab} \leqslant \dfrac{a+b}{2}$，当且仅当 $a = b$ 时取等号。

③ 对于正数 a, b，称 $\sqrt{ab}$ 为 a, b 的几何平均数；称 $\dfrac{a+b}{2}$ 为 a, b 的算术平均数。

设计意图：设置连续的、有层次的问题，层层递进，让学生脚踏实地，步步为营，从而得出基本不等式的形式、成立的条件，从本质上认识基本不等式的形式和内涵。

5. 结构化

我们将不等式 $\sqrt{ab} \leqslant \dfrac{a+b}{2} (a \geqslant 0, b \geqslant 0)$ 称为基本不等式。那谁来试试，证明基本不等式。

法 1：作差法（须详细解答）。

法 2：分析法（教材上有，一带而过）。

法 3：综合法（教材上有，一带而过）。

法 4：几何法（学生自行看教材上几何图象并理解）。

设计意图：在充分认识基本不等式的基础上，进行严格的证明和推理，强化基本不等式的条件，证明方法的选用上采用多角度、多方位、多形式研究，让学生对基本不等式产生一定的视觉和心理冲击，起到牢记并理解的效果。

6. 应用拓展

例 1：已知 $x > 0$，求 $x + \dfrac{1}{x}$ 的最小值。

设计意图：让学生熟悉和深化理解基本不等式，并进行简单的变形，使知识得到强化和提升。

例 2：已知 x, y 都是正数，求证：

(1) 如果积 xy 等于定值 P，那么当 $x = y$ 时，和 $x + y$ 有最小值 $2\sqrt{P}$；

(2) 如果和 $x + y$ 等于定值 S，那么当 $x = y$ 时，积 xy 有最大值 $\dfrac{1}{4}S^2$.

设计意图：特别强调配凑的思想以及当且仅当等号成立条件的书写要求。为接下来学习基本不等式的应用做好铺垫。

7. 回顾小结

回顾今天的学习，你学到了什么？

今天这节课给你印象最深的又是什么？

设计意图：让学生自己回顾本节课的主要内容和需要注意的重点及难点，再次将本节课的精髓快速呈现，这比教师总结要好得多。

三、为什么要提出在 HPM 视角下选用数学现象

常规课堂上的现象教学已形成相关的课堂范式，而课堂实施的"药引"即现象需要教师提供，如何提供合适的现象，激发学生好奇心，引发学生思考，主动提出问题、困惑，触发学生体验的欲望，使知识的生成过程在学生亲身体验中起到助推的作用。

（一）从数学史上探寻适合的数学现象

数学史能让师生感知：数学是一门不断演进、结合实际的学科，而不是僵化的抽象系统；培养不懈探究、提出问题、追求真理的品质；告诉师生面对挫折、失败和错误，不必灰心丧气。从数学发展的历史长河中，选取适合的数学现象能充分激发学生学习兴趣，创造学生学习动机。

（二）从现象中探寻适合的数学现象

如果把例题的条件和任务一次性呈现出来，它就是一个题目；如果把题目进行适当的分段呈现，只呈现条件而不呈现任务，它就是一个现象。HPM 视角下，选择与学生在现实世界中经历过的现象有关的实际问题，能更好地促进学生对数学的学习。

（三）从文化中探寻适合的数学现象

数学史是重要的文化内容，通过 HPM 实践，感知数学知识的发展与内容，渗透数学思想方法与学科德育教育，其本身就是一种重要的育人方式，从 HPM 的应用与实践中可知，每一个数学概念都是前人不断探索、不断完善的结晶。HPM 视角下，我们融入数学史，让学生从文化现象中探寻发展的动力，让学生领略数学文化的无穷魅力。

四、选用原则

（一）好奇心原则——数学现象的选用须始于寻求激发数学学习动机

人天生具有好奇心,好奇心能激发人类对事物本质认识的追求,本案例中选用估算西西里岛大小的现象,容易让学生和现在估算大小的办法进行比对,同时非常好奇古时候人类的工具很简陋、知识原理不成熟,他们是如何进行估算的? 激发学生的好奇心和探究其奥秘。

我们知道,世界上现象很多,与基本不等式关联的数学现象也不少,本案例中提到的:"公元 5 世纪的公有制社会里,将周长大的土地分给他人,被视为大公无私。"如何解读,如何说明其公正性,这是与现实紧密结合在一起的。也许有人认为,周长越长,面积越大。难道不是吗? 人的好奇心油然而生。

（二）自主性原则——数学现象的选用须注重学生积极参与培养

如何将"周长越长,而面积不是越大的问题"说明清楚? 借助同伴的讨论,寻找反例即可得到证明。反例又是如何产生的呢? 如何将实际问题数学化? 目前我们能比较快捷地求哪些几何图形? ……提出思考问题,让学生独立思考后积极讨论。借助已有认知逐步进行量化,从而请学生尝试将周长为 100 厘米的绳子围成不同的矩形,并通过计算说明其面积是否相等。在学生提出问题的时候,情感已被调动起来,认知也有了基础,还伴随强烈的问题意识。

（三）过程性原则——数学现象的选用须注重学生知识生成的体验

怎样促进学生生成知识呢? 回到问题本身! 让学生直面他所要认识的世界,即将周长大的土地分给他人,视为大公无私。这种说法正确吗? 产生求知的欲望,自己感知问题的存在,自己提出问题。

数学源于生活,又高于生活。从实际生活中得到的现象,如何从实际操作层面将上述现象转变为"数学现象"? 将"抽象推理"转化为"数学模型"? 让学生自主探究,将问题转化为数学模型,具有可操作性,转化为将周长固定的绳子围成不同的矩形,并通过计算说明其面积是否相等的问题,并用具体的矩形图形将之具体化、图形化,直观地表达,让学生亲身体验知识生成的过程。

（四）文化原则——数学现象的选用须注重与其他领域的有效联系

在解决周长固定的绳子围成不同的矩形,并通过计算说明其面积是否相等的问题过程中,从学生已有的二次函数最值问题,获得问题解决的方法,在此基础上引出基本不等式,使两者紧密联系在一起,为基本不等式的证明埋下伏笔。

数学现象比数学问题更贴近学生的生活经验,它直接立足于学生的数学现实。由此出发进行数学化,可以把学生的思维前伸,把思维的根扎进生活的土壤中。这样,一可补足"标准化"数学问题所留下的空档,架起沟通生活与数学的桥梁,给学生带来更直接的数学体验,积累更鲜活的数学活动经验,二可提高学生的数学化和再创造能力。

通过数学史与数学教育,探寻适合新教材的新授课、复习课的数学现象,这些现象可以给学生提供数学与显示生活密切联系的例子,可以让学生体会数学的价值,并从中获得良好的数学体验,从而形成正确的数学观。

坚持上述原则,提供一个适合的数学现象,能很好地生成相关知识,而且由学生自身进行生成,这样学生掌握的知识才具有鲜活的生命力。

【导师点评】

作者从对高中数学课程标准的学习理解中寻求问题,将数学史融入数学教学(HPM 实践),并在此背景下思考数学现象选取的原则,在实践中进行探索,选题非常有意义。案例结合基本不等式的教学实践,从学习动机激发、主体性、过程性、文化渗透四方面叙述,如何从古代土地丈量、变式问题设计角度引导学生参与对数学概念认知的思辨、质疑等具体活动。教学实践与理性思考紧密结合,教学设计渗透一定的理论指导,使课堂立意较高,案例叙述凸显"关键教学事件"。四条数学现象选取原则对"现象教学"是一种探索与思考。

当然,数学史料的应用还需要进一步与教学内容深度融合,还需要对原则做出进一步的理论指导。

王 华

2022 年 4 月

现象教学视角下的高中数学单元复习

——以"空间的距离"为例

黄雪林

【摘要】 现象教学的核心理念是生成,只有学生的头脑中生成了数学概念才能有进一步的知识理解与应用。借鉴现象教学理念构建单元复习教学模型是值得探索与实践的重要课题。本文以"空间的距离"单元复习为例,阐述了"现象感知—现象分析—意义生成—应用拓展—课程评价"的单元复习模型,从现象教学视角下"现象的观察""意义的生成""概念结构化""数学的应用"四个层次推进。

【关键词】 现象教学　单元复习　空间的距离

歌德曾说"你无法获得不是流自自身心灵的泉水",这句话给我们的教学以这样的启发:不是自己头脑中生成的知识,便不能真正拥有并自如地应用。由此可见,"生成"才是学习知识、理解知识、应用知识的真正源头。现象教学的核心理念是生成,只有学生自身生成了数学概念才能着手进入下一步的学习程序:知识理解、知识应用。数学学科单元复习教学不应只是把目标定在整合分散于教材各章节中的相关知识、题型的分类讲解,而应从生成概念出发,帮助学生面对真实世界自主思考,理解数学工具在解决数学问题中的应用。本文以高中数学"空间的距离"为例,阐述对现象教学视角下的单元复习教学的思考与做法。

一、概述现象教学视角下的单元复习教学模型

现象教学的四个层次是现象的观察、意义的生成、概念结构化和数学的应用,这是现象教学视角下高三单元复习教学模型(见图1)的四个核心组件。其中"生成"是实现高中数学核心素养有效落地的核心,"生成"将单元复习课回溯到知识的源头。

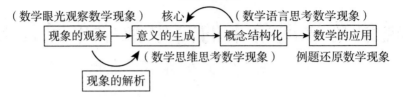

图 1

二、例析现象教学视角下的单元复习教学

（一）对源于真实世界的现象进行观察，生成空间中距离的概念

空间中的距离是什么？你脑海中浮现出什么？点与点、点与线、线与线、点与面、线与面、面与面之间都会有距离，那么到底什么是距离？以点与点为例，两点间的线段长就是两点间的距离；那么点与线的距离是什么？线与线的距离又是什么？类型那么多，种类那么多，公式那么多，该从何处入手，对学生而言是有一定困难的。倘若学生不能真正地认识距离、生成距离的概念，教师只是一味地去整合空间向量在求解空间距离中的应用，那么无论讲解多少道例题、变式；做了多少复习题都无法获得理想的复习效果。只有让学生生成"距离"的概念才能真正理解空间向量只是解决空间距离问题的工具，并将空间向量这一数学工具用对用好，甚至还能根据实际条件找到更好的解决途径。

以线与线的距离为例，空间中的两直线有哪些位置关系？学生能回答：平行，相交，异面（还有学生回答重合，不要否定学生的答案）。这时我们拿出双手，左右手各伸出一根手指代表两条直线，摆成平行关系。那么，此时这两条直线间的距离是什么？学生能很快感知到直线上任取一点到另一直线的垂线段的长度就是两平行直线间的距离。接下来，摆成异面关系的两条直线间的距离是什么？学生也能感知到要寻找一条与两条直线都垂直的线段，这条线段的长就是这两条异面直线间的距离。这条线段与其他在两直线上任取两点为端点的线段相比有什么特点？学生能感知到这条线段是所有连接两条异面直线上点的所有线段中最短的线段，进一步思考研究点与点的距离、点与直线的距离、两平行直线的距离的数学本质是什么。学生对距离的概念有了表象的认识，还需要对空间的距离概念结构化，这个过程需要教师引导学生进一步思考。两条相交直线的距离是什么？两条重合直线的距离是多少？那么什么是点到平面的距离、直线到平面的距离、平面到平面的距离、两个几何体的距离？生成"距离"概念并不断深入思考，促进生成概念的结构化，充分理解距离的数学本质就是两个研究对象间最短线段的长度。

（二）理解空间向量在求解空间距离中的工具性作用，促进概念结构化

空间中距离的数学本质是两个研究对象间最短线段的长度，随手画出点与直线、点与面、线与线、面与面的简单草图（图2是学生作品），根据生成概念的理解找出距离，在草图中学生能直观感知空间向量在解决距离问题中具有共同属性。通过在两个研究对象上各取一点连接，连线在法向量上的投影就是距离，空间中的距离不再是点与点、线与线、点与面等各种模型和公式。

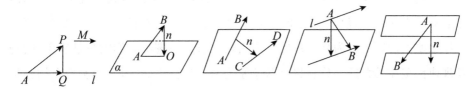

图2

知识是在不断更新迭代的，但是每个时代人类对世界的思考方式是相似的，现象教学希望教给学生的是面对世界的思考方式，而不是知识本身。

（三）绘制概念图，提升知识的结构化、立体化和系统化

现象教学不提倡教师提供概念图，教师绘制的概念图表达的是教师对概念和知识点的理解，并不是学生自己的概念图。（图3是学生作品）学生根据自己对生成概念、思想、方法的整理绘制的概念图符合自己认知，较大程度地提升了知识的结构化。

绘制概念图反映的是学生个体对生成概念结构化的重要方式，能体现知识生成的动态过程。绘制概念图的过程可以帮助学生整合本单元各知识点间的有效联结，厘清相关概念的内在逻辑，提升知识体系的结构化，使碎片化学习转向立体式学习与系统式学习。

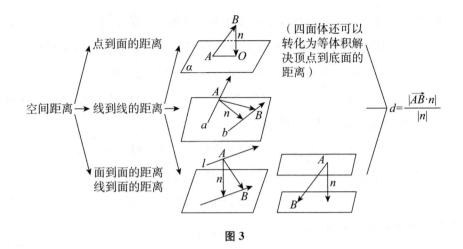

图 3

（四）将例题还原为数学现象研究，实现例题讲解的完美转身

基于现象教学视角下的例题的讲解不是像问题教学一样只是"解决了一道数学习题"，而是将例题还原为数学现象进行研究。什么是数学现象？一切能用数学眼光观察、用数学思维思考、用数学语言描述的素材都可以是数学现象。为什么要把例题还原为数学现象？因为现实世界呈现给我们的只是表象，问题及规律深藏在其背后。只有将例题还原为数学现象去研究，才能实现在例题呈现的过程中体验概念生成、发现数学本质、体悟数学之美。

例 （选择性必修一 P34 例 5 改编）在棱长为 1 的正方体 $ABCD$-$A_1B_1C_1D_1$ 中，E 为线段 A_1B_1 的中点，（F 为线段 AB 的中点）（选择性呈现条件）。

（1）求点 B 到直线 AC_1 的距离，B 到平面 AEC_1 的距离；

（2）求直线 FC 到平面 AEC_1 的距离；

（3）求直线 CD_1 与平面 AEC_1 所成的角。

分析：（题目任务可以不呈现，也可以分段呈现）用向量方法求点到直线的距离的数学本质是转化为平面中直角三角形利用勾股定理解决（教科书中给出了详尽的思路推导），体悟向量方法与综合法在解决距离问题中的区别与联系。

思考 1：在这个几何模型中你还想要研究哪些距离？（开放问题能给学生更开阔的思维，可以是异面直线的距离、两个平行平面的距离等）比如，异面直线 FC 与 AE 的距离。教师给出解答过程。

思考 2：除了距离问题还可以设置什么问题？（可以是角的问题的求解，异面直线角、线面角和二面角，也可以是位置关系的证明。）

思考 3：能否有新的思考方向？比如：直线 AB 上是否存在点 M，使 CM 垂直于平面 AEC_1，并说明理由。或者构建定值问题求点 F 在线段 AB 上的位置等。

思考 4：能否将点 F 改为线段 AB 上的动点以构建动态最值问题（面积、体积、距离、角等）？

思考 5：能否编制多个条件构建结构不良型数学问题？

选择教材内容进行改编的例题并进行拓展延伸，既体现了高三复习回归教材的教学宗旨，又对思维的提升提出更高要求。教师可以配置相应的反馈问题供学生课后练习。

怎样将例题讲解还原为数学现象？方式一：将例题分段呈现就不再是呈现一道例题，而是在呈现一个数学现象。教师在课堂中可以只呈现题干条件不呈现题目任务，就将例题转化为一个具有多种可能的开放式问题，也可以只呈现一部分条件和题目任务，由学生补充条件。方式二：渐进式呈现解答过程，允许学生在解答过程中犯错并将发现错误的机会交给学生。学生亲身体验了错误的发生、经历了找出错误成因的过程，数学现象的呈现过程远比一道习题的讲解印象深刻。方式三：用数学现象促进解题后的反思与升华，安排学生命制数学题、解答数学题，教师展示学生结果并由全体同学进行评判。经过多轮的练习与反思获取一般性结论。

还原为数学现象的例题是"不完美"的数学题，它以"不完美"的形态，给学生提供思维的空间；以"不完整"的解答，给学生提供活动的机会；以"不定型"的反思，给学生提供提高的余地。从学生角度看，这才是更为完美的例题和更为完整的教学。

三、教学反思：价值取向

（一）主要的思想和方法

解析源于真实世界的有界图形（柱、锥、台、球等）获取几何对象，生成距离的概念；根据概念定义运用综合法研究几何定量问题，为把相关几何元素联系起来可能需要添加辅助线，对空间想象能力有较高要求。

（二）教学策略

首先，以真实的现象为研究对象感知特殊几何图形中的距离，生成距离的概念。其次,以直观图为载体比较综合法与向量方法,根据距离概念生成向量方法,理解直线与直线方向向量、平面与平面法向量之间的关系,比较综合法感知向量方法在简化立体几何问题中的应用。第三,在生成向量方法解决空间距离问题的过程中,理解向量投影的数学本质是由高维空间向低维子空间的线性变换,形成投影向量研究立体几何距离问题的几何解释。最后,形成特殊到一般的归纳推理,生成概念图,实现用几何眼光观察世界、用数学语言准确表达。在上述复习的基础上,设计专门的习题课,进一步构建知识的系统性和整体性,感悟向量"自由性"是解决立体几何问题的简便且本质之法,体会空间向量的工具作用。

(三)通过整体复习,构建系统的知识体系

数学学科单元复习教学不应只是把目标定在整合分散于教材各章节中的相关知识、题型分类讲解和"无死角的知识点覆盖"训练上。学生短时间内通过模仿能解决大部分习题,不是自我生成的知识,经过一段时间后只剩下模糊的印象。单元整体复习更应重视概念的生成过程,形成上位概念去诠释数学方法,实现知识体系的自主建构和知识结构的重构。

本节课帮助学生感受从特殊到一般的概念生成的过程,并以空间距离的上位概念去理解向量方法和综合方法的诠释。亲历知识点系统整合,根据教师提供的几何模型学会提出数学问题、解决数学问题并拓展延伸数学思想、归纳总结方法,培养用几何眼光观察世界、用数学思维思考世界、用数学语言描述世界的能力。

(四)设计现象问题,促进面对真实世界的思考

章建跃在《〈普通高中教科书·数学(人教 A 版)〉单元——课时教学设计体例与要求》中说:"在单元教学设计的基础上再给出课时教学设计,以充分体现数学的整体性、逻辑的连贯性、思想的一致性、方法的普适性、思维的系统性,切实防止碎片化教学,通过有效的'四基''四能'教学,使数学学科核心素养真正落实于数学课堂。"

【参考文献】

[1]孙四周.把数学问题还原为数学现象——谈"基于活动与体验的例题教

学"[J].数学通报,2015(10):25－26.

　　[2]孙四周.从三节"同课异构"课看目标定位的方法和意义——兼写一个"下水教案"[J].数学通报,2014(05):37－38.

　　[3]孙四周."数形结合"与"数形分离"[J].中学数学教学参考(上旬),2021(8):41－42.

　　[4]罗增儒.数学概念的理解和教学[J].中学数学教学参考(上旬),2016(3):25－26.

　　[5]罗增儒.数学概念的理解和教学(续)[J].中学数学教学参考(上旬),2016(4):41－42.

【导师点评】

　　单元复习教学是高中数学教学的重要内容,也是高中数学教师的"必修课"。作者在本文中以"空间的距离"单元复习为例,阐述了如何基于现象教学视角进行单元复习教学,并尝试构建了"现象教学单元复习教学模型",即:现象感知—现象分析—意义生成—应用拓展—课程评价,具有较好的理论借鉴意义和实践指导意义。

　　在阐述现象教学视角下的"空间的距离"单元复习教学时,作者以"观察现象生成概念、剖析工具聚成结构、概念绘图促成系统、回归现象完成例题"等方面层层展开,结构分明,资料翔实,最后又基于价值层面进行全方位的教学反思。

师　前
2022 年 4 月

基于现象的概念教学

——以"数列的概念及简单表示"为例

孟　俊

【摘要】现象是比情境更真实的学习素材,现象教学主张"回到问题本身",强调用现实的素材去观察世界、思考世界、表达世界。现象教学观点的"数列概念"学习,将数列与函数进行"现象"的类比与认知迁移,从本质上理解内容。

【关键词】数列概念　函数　数列表示法

数学概念是从现实世界中抽象出来的(有的经过多次抽象),在教学中让学生经历类似的抽象过程,但显然不应该也不可能原样重复。那么,需要从哪里开始?经过怎样的途径?用知识教学的观点,很难给出回答(因为它往往只重结果);用情境教学的观点,也不尽如人意(因为精心构造的"情境"往往充满暗示和诱导);最后笔者发现用现象教学的观点,从现实中的问题、从学生的经验出发、经由数学抽象而实现数学化,是一条比较有效的途径。在实践中发现,这样的过程不仅让学生收获了知识,还收获了真实的体验,这对他们数学活动经验积累、问题意识的养成、数学情感态度与价值观的改善都有比较好的促进作用。

本文给出的是"数列的概念及简单表示"课例,在研究教材、研究学生、进行教学设计以及给出评价和反思时,使用的都是现象教学的观点,最核心的一点就是"回到问题本身"。

一、学情分析

这个班是我校高一(11)班。学生有较好的基础和一定的观察、分析和探索能力。此前学生已学过"函数的概念和基本初等函数",对函数的概念、表示方法和性质有了较深刻的理解。

二、教材分析

"数列的概念及简单表示"是苏教版高中数学必修 5 第二章的起始课,它是继函数的概念、性质和基本初等函数后的一种新的离散型函数模型,这是对函数的概念和性质的进一步深化和应用。通过这节课学习,让学生了解数列是一种特殊的函数,学会表示数列。

通过本节课的学习,从函数的角度来学习数列的概念,学生自己思考并发现数列与函数的区别和联系,让学生直接从他们熟悉的"考试分数"数列开始,感悟数列的特征:次序。学生应当在学习过程中体验数学化、再创造及数学的应用(也是一种创造),从而认识数学的价值。

三、教学实录

(一) 现象呈现

师:下面是甲、乙两个学生入学后的 5 次考试成绩:

甲:75,80,87,90,94。

乙:94,90,87,80,75。

对这两个学生的成绩,你会作怎样的评价?

生:甲在进步,乙在退步。

师:若要进行成绩通报,把甲、乙两人的成绩写在集合中,并按习惯从小到大的顺序写,即分别给出甲的 5 次成绩集合{75,80,87,90,94}和乙的 5 次成绩集合{75,80,87,90,94 },你认为这样是否合适?

生:不合适,信息被破坏了。

师:能说得明确些吗?

生:写成集合,失去了次序性,成绩的变化过程反映不出来。

师:这说明什么呢?

生:说明成绩单中记录的分数应保持原来的顺序!

师:也就是说,成绩单中记录的分数不应当作是一些数的集合,而应当作是——

生:有一定次序的一列数。

说明：

（1）"次序"是数列的本质属性，如果告诉学生"数列是有次序的"，他们也能听懂和记忆，但那是接受的而不是生成的。这里让学生通过实例感受到"次序"存在的必要性，并用自己的语言表达出来，这样就产生了深刻的印象。

（2）初学数列概念时，学生极易认为数列是"按一定规律排列"的一列数，这就把非本质属性错当成本质属性。用考试分数做实例，学生根据自己的生活经验就不会把"按规律排列"当作必要条件。这是基于经验的学习，真实、高效。

（二）现象表述

师生共同归纳：按照一定次序排列着的一列数称为数列。每一个数称为数列的项。

师：数列定义中有哪些关键词？

生：关键词有两个：一个是"有次序"；另一个是"一列数"。

师：根据定义，1，3，5，7 是数列吗？ 1，5，3，7 是数列吗？ 它们是同一数列吗？

生：它们都是数列，但不是同一数列，因为数字的排列次序不一样，就是不同的数列。

师：在次序方面，看到数列，你会联想到我们学过的哪个知识点？ 和它有区别吗？

生：集合。

师：区别在哪里？

生：集合中的元素不讲次序，数列中的元素必须按次序排列。

师：1，1，1，1，1，…，是数列吗？

生：根据数列定义，它们也是按次序排列的一列数，是数列。

师：数列中的数字是可以重复的。数列中的项既然是有顺序的，就有"第一个""第二个"等不同说法。数列的第一个项，称为"第一项"；第二个项，称为"第二项"；以此类推，可以说"第 10 项，第 n 项"等。数列的一般形式可以写成：a_1，a_2，a_3，…，a_n，…，简记为 $\{a_n\}$。项数有限的数列称为有穷数列，项数无限的数列称为无穷数列。

练习 1：（口答）在上面几个数列中，分别说出 a_1，a_2，a_3 的值。

师:在数列 $1,3,5,7,\cdots,$ 中,$a_1=$ _____,$a_2=$ _____,$a_3=$ _____,$a_n=$ _____。

生:(活动)得到 $a_n=2n-1$.

师:$a_n=2n-1$,这个式子有什么用?

生:能写出数列中的所有项。

师:这是一个无穷数列,你能写出"所有项"吗?

学生很迷惘。

师:你们说"能写出所有项",是指能把项统统写出来吗?

生:不是,不可能写完。但是,可以这样:指定任何一项,都可以写出来。

师:是的,这个说法就清楚了,可以写出任意的指定项。比如,第 25 项(停顿)、第 300 项(停顿)……第 x 项(这里的 x 是一个正整数)。

生:$a_x=2x-1$.

师:$a_x=2x-1$,有点像什么?

生:像函数。

师:"像函数"还是"是函数"?

生:(活动)它不仅像函数,而且它就是函数。是项随着项数而变化,并被项数所确定。

师:再来看这个数列:$2,4,6,8,\cdots,a_n=$?

生:$a_n=2n$。

师:这也可以看作函数,自变量是_____;函数值是_____;对应法则是_____。

师:是不是所有的数列都可以看成函数?

不同学生可能会说出不同结果。如可能说"全是",也可能说"有规律的是,没有规律的不是"等。通过师生共同辨析,给出正确说法。

师:数列就是定义在正整数集 $\mathbf{N}^*$ 或它的有限子集 $\{1,2,3,\cdots,k\}(k\in \mathbf{N}^*)$ 上的函数,当自变量按照从小到大的顺便依次取值时所对应的一列函数值。

师:既然数列是特殊的函数,有哪些表示方法呢?

生:函数有三种表示方法:列表法、图象法、解析式法。

师:数列能否也能这样表示呢？如数列 $2,4,6,8,\cdots$,请自己动手试试看。

（学生分组讨论,动手实践,教师用投影展示学生的结果。）

生 1:项随着序号的变化而变化。

序号(n)	1	2	3	4	$\cdots$
项(a_n)	2	4	6	8	$\cdots$

师:非常好！用列表的方法表示数列。

生 2:我可以用图象来表示数列。如下图所示,在平面直角坐标系中,横坐标表示序号,纵坐标表示对应的项,描点,即可表示数列 $2,4,6,8,\cdots$.

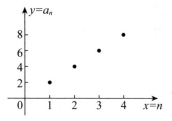

师:非常好！用图象的方法表示数列。

生 3:我用式子 $a_n=2n$ 表示非常简单,其中 $n\in \mathbf{N}^*$.

师:这个式子称为数列$\{a_n\}$的通项公式。你能定义数列的通项公式吗？

生:数列$\{a_n\}$的第 n 项与序号 n 之间若能用一个式子表示,则这个公式就称为数列$\{a_n\}$的通项公式。

师:非常好！同学们分别用表格、图象、公式来表示同一个数列。这三种表示法的相同特征是什么？都涉及哪些量？它们之间有什么关系？

生:三种表示方法都反映了项与序号的对应关系。

师:非常棒！同学们对数列的通项公式已经非常清楚了。你能写出下面 5 组数据的数列的通项公式吗？

$1,3,6,10,15,\cdots$

$2,4,6,8,10,\cdots$

$1,1,1,1,1,\cdots$

$15,5,16,10,28,32,51,\cdots$

$1,2,-1,-2,3,10,-9,\cdots$

生:前面三组数列可以写出,第 4 组和第 5 组数列的通项公式写不出啊!

师:所以,不是每个数列都有通项公式的,就像不是每个函数都有解析式一样。

师:如果一个数列有通项公式,它的通项公式是唯一的吗?

生 1:我觉得是唯一的。

生 2:我觉得通项公式不唯一。

师:能举例说明你的观点?

生 2:如数列"$-1,1,-1,1,-1,1,\cdots$",可以用分段函数 $a_n=\begin{cases}-1, n \text{ 为正奇数,}\\1, n \text{ 为正偶数}\end{cases}$ 来表示,也可以用 $a_n=(-1)^n$ 来表示。

生:还可以用 $a_n=\cos n\pi$ 来表示。

设计意图:深入提问的目的是,让学生体会到用函数的思想理解数列,使学生自行发现和理解数列的通式与函数的解析式的关系,意识到通项公式是数列的一种表示方法。我们应该在发现新旧概念联系的基础上,掌握这一概念。学生自己发现问题,充分发挥主观能动性,给人留下深刻印象。

(三) 现象应用

例 1 设数列 $\{a_n\}$ 的通项公式为 $a_n=\dfrac{1}{2^n}$,写出数列的前 5 项。

(解答略)

设计意图:对例 1,学生很容易写出前 5 项,这里学生完全可以自行解决,学生解完后,我要求学生作出图象,让学生发现数列图象的特点:为一些孤立的点。

例 2 根据下列各无穷数列的前 4 项,写出数列的一个通项公式。

(1) $5,10,15,20,\cdots$; 　　　　　　(2) $\dfrac{1}{2},\dfrac{1}{4},\dfrac{1}{6},\dfrac{1}{8},\cdots$;

(3) $\dfrac{1}{1\times 2},-\dfrac{1}{2\times 3},\dfrac{1}{3\times 4},-\dfrac{1}{4\times 5},\cdots$; 　　(4) $0,2,0,2,\cdots$.

(解答略)

设计意图:对例 2,根据数列的前几项写出数列的通项公式,让学生独立思考,相互配合和交流,学生自行讲解。总结常用的分析和解决方法。例如,在分数形式中,分子和分母是分开考虑的;符号问题的解决等。

师:本节课我们做了什么事? 收获了什么?

学生自主归纳本节课的主要内容和掌握的思想方法。在教师指导下小组合作绘制思维导图,真正达到我们所倡导的自己发现问题和解决问题。

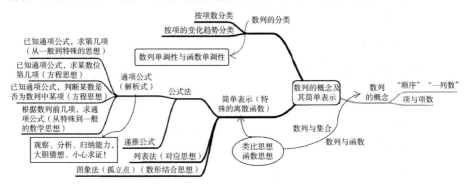

设计意图:课堂小结是课堂教学中不可缺少的部分。它不仅有助于学生形成正确的认知结构,掌握思维方法,还可以促进学生的思维习惯和批判性思维的发展。通过本节课学习,教师在总结环节组织学生画出思维导图,不仅可以激发学生的兴趣,引导学生积极理清知识脉络,实现分散知识的有效整合和相关知识的紧密联系,确保知识和思想的整合和内化,培养学生形成自主学习、独立思考、归纳合作等良好习惯。

四、教学反思

(一) 概念引入的重要性

本课作为数学概念的一节概念课,通过直接呈现现象、几组数字,直接面对问题本身,学生自己归纳总结这几组数字的规律和特征,引出数列的概念自然水到渠成,学生容易接受和理解。在数学概念教学中,有些教师只是让学生知道概念是什么,以及通过练习帮助学生掌握概念。这种教学方法虽然能帮助学生理解和掌握概念,但会模糊概念的背景,导致学生不知道为什么要学习概念,严重影响学生学习数学的兴趣,概念形成过程中所隐含的数学思维方法是不可能培养和渗透的。因此,教师只有充分认识到概念导入在教学中的重要性,直面问题,才能抓住概念教学的机遇,进行现象教学。

（二）现象教学的概念引入

奥苏泊尔说过："影响学习的唯一重要因素是学习者已经知道的东西。"因此，概念导入要充分考虑学生已有的知识和认识水平，学生对新知识的学习应当建立在知识的最近发展点上，现象被抛出后（设置了认知的悬念），学生可以在自主探索的基础上理解掌握概念，寻找新旧概念之间的联系，体现学生的主要地位。同时概念引入后，要对概念的关键词进行剖析，学生自行讨论数列的概念中"一定次序"这个关键词，并进行了剖析，避免了跟"一定规律"的混淆，然后，列举了数列和数集的区别，实现了对数列概念的真正理解和掌握。

（三）注重教学过程，培养学生思维能力

把数列的概念作为需要知道的"现象"呈现给学生后，学生便进行了真实有效的思考，最后不光发现了数列的性质及其表示方式，还体验了自主形成知识的过程，形成了探究的意识和能力。数学教学不仅是数学知识的传授，数学教育最重要的目标是通过数学知识的教学来培养学生的思维能力，为了引导学生的思维，培养学生的思维能力，教师可以通过有针对性的提问来加深和拓展学生的思维。在这节课中，教师通过抛出现象，让学生积极思考，引导学生积极参与整个教学过程，通过数列概念、活动思维、思维辨析、辨析后应用的发生和发展的全过程，使知识的学习螺旋上升，学生的思维不断深化，在轻松愉快的课堂气氛下自然而然地掌握了知识，提升了思维能力。

（四）现象教学体现了数学核心素养的培养

《普通高中数学课程标准（2017 年版 2020 年修订）》明确提出，要培养学生以数学的眼光来观察世界。数学现象是培养学生直面现实现象的能力。现象教学强调面对真实的素材，重在知识的自然生成，在对真实的素材进行思考时，人的思维自然流淌。学生积极主动参与对数列概念和性质的研究，在深入探究的同时揭示知识核心，亲身经历思考带来的自由和愉悦，极大地促进了学科自信，学生踊跃地用学科语言对现象进行归纳小结，并绘制了思维导图，这与核心素养追求学生主动参与教学过程是一致的。现象教学让我们"回到问题本身"，使学生在此过程中发展其数学核心素养，让概念自然生成，数学的课堂将充满乐趣、生机勃勃！现象教学带来不一样的课堂教学。

五、结语

比较几种教学观念,当"知识"教,学生成了知识的记忆者;当"能力"教,学生成了解题的熟练工;当"现象"教,学生成了开眼看世界的人。给学生提供现象,他们可以用数学的眼光去观察,用数学的思维去思考,用数学的语言去表达。现象教学让我们"回到问题本身",从真实的现象出发,通过观察和思考,形成自己的表达知识,让概念自然流畅地生成,现象教学带来不一样的课堂教学。

【导师点评】

作者运用现象教学观点设计了"数列概念"的教学,内容的预设与生成以"设计原理分析"和"实践结果评价"呈现。"回到问题本身"的现象教学原理具体到"数列概念"学习时,关键在于如何让学生置身于"有次序""一列数"的理解中,教师是否能根据概念的本质属性设计相关问题,提供诸如"学生学习成绩"那样涉及本质的疑惑问题,这里"数列概念"是现象,营造适合的学习情境"指向概念理解的本质"就是想象教学,课堂比较翔实地体现了这样的要求。

案例撰写的要义在于解释"教学事件"背后的理论依据,有"关键教学事件"和"一般教学事件"之分。本节课概念教学的"关键教学事件"以揭示数列本质的问题设计及辨析设计进行呈现,概念的外延——围绕内涵的数列分类、表示(符号表示、图示)也循序递进,教学中除了关注知识现象外,也时刻关注大多数学生的认知现象,调控、引导、评价,获得学习的最大效益。案例撰写中,"设计原理分析"解释了教学行为的依据,"实践结果评价"描述了课堂现实及其反思。课堂揭示概念比较深刻,以函数观点辅助认知,站位较高,数列表示及其概念应用比较全面。

王 华
2022 年 4 月

核心素养视域下高中数学实验课教学初探

——以圆锥曲线折纸课为例

吴敏强

【摘要】 数学实验是研究数学的不可忽视的方法,本文以探究圆锥曲线的定义为例,利用教材课后实验题,设计并实践了一堂数学实验课。在课堂中探究利用数学实验让学生领略了数学的魅力,同时体现教材实验题的巨大价值,促进学生独立思考和创新意识的培养。

【关键词】 数学实验　教材实验题　圆锥曲线

对照以核心素养为统领的课改,当前高中数学课程和教学在事实、素材、问题、过程等方面都有欠缺,出现了像中国科学院李大潜院士所指出的那种"长期存在的矛盾现象:一方面数学很有用;另一方面学生学了数学以后却不会用。"改变现状必须从完善课程内容、加强实践环节入手,而以"数学实验"为载体的教学创新适逢其时[1]。

数学实验课,让我们的课堂不再以一支笔一张纸打天下,同时让知识的传输由单方向变为向多方向发展。它提高了学生在数学课堂中的参与度,当学生全身心融入实验中时,他们的主观能动性会得到充分发挥。数学实验会引起学生对数学知识的探究欲和学习兴趣。因此,实验课能促进学生独立思考和创新意识的培养。

教材中有许多实验题,或者说是动手操作题,往往被教师忽略,其实这些实验题是学生体验数学生成的绝佳材料。笔者以探究圆锥曲线的定义为例,利用教材课后实验题,设计并实践了一堂数学实验课,课堂实录与设计理念如下:

一、复习回顾

师:同学们,我们一起重新探究圆锥曲线的定义,今天的探究需要我们动手动脑,我们要上一堂数学实验课。

师:圆锥曲线的形成有几种方式?

生:可以用平面去截圆锥,不同角度的平面会截得不同的圆锥曲线。

生:满足一定条件的动点的轨迹。

师:两位学生给出了两种不同的生成方式,这是我们之前学过的,那么还有其他的生成方式吗?

学生思考中。

师:其实,我们还可以通过折纸的方式生成圆锥曲线,请大家拿出我们之前准备的圆形纸片,尝试下列实验。

设计理念:对于一堂实验课,明确的实验目标可以让学生迅速进入实验思考状态,为实验的开展指明方向。故笔者在本课复习巩固阶段,简明扼要地给出了实验目标,引导学生对实验进行思考。同时,让学生复习圆锥曲线的定义和生成方式,把学生带回到"最近发展区",为本课后续结论验证提供必要的理论储备和"后勤保障"。

二、动手实验探究

师:实验1(苏教版高中数学选修2−1):准备一张圆形纸片,在圆内任取不同于圆心 C 的一点 F,将纸片折起,使圆周过点 F(如图1),然后将纸片展开,就得到一条折痕 l(为了看清楚,可把直线 l 画出来)。这样继续折下去,得到若干折痕。观察这些折痕围成的轮廓,它是什么曲线?

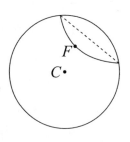

图1

学生实验活动,教师提供充足的时间。

师:哪位学生愿望展示实验成果?

生:(展示实验成果,如图2)这些折痕围成的轮廓像椭圆。

设计理念:实验课最重要的目的是让学生在实验操作中体验理论的生成,故学生的实验操作部分是本课的核心,学生的实验体验会直接影响学生的学习兴趣与动力,故笔者在课堂上对本次实验给予

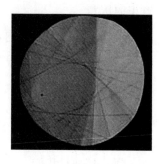

图2

166

足够重视,给学生提供充足的实验操作时间,对部分实验有困难的学生在课堂巡视中给予适当的提示与帮助,并且尽力让所有学生都能充分体验,生成各自的实验结果,充分的体验为后续寻求理论支撑提供"养料"。

三、实验验证与调节

师:折痕围成的轮廓一定是椭圆吗?

生:不一定。

师:没错,这个只是我们实验后的一种猜想,那我们接下来应该做什么?

生:我们要证明这个轮廓是椭圆。

师:很好,想一想,怎么证明这是一个椭圆呢?

生:我们需要证明轮廓上的任意一点都符合椭圆的定义,也就是说我们只要证明轮廓上的任意一点到两个定点之间的距离之和为定值(定值小于定点间距),那么我们就可以说这个折纸轮廓就是椭圆。

师:很好,请同学们试着证明这个结论。

学生思考证明的方法。

师:哪位学生先说一下想法?

生:我可以证明折痕上存在点 P 的轨迹是椭圆。设折痕为 l,那么点 F 关于折痕 l 的对称点 Q 一定在圆弧上,联结 CQ 交 l 于点 P,联结 PF。因为点 P 在折痕上,所以 $PF=PQ$,$PF+PC=PQ+PC=r$,又因为定点 F 在圆 C 内,所以 $CF<r$,折痕上存在点 P 的轨迹是以 C、F 为焦点的椭圆,记为椭圆 P。

师:非常好,这位学生证明了在折痕上存在轨迹为椭圆的点。那么,问题来了,点 P 的轨迹就是我们折痕围成的椭圆吗?

生:老师,我能证明折痕上只有这一个点的轨迹是以 C、F 为焦点的椭圆,其他点的轨迹都不是椭圆 P,这样就可以说明,点 P 的轨迹就是我们折痕围成的椭圆。在折痕 l 上任取异于点 P 的点 M,则 $MF=MQ$,此时 $MC+MF=MC+MQ$,因为点 M 异于点 P,故在三角形 CMQ 中,总有 $MC+MQ>CQ$,即 $MC+MQ$ 不是一个常数,所以点 M 不在椭圆 P 上,可见折痕和椭圆只有一个交点 P,该折痕就是椭圆的一条切线。同理,每一条折痕都是椭圆的切线,所有切线围出的轮廓就是椭圆,我想,这就是我们能通过这个方法折出椭圆的原理。

师：非常好，通过同学们的合作探究，我们不仅折出了椭圆，还给出了证明，找到了折纸方法的原理，在实验中体验数学理论的生成，非常有意义。

教师的具体证明过程略。

设计理念：实验结论最终要回到理论层面。对实验生成的初步结论进行科学的验证，才是完整的实验，未被验证的结论只能是猜想。在验证中调整实验，在实验中完善结论，这就是实验课的经典模式，也是实验课带给学生最有价值的体验。逻辑推理是数学六大核心素养之一，提高学生逻辑推理能力也是数学课程的重要目标。本节课的"寻求理论支撑"也是本节课的支撑，师生互动，进行试验结论的成功验证，从数学层面，是对实验结果的理论支撑，从教学层面，既是对学生实验的肯定，也是对学生进行后续实验的有力支持。

四、独立实验与探究

师：现在我把实验条件改变一下，请大家看实验 2。

实验 2：在纸上画一个圆 C，在圆外任取一定点 F，将纸片折起，使圆周过点 F（见图 3），然后将纸片展开，得到一条折痕 l（为了看清楚，可把直线 l 画出来）。这样继续折下去，得到若干折痕。观察这些折痕围成的轮廓，它是什么曲线？

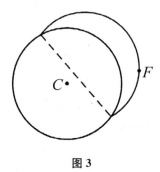

图 3

学生有了实验 1 的经验，实验 2 比较顺利，很快有了实验结果，并进行了理论证明，具体过程在此不再赘述。

设计理念：纵向或横向的拓展训练是巩固学习成果的一个重要手段。作为实验课，学生有了第一次完整实验的经验后，独立完成拓展实验，可以有效巩固学生对实验流程的理解，加强数学实验与理论验证的体验，对课程体验与数学理论的内化起到重要作用。

五、反思与总结

师：同学们都非常顺利地完成了实验 2，并给出了证明，体验了椭圆和双曲线生成的过程，通过这节课，同学们可以充分感受到数学实验的魅力，在实验中探寻理论,在理论中完善实验,数学也可以很"好玩"。

设计理念:总结是面向过去的再学习,而反思是面向未来的再学习,总结与反思是学生自我提升的最佳方式,笔者非常重视在课堂上渗透自我反思的理念,培养学生好的学习习惯。

六、课外实验延伸

师:最后,我们知道还有一种曲线——抛物线,能不能也用折纸的方法来生成抛物线呢? 另外,圆锥曲线还有没有其他的生成形式呢? 这两个问题就留给大家课后思考探究。

设计理念:"教是为了不教",由课内延伸到课外是学生发展的必经之路,笔者这部分教学设计的目的是让科学实验探究的理念渗透到学生的日常生活中,经历实验的操作,学生能学会用实验方式探究真实世界,发现和提出问题,觉察数学与现实之间的联系;累积数学实践的经验,提升实践能力,加强创新意识和科学精神。

我们认为,数学实验让学生初步实践数学知识的来龙去脉及利用数学知识解决实际问题的全过程,而实验的结果不仅是数学知识的建构和推导,还反映了学生对数学原理、数学方法的掌握程度和数学应用的能力。因此,数学实验可以增强学生对世界的认知能力和知识应用能力。

数学实验课一定不会昙花一现,它的产生符合教育改革的路径,所以,它是一种极具生命力和发展前景的数学课程。

【参考文献】

[1] 章建跃.课程改革呼唤数学实验[J].江苏教育,2017(27):18.

[2] 李大潜.将数学建模思想融入数学类主干课程[J].中国大学教学,2006(01):9-11.

【导师点评】

如何充分有效地用好教材既是教材编写者,更是教材使用者关心的事。本文中,吴老师对如何使用教材中的"探究与实践"或"课后探索"内容提供了自己的做法:设计数学实验课,提升学生核心素养。

　　吴老师在文中以圆锥曲线定义为问题引领,以圆中折纸为实验操作,分六个环节为我们介绍了该实验课的完整流程,并详细阐述了每一环节的设计理念。由理论到实践,再从实践到理论,相互印证,加深了学生对圆锥曲线的多元认识,激发了学生以形象认识抽象的数学探索兴趣,取得了很好的教学效果。

　　吴老师的论文结构分明、层次清晰,行文简洁流畅。文中资料真实可信,结论科学可靠。其研究来源于高中数学的教学实践,对高中数学实验教学实践具有较好的理论借鉴意义与实践指导意义。

　　　　　　　　　　　　　　　　　　　师　前

　　　　　　　　　　　　　　　　　　2022 年 4 月

探究性学习视域下的高中数学教学浅议

徐　栩

【摘要】2019 版普通高中数学教材中增加了数学阅读材料和源于生活的素材,意在帮助学生在教学过程中开展探究性学习并理解数学概念的生成。本文旨在探索实施探究性学习对高中数学教学的重要意义。教学过程中教师提供丰富的教学资源,能极大地激发学生的学习兴趣;探究过程中需要以明确的问题引导学生走上探究之路;宜组织学生创建讨论小组,进行深入讨论实现深度学习,从而有效培养其探究能力,提升数学思维的深度与广度,促进用数学的眼光观察世界,用数学的思维思考世界,用数学的语言表达世界的习惯养成与能力提升。

【关键词】探究性学习　高中数学教学　应用

探究性学习,即 Hands-on Inquiry Based Learning(HIBL),是指学生在学科领域内或现实生活情境中选取某个问题作为突破点,通过质疑、发现问题、调查研究、分析研讨、解决问题、表达与交流等探究性学习活动,获得知识,掌握方法。《普通高中数学课程标准(2017 年版 2020 年修订)》倡导促进学生全面而有个性发展,进一步提升学生综合素质,着力发展核心素养,为学生的终身发展奠定基础。

一、实施探究性学习对提高高中数学教学质量的重要意义

问题是学生思维的起点和思想的来源。探究性教学的核心内容是问题导向,是以问题表征和问题讨论为方向,实现学生知识建构的目标。因此,探究性教学可以极大地促进师生之间的沟通,提高学生解决问题的思维水平和能力。

案例 1:《普通高中数学必修一(2019 年人教 A 版)》:探究函数 $y=x+\dfrac{1}{x}$ 的图象与性质。

本案例可探究的问题有:从幂函数的视角出发,研究不同幂函数通过加、减、乘、除等运算后构成的新函数会有哪些性质? 这些性质与这两个幂函数的性质之间有什么联系? 教师在教学过程中组织问题串引导学生运用数学工具(图形计算器、几何画板、GeoGebra 等)进行小组探究性学习。教学设计可以是:

1. 你认为可以从哪些方面研究这个函数?(对勾函数是高中接触到的第一个组合函数,学会思考研究函数的一般方法,这种方法可以指导学生今后的函数学习。)

2. 你认为可以按照怎样的路径研究这个函数?(设计好研究的路径,学会用数学的思维方法思考实际问题。)

3. 按照你构建的路径研究你想到的问题。(通过数学问题策略解决的实施,学会用数学实验法解决数学问题和阐述数学猜想。)

4. 证明:当 $x>0$ 时,$x+\dfrac{1}{x}\geqslant 2$,当且仅当 $x=\dfrac{1}{x}$,即 $x=1$ 时取得等号;当 $x<0$ 时,$x+\dfrac{1}{x}\leqslant -2$,当且仅当 $x=\dfrac{1}{x}$,即 $x=-1$ 时取得等号。(在数学实验的探究过程中学会结合数学原理进行归纳和总结。)

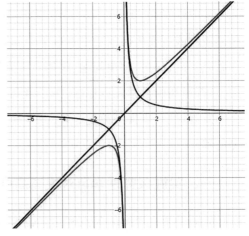

5. 画出函数 $y=x+\dfrac{1}{x}$ 的图象并比较与 $y=x$ 和 $y=\dfrac{1}{x}$ 图象的区别与联系,从函数性质的视角(单调性与奇偶性的概念)阐述区别与联系产生的数学原理。

6. 如右图所示,你能通过函数 $y=x+\dfrac{1}{x}$ 图象的变化趋势结合函数 $y=x$ 和 $y=\dfrac{1}{x}$ 的图象变化趋势,谈谈你的理解和想法。

7. 在研究 $y=x+\dfrac{1}{x}$ 的图象与性质的过程中你有哪些体会和收获?

8. 能否结合你研究函数 $y=x+\dfrac{1}{x}$ 的路径研究函数 $y=ax+\dfrac{b}{x}$ $(ab\neq 0)$?

（研究过程中需要考虑参数 a,b 与 0 的关系，包含四种情况：①$a>0,b>0$；②$a<0,b<0$；③$a>0,b<0$；④$a<0,b>0$.研究路径与研究函数 $y=x+\dfrac{1}{x}$ 的路径是一致的，并且今后研究其他更复杂的组合函数也是这样的研究策略。）

案例 1 是典型的探究性课题，在教学实践中我们要以问题为研究导向，设计好正确的研究方案并引导学生进行课题研究，在研究过程中要允许有不同思维的碰撞，学生、教师结合课题内容进行深入的研究和积极的正向交流，实现探究性课题实施方案的优化。

二、探究性学习在高中数学教学中的应用

（一）丰富教学资源，激发学生兴趣

高中数学课程旨在提升学生思维的深度和广度，教师宜结合学科特征编写相应的教学内容，意在激发学生的学习兴趣，培养学生运用数学知识解决数学问题的能力。

案例 2：在讲授《普通高中数学必修一（2019 年人教 A 版）》第三章函数的概念与性质"3.2.2 函数的奇偶性"教学内容时，教师可利用多媒体提供数学家欧拉定义函数奇偶性的数学史素材，结合偶函数（even function）、奇函数（odd function）和偶数（even number）、奇数（odd number）分别赋值作为函数的指数幂时函数图象呈现的关系，实现函数奇偶性概念的结构化。在课堂上，教师还可以给学生播放《函数操》的视频，视频作者用可爱的笔触勾勒出一个个生动的小人儿，利用双手刻画幂指数与函数图象之间的曲线图，让学生更好地理解函数的图象模型，也为学生后续学习幂函数做好一定的知识铺垫。结合图象引导学生提出数学问题。比如，奇函数的单调性有什么特征？偶函数的单调性有什么特征？是否存在不具有奇偶性的函数？是否存在既是奇函数又是偶函数的函数？既是奇函数又是偶函数的函数是不是只有 $y=0$？……这些数学问题能很好地实现函数奇偶性概念的结构化。

在本案例中，教师利用多媒体播放数学史等素材帮助学生像数学家一样体验数学概念的生成过程。2019 年人教 A 版高中数学教材增加了大量阅读与思考、文献阅读与数学写作等素材。教师在课堂教学中可适当引入信息技术等教学手段，根据教学内容为学生创设情境教学、问题导学等方式[1]，可以在探究性

学习的过程中实现激发学生学习兴趣的教学目的。

（二）以问题为导向走探究之路

问题是数学教学的心脏，为了在数学教学中实现核心素养的落地，教师宜鼓励学生发现问题。教师应在课堂中运用源于生活的现象帮助学生提出"问题"，指导学生运用所学数学知识解决问题。核心是"问题"，主体是"学生"，重点是"探究"，关键是"引导"。以实现问题意识和创新意识的萌发，为学生的终身学习奠定良好基础[2]。

案例 3：《普通高中数学必修一（2019 年人教 A 版）》第五章三角函数"5.4 三角函数的图象与性质"的教学内容如果按照传统教学模式展开，学生不容易感受参数 A,ω,φ 对三角函数的影响，在教学过程中设计合理的问题串能很好地实现提升学生探究能力的培养。

问题 1：在同一直角坐标系下绘制 $y=\sin x$，$y=2\sin x$，$y=\dfrac{1}{2}\sin x$ 的函数图象，感知参数 A 对函数的影响。（绘制函数图象可用五点法画图，能够通过源于生活的素材，如水车、摩天轮、单摆等真正理解振幅的概念，理解振幅对三角函数图象的影响。）

问题 2：在同一直角坐标系下绘制 $y=\sin x$，$y=\sin 2x$，$y=\sin\dfrac{x}{2}$ 的函数图象，感知参数 ω 对函数的影响。（绘制函数图象可用五点法画图，能够通过对五点法画图数据的分析真正理解周期的概念，理解 ω 与周期的关系及对三角函数图象的影响。）

问题 3：在同一直角坐标系下绘制 $y=\sin x$，$y=\sin\left(x+\dfrac{\pi}{3}\right)$，$y=\sin\left(x-\dfrac{\pi}{3}\right)$ 的函数图象，感知参数 φ 对函数的影响。（绘制函数图象可用五点法画图，能够通过对五点法画图数据的分析真正理解初相的概念，结合水车、摩天轮等实例理解 φ 对三角函数图象的影响。）

问题 4：结合函数图象的变换谈谈你怎样理解 $y=\sin x$ 得到 $y=A\sin(\omega x+\varphi)$ 的过程，能不能用数学表达式刻画函数变换的每一步过程？

案例 3 在教学过程中始终以问题为导向研究数学问题，并能够在探究的过程中以提升数学思维为教学目标。数学思维方法是数学中包含的一般思维规律和数学的"灵魂"。以问题为导向的基本概念和策略为中心的高中数学,遵循"提出问题、方法分析、总结归纳、应用探究"的步骤进行教学,重点是数学思维和方法的内涵、广泛学习和理解,使学生明确高中数学思维方法的基本内容,重视数学思想在学习中的观察、感受和思考应用,这对学生的发展起到重要作用。

教师根据教学内容设计探究性学习的问题串要依循以下原则:第一,必须思考和理解教材中的数学思维水平和方法,使教学具有明确的教学目标。第二,教师提出的问题可以激发学生积极思考,鼓励学生体验与解决问题相关的数学思维方法,以及学生对数学思维方法的理解,从简单感知到自主发现、理解。为了让学生深刻理解数学的内涵,方法分析是重要的环节。在教学中,要注意引导学生在现有基础经验上进行深入的探索和分析。鼓励学生创新,从不同角度探讨同类型问题的多种解决方法,引导学生分析与问题相关的知识和方法、与所学知识和方法之间的关系,让学生知道研究问题解决方法对提高学生对方法的认识十分重要。在探究性学习指导中,提出问题的能力培养显得尤其重要! 如何培养学生发现问题和提出问题的能力? 可以以问题的形式引导学生:这种方法能解决哪些问题? 用这种方式可以解决哪些数学问题? 引导学生提出问题的思维方向越具体,学生就有明确的目标,就越能激发学生进行思考。

(三) 创建讨论小组,进行深入讨论

俗话说:"众人拾柴火焰高。"在教学过程中创建讨论小组,不但能够提高学生的自主学习能力,加强学生的团队协作能力,而且能够在探究活动开展的过程中形成思维合理,实现深度学习的目的。我国当前的传统教学课堂基本都是教师占据了课堂的主体地位,而学生学习数学也十分依赖教师,导致学生在学习上处于被动地位,教师带着知识走向学生,而不是教师引导学生走向知识。在教学实践中创建讨论小组,实现资源的重组,帮助每一个学生都能在团队中发挥自己的优势,经过合作与探究,碰撞出思维的火花,实现问题意识的培养,有利于创新意识的激发,实现深度学习[3]。

教师在创建讨论小组时,不能仅仅依靠座位进行分配,这样有失严谨,教师应该在小组中安排优等生、中等生和学困生,资源平均分配,这样才能使小组合作学习的效率得到有效提高,另外,教师还应设置中等型问题,让中等生和学困生有思考的空间,而不是优等生的"战场"。提出问题后,教师应积极参与学生的讨论,给学生启发,让学生进行深度思考,在讨论完后请小组代表阐述讨论的结果。

案例4:在教学《普通高中数学必修一(2019年人教A版)》中的"互为反函数的两个函数图象间的关系"课题前,学生已掌握了指数函数和对数函数的图象与性质,教师可以结合学生已有的知识基础将课堂交给学生自行完成课题资料的搜集、概念生成素材的选取、研究方案的设计、探究工具的选取、研究过程和研究结论的展示、课程评价的设计。以下展示教学实验班中一个小组的设计方案:

活动1:在同一直角坐标系下绘制以下函数图象:

① $y = 2^x$ 和 $y = \log_2 x$. ② $y = \left(\dfrac{1}{2}\right)^x$ 和 $y = \log_{\frac{1}{2}} x$.

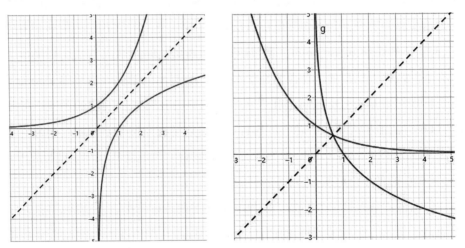

活动2:思考底数相同的指数函数和对数函数之间有什么关系。体现在表达式上有什么关系?给出一个函数的解析式,你会不会求这个函数反函数的解析式?能否举几个例子进行求解?底数相同的指数函数和对数函数体现在函数图象上有什么关系?

活动3:是不是只有底数相同的指数函数与对数函数才是一组互为反函数的函数?能否再举几组其他互为反函数的函数?是否存在反函数与原函数相同的函数?

活动4:互为反函数的两个函数的图象关于直线 $y = x$ 对称,呈现出单调性一致,原函数的定义域是反函数的值域,原函数的值域是反函数的定义域的一些特殊属性,那么互为反函数的两个函数奇偶性是否一致?

活动5：右图是函数 $f(x)$ 的图象，你能根据已给图象绘制出它的反函数的图象吗？

活动6：原函数是奇函数，反函数也是奇函数，偶函数是否存在反函数？如存在，请举例说明；如不存在，请说明理由。并思考什么样的函数存在反函数？

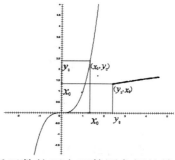

案例4中展示的讨论小组设计的探究"互为反函数的两个函数图象间的关系"的研究方案较好地展示了从数学角度去观察同底数的指数函数与对数函数从函数三要素、函数图象到函数性质的研究与观察，生成反函数的概念，结合同底数指数函数与对数函数解析式相互表达的特征，求解几组互为反函数的函数解析式并进行反函数概念的结构化，由于学生在列举过程中容易出现求解的函数不存在或求解困难的情况，该部分可以利用学过的幂函数进行优化。

在探究性课题研究的过程中遇到似懂非懂的问题时，讨论小组可以在课堂上向教师提问，教师在课堂上就能了解学生对于哪些问题掌握不足，对哪个知识点概念模糊，小组讨论很容易将问题暴露出来，从而得到解决，大大提高了课堂探究的效率[4]。

众所周知，高中数学教学内容源于对现实世界的抽象，基于抽象结构，通过符号运算、形式推理、模型构建等，理解和表达现实世界中事物的本质、关系和规律。学习过程需要学生能够主动参与，而不是被动接受。在高中数学课堂教学中开展探究性学习有利于借助探究性学习的优势，丰富教学资源，激发学生数学学习的兴趣；以问题为导向，引导学生走向探究数学的道路；创建讨论小组，进行深入讨论，有利于实现深度学习。

探究性学习的开展能实现学生探究能力的有效培养以及数学理性思维的较大提升，学会从数学的角度去观察和思考现实现象，促进学生终身学习态度的养成。

【参考文献】

[1] 杨艳艳.探究性学习在高中数学课堂中的应用探讨[J].中学课程辅导（教学研究），2019(4):61.

　　[2]程丽霞.探究性学习在高中数学教学中的渗透运用[J].考试周刊,2019(2):80.

　　[3]任志忠.高中数学研究性学习探究[J].考试周刊,2019(6):78.

　　[4]张启莉.谈高中数学教学中开展探究性学习[J].高中生学习,2018(9):139.

【导师点评】

　　探究性学习对提高学生解决问题的思维水平和创新能力具有重要意义,而基于探究性学习的数学教学也可有效地促进师生交流。本文在阐述探究性学习重要意义的基础上,通过4个翔实的案例,解读了如何在教学中更好地引领学生做好探究性学习,作者提供了三条途径:丰富教学资源、以问题为导向、创建讨论小组。

　　令人印象深刻的是作者不仅给出了详细的"导向问题"与小组活动的各种具体方式,而且还总结了以问题为导向的基本概念和策略为中心的高中数学应遵循的四个步骤及教师根据教学内容设计探究性学习的问题串应遵循的基本原则,这对高中数学教学具有较好的理论借鉴意义与实践参考意义。若能结合具体的探究性学习行为指出其对发展学生数学核心素养的贡献或价值则更具有指导意义。

师　前

2022 年 4 月

综合运用计算机辅助教学手段
延拓中学物理实验教学的功能

陈栋梁

【摘要】本文阐述了在传统物理实验基础上整合计算机辅助教学手段,延拓物理实验教学的功能。笔者以实验课"描绘小灯泡的伏安特性曲线"为例,在传统实验基础上,整合概念图、仿真物理实验、EXCEL 等目前比较有效且实用的教学手段,希望对实验课教学有所启示。

【关键词】计算机辅助教学　实验教学

高中物理教学中经常会遇到一些抽象的、难以用板书和口授表达的问题,如怎样向学生演示行星与卫星的运动规律;怎样演示光的干涉和衍射现象;怎样描绘原子的结构;怎样展示活动变化过程和真实情境的物理现象等。高中物理中有一些内容单纯通过板书和口授是难以直观地呈现或演示给学生的,难以取得很好教学效果的。通过计算机演示一些在物理常规教学中不易观察的现象,以辅助教学的手段补充传统教学手段的空白点,呈现传统口头教学或板书无法呈现的情境。计算机辅助教学作为现代化教学方式在物理教学中有着较为重要的作用。

中学物理实验中在没有计算机的情况下,除"研究性"实验外,限于时间,正常教学实验比较单一,主要是进行物理定理或定律的验证性实验,或进行某些物理现象的重现。实验的过程往往遵循一定的操作步骤,难以拓展操作之外的内容。

在装备了计算机等设备的实验中,可以实现"自动化"和"人机对话",因此综合运用计算机辅助教学手段可以达到延拓实验教学功能的目的。依托计算机等辅助教学设备,可将中学物理实验教学分为三个阶段,即:实验前期概念、原理认识阶段,实验中期操作认识阶段和实验后期结果分析阶段。在三个阶段中相应地用计算机不同的辅助教学功能,扩展实验教学过程,延拓实验教学功能。

一、计算机辅助中学实验教学的基本方式

（一）实验前期概念、原理认识阶段

利用 Inspiration"概念图"软件实现对实验相关概念、原理的认识。概念图是盛行于国外的一种教学形式[①]。概念图在国外得到了较广泛的应用，其功能从评价扩展到教学策略、学习策略；其应用领域也从科学学科扩展到人文学科、商业领域。

物理概念图可以展现物理知识的基本概念框架，可以展现教师对物理知识的理解程度，可以展现教师对教学设计的思考。概念图教学是一种教学手段或者说是一种教学形式，是"骨架"；教学内容和其他课程资源是教学的核心。

由于概念图的巨大应用前景，国外市场上开发的制作概念图的软件已多达十几种，主要有 Inspiration、MindManager、MindDraw、FreeMind 等。Inspiration 是制作概念图的有效工具。因此，利用 Inspiration 制作概念图，可以有效地整合课程资源，全方位地展现教师对教学的设计，有助于教师有效地引导学生建构合理的知识结构，提升教学效果。图 1 是用 Inspiration 制作的"描绘灯泡伏安特性曲线"实验教学的概念图。

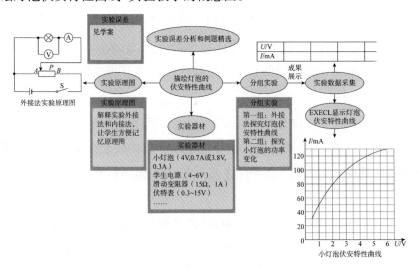

图 1　描绘灯泡伏安特性曲线概念图

---

①　朱学庆.概念图的知识及其研究综述［J］.上海教育科研,2002(10):25‐26.

（二）实验中期操作认识阶段

利用计算机仿真模拟实验。计算机仿真模拟实验是利用计算机仿真技术来模拟在实际教学中的实验。它可以突破传统实地、实物实验的一些限制，如可以重复使用，不用担心损坏；实验操作失误时会提醒；可以方便改变实验器材的属性，不用受实际器材的束缚；教学方式灵活、方便，可以快速修改实验方式或方案；可以将抽象的物理内容直观化，将动态的实验过程分解，有利于学生观察，可以从具体现象中抽象出其本质特征，便于学生掌握；可以快速呈现实验结果的正确与否。

仿真实验探究之后，进行传统物理实验。使结果更加真实，更令人信服。

（三）实验后期结果分析阶段

利用 EXCEL 强大的数据处理和依据实验数据作出实验图线的功能，快速给出定性和定量结果以进行教学分析。EXCEL 除了具有记录和处理数据的功能，在物理中最大特色可以用数值法即时画各种物理图象，特别是在实验数据处理和非线性振动中有重要应用。

除了以上辅助手段，常用的还有 PPT、多媒体视频、Java、FLASH 动画、几何画板等。教师在备课和教学中应根据学生、学校及自身的条件，灵活有效地综合使用。

二、计算机辅助教学在高中物理教学中的应用

以高中物理选修 3-1 中电学实验"描绘灯泡的伏安特性曲线"教学设计片段为例呈现综合运用计算机辅助教学手段进行教学的基本模式。

第一步：以概念图为平台，用 Inspiration 软件制作该课的整体概念脉络的概念图，并按教学进度分步展示（这也是该软件的一大特色），如图 2 至 6 所示。

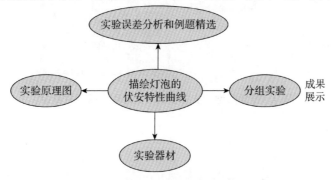

图 2　描绘灯泡伏安特性曲线概念图初始界面

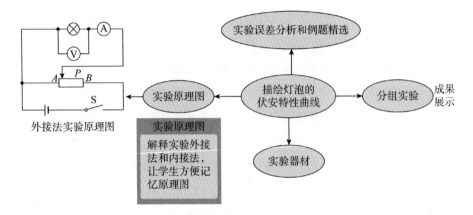

图3 描绘灯泡伏安特性曲线概念图实验原理界面

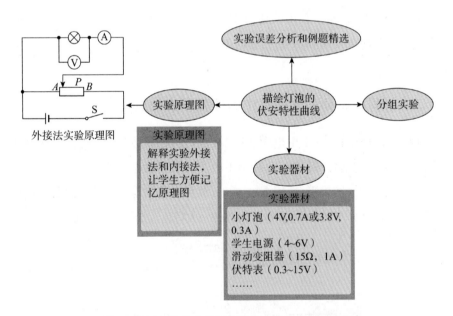

图4 描绘灯泡伏安特性曲线概念图实验器材界面

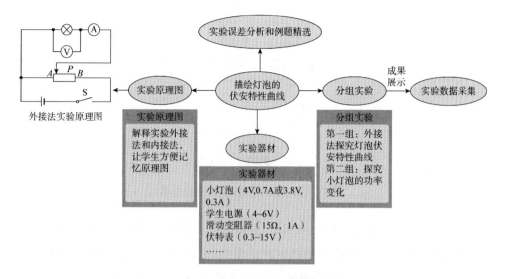

图 5　描绘灯泡伏安特性曲线概念图分组实验界面

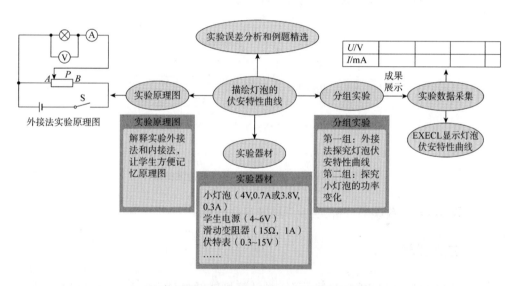

图 6　描绘灯泡伏安特性曲线概念图完整界面

第二步:在讲解完实验原理和实验器材后,在进行分组传统物理实验之前,可先用仿真物理实验软件(点击超级链接即可转到仿真物理实验平台),先进行模拟探究,得出模拟实验结果,为后面实际物理实验做铺垫,同时也可防止学生因实验操作不当而引起实验器材的损坏及安全问题等。图 7 是仿真物理实验模拟的实验过程图。

描绘灯泡的伏安特性曲线

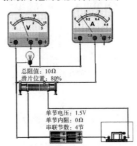

总阻值：10Ω
滑片位置：80%

单节电压：1.5V
单节内阻：0Ω
串联节数：4节

图7　仿真物理实验平台实验过程图

第三步：在完成实验数据收集后，进行图象分析时，可利用 EXCEL 的数值即时图象分析功能画小灯泡的伏安特性曲线（点击超级链接即可进入 EXCEL 画面）。学生只要在指定的位置输入实验数据，EXCEL 会自动描点，显示曲线，图 8 为用 EXCEL 画出的小灯泡伏安特性曲线。

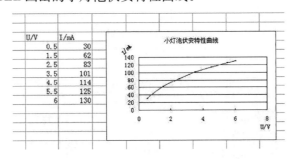

图8　EXCEL 绘制的小灯泡伏安特性曲线

第四步：实验误差分析、实验总结及习题分析。

三、结语

上述教学过程片段，主要用了三种计算机辅助教学手段和传统物理相结合的教学方式。概念图作为教学载体，展示了教学过程的脉络，多个计算机辅助工具融合其中，相互辅助链接，是这个教学的骨架；仿真物理实验弥补了传统实验的不足，仪器可重复使用，不用担心损坏，操作失误时，软件会自动提醒，可以养成良好的实验习惯，同时可改变实验器材的属性，不用受实际器材的束缚；EXCEL 可帮助学生即时处理实验数据，即时描绘物理实验图象，提高实验数据处理的效率，仿真实验和 EXCEL 处理数据是整个教学过程的亮点；传统物理实验则更实际、更科学、更令人信服,它可以提高实验操作的能力和实际解决问题的能力,是其他教学手段不可替代的,也是整个物理学习的基础。

多种计算机辅助教学手段综合运用可弥补各种教学手段单独使用时的不足,可激发学生的兴趣,调动学生学习的积极性,活跃课堂气氛,提高课堂效率。计算机辅助教学是不断发展的现代教育技术在物理课程教学中得到具体应用而又适应新课程标准的一种教学方式,相信在未来会得到更加广泛的应用。当然,计算机辅助教学相对传统教学有其自身的局限性,这就需要教师在使用过程中扬长避短,灵活综合使用。

【参考文献】

[1] 陈栋梁.初中物理概念图教学的研究[D].苏州大学,2007.

[2] 龚浩.多媒体在中学物理教学中的应用及思考[J].物理教学探讨,2010(4):35-36.

[3] 吴春良.探究实验在物理课堂中的真实应用[J].教学仪器与实验,2009(10):53-54.

【导师点评】

随着计算机技术的发展和教学条件的改善,计算机辅助教学越来越多地走进日常教学。物理学中的部分内容,在教学过程中确实存在难以在教室中直观演示的现状,加之课时的紧张等因素,使实验教学中部分教学内容难以很好落实。作者以"描绘小灯泡的伏安特性曲线"这一实验课为例,分析了采用概念图对实验前期的概念、原理等内容进行整理和展示;采用仿真实验等方式突破传统物理实验的不足;采用 EXCEL 表格对数据进行处理并将结果图形化。选择的实验具有很好的典型性,能很好地借助不同的计算机辅助手段改善教学效果。文章充分挖掘了各软件的优势,图文并茂,展示了多种计算机辅助教学手段的综合应用。对教师的日常教学很有启发。

吴　俊　李吉强
2022 年 4 月

借助自制教具　激发学生实验兴趣

——高中物理课堂教学自制教具在实验教学中的应用

沈震华

【摘要】在高中物理课程教学中,教师要根据学校的具体情况,以新课程教学要求为基准,逐步改进学校原有的教学方法,把原有物理知识点教学以新方式开展课程研究,培养学生物理学习的积极性。自制教具的方法受到校方和教师的广泛关注,利用物理学科自身所具有的探究性特点,进行课程教学。

【关键词】高中　物理课堂　自制教具　实验教学

在新课改背景下,很多适合高中生发展兴趣的教学方法已经在课堂中使用,自制教具便是一个很有效的教学方法。因为,物理本来就需要通过一些教具来完成有关的教学内容,便于学生了解和掌握。通过高中生和教师完成教材实验的自制工作,加强高中生对物理知识点的掌握,进而引发教学激情,促进学生对物理的兴趣,进而更有效地培养学生学习物理的积极性。

一、激发学习激情,提升学业质量

在高中物理课中,学生对物理学习感觉比较新奇,也需要深入探索[1]。在这样的环境下,教师既可以合理调动学生的学习激情,也可以帮助学生提高对物理学的浓厚兴趣,进而提高课堂效率。教师采用自制教具的教学方法,可以引导学生利用生活中的物品开展思维模拟,通过自己动手制作与所学内容相符合的教具来帮助学生,将所观测到的情况和书中的教学内容有机融合,从而提升教学质量。在这样的教学模式下,学生会对物理产生好奇心,增强对教学的自信,从而积极地投身到课堂教学中。在这样的教学模式下,在日常生活中不但可以增加物理学的应用价值,还可以在一定程度上培养学生对物理的认识水平,从而使物理教学能力得到进一步提升。

在关于电磁传感器现象的教学中,教师也可采用学生制作课件的形式开展教学。如果想要让学生更加形象生动地观察到电磁传感器的相关现象,教师也可指导学生制作相关的电磁设备,在制作过程中,教师还能把学生的注意力转移到教学中,从而培养学生学习物理的兴趣,并且通过这种装置来展示电磁传感器的现象。教师还能提高学生对现象的观察能力,更加形象地认识相关的现象。在此基础上给学生引出相应的知识点,这种方法能有效提高学生的接受能力,提高学生的认知水平。

二、增强科技理念,培养创新能力

在高中物理课堂教学中,新课改要求教师丰富课堂,并以培育优秀人才为基础,以此带动学生的能力培养[2]。在高中物理课堂教学中,教师要以学生为基点,做出一定的变化。教育者要清楚课堂教学的目的是学生的后续发展与国家需要,所以在课堂教学中培养高中生的物理学习水平是教师的工作重心。为了提高物理水平,教师要真正意识到创新对培养学生发展的重要性,积极组织学生自己动手,营建教学上的良好气氛,以便高效地培养学生物理技能。在自己制作教具的过程中,教师带动学生开展实验创造教学活动,用创新实验来完成教学作品,并以此培养学生的科技理念,丰富物理教学。

在关于惯性力现象的探索和练习教学过程中,教师也可用自己制作教具的多种形式,对学生进行课程指导。在课堂上,教师也可指导学生使用简易的生活用品,如用纸条和笔来完成教具的制作。学生用小方尺、笔帽、纸条完成对惯性力的模拟,并通过观察实验现象,初步认识惯性力的基本特征。接着,教师再对学生提供一定的创新指导,培养学生对物理课程的兴趣,从而提高学生学好物理的积极性。

三、利用自制教具克服设备缺陷,提升教师素质

虽然学校已经购置了必要的实验仪器和设备,为了满足教学需要,不仅数量不足,还缺少品种,使物理教学无法得到有效满足。因此,物理教师要学会顺应教育的发展,积极引导学生制作实验教具,并用自己制作的教具弥补实验教学设备的不足。最近几年,在高中物理教学中使用了不少由教师制作的教具,如机械能守恒定律演示仪、电机原理演示仪等,教学效果十分理想。自己制作

教具除了为学校节约教育经费,增强学校创新能力,同时对教师综合素养的培养也具有重要意义。教师只有通过仔细研究教学内容,认识其实质,掌握学生的基本学习规律、思维和感知特征,并注意已有教材的特性和意义,从而知道还需要增添什么教具,才能开展自制教具的实践活动[3]。

教师应重视技能、方法和材料,不断思索怎样选用合适的材料,采用何种技术制作教具。这样,教师在制作教具的过程中才能提高自身综合素养。只有全心全意投入,才能顺利完成草图的设计和小部件的制作。

自制教具的作用是进行物理实验,帮助学生接受并掌握物理知识和技能。自制的教具必须与物理原理符合,不但要把物理现象正确演示出来,还必须帮助学生了解物理理论。

四、结语

综上所示,在高中物理课堂教学中,教师必须认识到课改的重要性,提高自己对物理的理解能力,认识到通过自制教具能提高课堂效率和这种教学方式的优点,进而对传统的课堂教学方式做出转变。学生通过自制教具,很好地融入课堂,增强学生参与度,进而提高对物理研究的兴趣。

【参考文献】

[1]邵志慧,何少荣.搭建自制教具平台突破高中力学习题中疑难问题的教学策略[J].中阿科技论坛(中英文),2020(10):133-136.

[2]赵承军,赵力红.加强实验教学 促进"学科基地"建设[J].物理教学,2020,42(06):44-47.

[3]徐志阔.自制教具在高中物理演示实验中的应用探讨[J].中国教育技术装备,2019(17):116-117.

[4]钟炜.用自制教具帮助学生理解感抗和容抗[J].科学咨询(教育科研),2019(06):18-19.

【专家点评】

《普通高中物理课程标准(2017年版)》提出"在教学设计和教学实施过程中

重视情境的创设"。在教学过程中应用自制教具就是创设情境的有效方式之一。随着教学条件的改善、教学经费的投入以及教学手段的多样化,很多实验设备可以通过购买器材来完成或可以用模拟实验代替。但是,教师自制教具甚至引导学生自己动手制作教具,无疑能很好地激发学生学习热情,提升学习效果。在引导学生制作教具的过程中,能引入真实情境,培养学生分析问题、解决实际问题的能力,从而提升学生物理学科核心素养水平。文章不仅关注到改善学生学习体验和能力培养,而且还提出自制教具可提升教师自身的学科素养和动手能力。文章通过多方面、多角度的分析,提出了自制教具进行教学的重要性和必要性,值得认真研读。

吴　俊　李吉强
2022 年 4 月

"实验:探究小车速度随时间的变化规律"数据处理的教学策略

孙兴花

【摘要】为使学生有效掌握实验数据处理这一策略性知识,本文首先以问题为引导,结合讨论与展示促进学生积极反思,纠正数据测量与计算中的易错点并形成规范的作图模式;其次通过应用环节对数据处理方法进行巩固;最后介绍新技术在数据处理中的应用并予以巩固。过程中学生的主体性突出,通过自主反思、讨论、展示与总结,达成掌握数据处理方法,提升学科能力的目标。

【关键词】实验 数据处理 策略

实验数据的处理是科学探究的重要环节,对实验结论的得出具有决定性意义。同时,实验数据处理方法是科学方法教育的重要内容之一,对学生后续科学探究活动具有一定的可借鉴性,因此实验数据的处理往往是高中物理实验教学的重点。本文解决的策略性知识是如何利用纸带上的点求瞬时速度并准确作出 v-t 图象。

一、感悟

"实验:探究小车速度随时间的变化规律"实验的数据处理是求出纸带上各点的瞬时速度,并作出 v-t 图象,得出小车在重物牵引下速度随时间的变化规律。要顺利地得出小车的运动规律,首先教师要教会学生通过规范的实验操作获得一条理想的纸带;其次还要学生能准确测量并记录实验数据,在此基础上根据实验原理正确计算纸带上各点的瞬时速度;最后学生选择合适的标度描点并拟合出 v-t 图象。在实验过程中,由于没有统一各物理量单位、注意计时点与计数点的区别以及理解"拟合"的意义等因素,很多学生无法算出正确的瞬时速度并作出 v-t 图象。因此,教师在处理本节教学时既要精心设计启发学生自主发现问题,还要积极引导学生建立解决问题的正确思维模式,真正掌握学科知识、提升学科能力。

二、尝试

教学片段一:问题引导＋反思,自主解决问题,正确求解纸带上某点的瞬时速度。

学生活动:思考下列问题并进行讨论。

问题1:纸带上打下的点非常多,如何利用尽可能多的点?

问题2:如图,请算出计数点3时小车的速度,并说一说计算纸带上某点瞬时速度的原理。

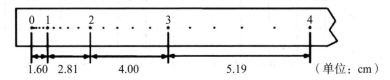

问题3:测量和记录某个物理量时,应注意哪两个方面? 请答错的同学反思,并说明错误的原因。

通过以上几个问题,可以使学生:(1)了解计时点与计数点的区别,认识到选取计数点的必要性;(2)知道纸带上某点的瞬时速度等于它前后两点间的平均速度;(3)认识到测量和记录物理量时不仅要关注数值(包括有效数字),还要写单位。同时,通过引导学生反思,自主发现问题,更容易根除学生的易错点。

学生反思后,教师可组织学生计算自己小组所打纸带上各计数点的速度,然后组内对比,确定正确答案后,填入记录数据的表格中。

教学片段二:展示、讨论与纠错,规范描点作图。

规范的作图应包括坐标轴标度的选择、描点、拟合曲线。很多学生在作图时由于坐标轴标度的选择不合理,作出的图象往往集中在坐标纸的某个小区域内而不符合要求。另外,描点时,有的学生没有注意到物体的速度变化是连续的,会用折线把偏离直线较远的点连接起来,造成错误。

问题1:观察表格中各点的瞬时速度,其随时间发生如何变化? 如何更直观地体现两者的变化关系?

问题2:作图的基本步骤是什么?

教师活动:展示同一组数据不同学生的连线情况,包括纵坐标标度选取不合适、横坐标选取不合适、横纵坐标选取都不合适、横纵坐标选取合理四种情形。让学生选出连线正确的一幅。

问题3：坐标轴的标度应如何选择才比较合理？讨论并回答。

学生总结：应该使所作的图象尽量铺满整张图纸。

问题4：下图是两位学生用同一组实验数据所作的描点图，你认为哪幅是正确的？请说出理由。

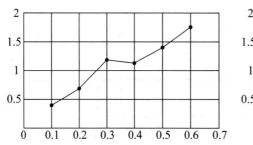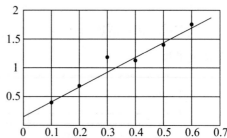

教师点拨：图中所描的点只是在小车运动过程中所选取的几个有限的状态点，实际上小车的速度在运动过程中是连续变化的，我们应该用折线还是平滑的曲线连接？从点的分布情况分析，我们可以看出速度随时间的变化趋势，只有符合这一趋势的点才是有效点。偏离趋势较大的点，误差较大，连线时应舍掉。

通过对问题的思考和教师的点拨，可以使学生认识到连接各点前应观察物理量的变化趋势，然后用平滑的曲线连接有效的数据点，而非将所有描出的点都要连接。

三、反思

高中阶段物理实验数据的处理主要是在表格记录的基础上进行公式计算、图象处理或公式法与图象法的结合。教师在教学时首先要求学生掌握数据处理的原理，其次在应用公式时要注意引导学生学会自主检查物理量的数值和单位。若采用图象法，要注意确定合适的标度后再描点，最后在明了物理量变化趋势的基础上拟合各点。教学过程中不能一味地告诉学生应该怎么做，要引导学生思考应该怎样做、为什么要这样做，在师生的共同探究中教会学生解决问题的方法。

四、应用

例题:某学生在"用打点计时器测速度"的实验中,用打点计时器记录了被小车拖动的纸带的运动情况,在纸带上每隔 4 个计时点取一个计数点,这样在纸带上确定了 A、B、C、D、E、F、G 共七个计数点。其相邻点间的距离如图所示,使用的交流电源频率为 50 Hz。

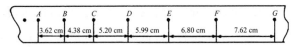

(1) 试根据纸带上各计数点间的距离,计算 B、C、D、E、F 五个点时小车的瞬时速度,并将各速度值填入下表中(要求保留 3 位有效数字)。

速度	v_B	v_C	v_D	v_E	v_F
数值(m/s)					

(2) 将 B、C、D、E、F 各个时刻的瞬时速度标在如下图所示的直角坐标系中,并在图中画出小车的瞬时速度随时间变化的关系图线。

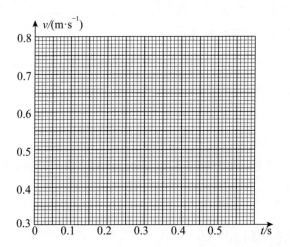

评析:第(1)小问考查的是实验数据处理——利用纸带数据计算各个点的瞬时速度。计算时首先要知道计算某个点瞬时速度的原理,然后找出正确的位移和时间。根据题中所用交流电的频率是 50 Hz 以及纸带上所标记的是每隔 4 个点取一个计数点,因此要注意相邻两计数点之间的时间间隔是 0.1 s。其次要注意表格中速度的单位是 m/s,利用公式计算时要注意长度单位的转化,最后依次算出各点的瞬时速度。第(2)小问考查的是描点作图,因题中已给出横纵坐标轴的标度,因此只要根据表格数据描出各点,然后观察变化趋势并用平滑曲线连接即可。

五、迁移

教学片段:介绍实验原理,安装好位移传感器。点击按钮,开始记录数据,先接通电源再释放小车。小车按停后,截取点迹清楚的区域,拟合图线后即可得到小车速度随时间的变化图象,并分析其规律。

六、巩固

例题:图(a)是在高速公路上用超声波测速仪测量车速的示意图,测速仪发出并接收超声波脉冲信号,根据发出和接收到信号间的时间差,测出被测物体的速度。图(b)中 p_1、p_2 是测速仪发出的超声

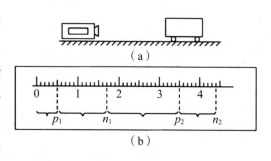

波信号,n_1、n_2 分别是 p_1、p_2 由汽车反射回来的信号,设 p_1、p_2 之间的时间间隔 $\Delta t = 1.0$ s,超声波在空气中传播的速度是 $v = 340$ m/s,若汽车是匀速行驶的,根据图(b)可知,汽车在接收到 p_1、p_2 两个信号之间的时间内前进的距离是_____ m,汽车的速度是_____ m/s。

解析:图(b)刻度可视为时间刻度,依题意,每小格代表的时间间隔为

$$t_0 = \frac{\Delta t}{30} = \frac{1}{30} s$$

p_1、n_1 之间的时间 $t_1 = 12t_0 = 0.4$ s

p_2、n_2 之间时间 $t_2 = 9t_0 = 0.3$ s

则 $x_1 = \frac{vt_1}{2} = 68$ m

$x_2 = \frac{vt_2}{2} = 51$ m

接收 p_1 至接收 p_2 时间间隔 $\Delta t_1 = 28.5 \times \dfrac{1}{30}\,\text{s} = 0.95\ \text{s}$

所以汽车的速度 $v' = \dfrac{\Delta x}{\Delta t_1} = \dfrac{17}{0.95}\ \text{m/s} = 17.9\ \text{m/s}$

数据处理作为物理实验的重要组成部分,总是蕴含一定的物理思想和科学方法,因此能否合理、正确地处理实验数据,可以反映出学生的思维和知识掌握情况。随着近几年新课程改革的不断深入,在未来高考命题中会有更多的有关纸带数据处理的创新型命题出现。这就要求学生从基础抓起,真正理解实验原理并能灵活运用。实验数据的处理并非像代公式那样的简单计算,而是一系列知识点和注意事项的综合,因此教师在教学过程中要注意教学策略,使学生的学习效果最大化。

【参考文献】

张毅敏.探究小车速度随时间变化规律实验中的纸带处理问题[J].物理通报,2015(10):71.

【专家点评】

文章从"探究小车速度随时间的变化规律"这一具体实验入手,结合笔者自身的教学经验,针对性地分析该实验中学生容易犯的错误和容易疏忽的地方。针对该实验,笔者列举了多个教学片段,针对前述易错点设计了具体的教学活动问题,通过问题引导,启发学生思考,关注并理解重点和难点。

随着数字化实验设备在中学教学中的应用,不少学生对数据的处理过度依赖电脑,而缺乏对实验数据的处理和分析能力。笔者恰恰关注到这一点,在实验教学中通过设计问题的方式,培养学生绘制实验数据的拟合曲线的能力。课程设计的迁移与巩固环节中所举例题在紧扣数据处理的同时,还强化了学生分析问题的能力。整篇文章完整地呈现了笔者对这一实验的教学设计,给读者以启发和示范。

吴　俊　李吉强

2022 年 4 月

基于深度学习提升科学思维
的教学设计初探

——以"牛顿第一定律"教学设计为例

徐小林

【摘要】深度学习的目的是让学习者通过主动积极参与学习，在获取知识的同时养成主动思考的学习习惯，这样的学习方式有助于学生提升物理科学思维。本文利用深度学习的基本理念，通过公开课形式展示《牛顿第一定律》，总结了在充分融入深度学习的背景下，巧妙设计实验、合理设置问题，从多角度、多维度地培养学生的物理科学思维能力。

【关键词】深度学习　科学思维　牛顿第一定律　教学设计

深度学习是指学习者在理解基础知识的基础上，理解学习的过程，掌握学习的方法，把握知识的本质内涵，形成学习的积极性和主动性，形成应用、分析、综合、评价的高阶思维，与浅层学习被动的、机械的记忆学习有着本质的区别。物理学科核心素养包含物理观念、科学思维、科学探究、科学态度与责任，其中科学思维是提升物理学科核心素养的关键。有效的深度学习可以提升学生探究物理概念和规律形成的兴趣、利用物理知识解释自然现象的能力、探究和质疑物理知识的动力，从而培养物理学科科学思维。因此，物理课堂教学的设计可以利用深度教学的方式促进深度学习，提升学生的科学思维。笔者曾围绕深度学习设计并公开展示了"牛顿第一定律"课堂教学，受到听课者的一致好评。现将本节课设计思路及设计目的介绍如下。

一、优化实验，促进深度学习，提升科学思维

物理学科是以实验为基础的自然学科，物理学科的科学探究也需要以实验为基础，因此教学设计中物理实验的优化、改进及创新有助于提升学生对问题的认识，激发学生的学习兴趣，形成学习的主动性，培养对问题本质的探究和质

疑的科学思维,促进学生深度学习。

(一) 奇特实验现象,激发内在的学习动机

激发内在学习动机是深度学习的目标,也是科学思维形成的原动力,因此通过奇异的或超出学生日常认知的实验可以有效地激发学生的学习动机。学生在初中已系统学过"牛顿第一定律",对生活中简单的现象也能做出判断。高中如果还停留在学生熟悉的现象,就会变为知识的重复和回顾,违背深度学习的本质和缺乏对科学思维的有效培养,因此需要从学生身边陌生的细节问题入手。笔者在"牛顿第一定律"这节课引入的过程中采用一种简单的实验用于激发学生对知识的渴望。

每位学生提供一张中间剪开两条缝的白纸(如图1所示),让学生两只手同时迅速从两边撕开,并请所有学生展示撕开后的现象,全班五十多位学生的白纸被撕成两段,而不会出现三段。学生感到奇怪,教师提问:"该实验结果既令人惊讶但又在情理之中,因为它符合物理规律,即牛顿第一定律,同学们能否解释。"学生对此问题无法解释。教师引入

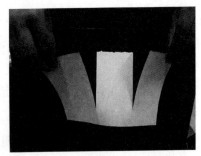

图1

课题:"看来对牛顿第一定律及惯性还要做深入研究,今天我们重新深入学习该内容。"引入这样的实验,不仅可以解除学生对已学物理知识学习的索然无味,又可以激发学生对已有知识重新认识的热情。

(二) 全面的实验验证,形成科学论证方法

物理学科科学思维的提升要求能在已有知识基础上进行质疑,寻找方法进行验证。在课堂教学过程中,对已有的物理知识不能只是局限于简单的介绍,更应该寻求概念规律的来龙去脉。重走科学家的探究之路,既可以加深对规律概念的理解,又可以掌握获取知识的方法,提升学生对已有前概念的质疑、反思,提升学生的高阶思维。

笔者在对本节课设计过程中,对"伽利略的理想实验",采用问题探究的方法进行重新回顾,层层深入,抽丝剥茧,引导学生学会质疑、学会深入思考。其问题教学设计如下:

（演示伽利略的理想斜面实验，让小球从一端滚下到达另一端，其中轨道里铺有布条用于增大摩擦。）

（1）让小球从斜面的一端滑上另一端斜面。

提问：①物体在下滑和冲上斜面过程中分别做什么运动？②物体下落的高度与上滑的高度，哪一个更高？③引起高度差的原因是什么？④如果要使高度差变小，可以怎样改进斜面？（抽掉布条后继续实验，对比高度。）⑤如果斜面绝对光滑，小球冲上斜面的高度将会怎样？

（2）减小另一斜面倾角，让小球从同一高度滚下，观察实验思考：小球在冲上斜面的高度和运动的路程将如何变化？

思考：如果继续改变倾角，达到的高度及路程如何变化？如果斜面光滑且无限长，当倾角为0度时，小球将会怎样运动？（小球为了达到同样的高度将会一直运动下去。）

师：绝对光滑、无限长的轨道我们没有办法制成，我们可以用动画进行模拟。

师：通过这样的实验再次说明物体的运动不需要力的维持。

讨论：（1）伽利略研究力和运动关系的方法与亚里士多德研究有什么不一样？（从现象中发现本质。）

（2）与一般实验的方法有什么区别？

师：这样的实验方法称为"理想实验"，在一定实验基础上，对实验条件进行假设，推出实验结果。虽然是对实验条件的假设，但是还是建立在一定的实验基础之上的，并不是空想的实验。爱因斯坦就是用这样的实验方法提出了"相对论"。

（三）迥然的实验对比，彰显模型建构的魅力

在课堂教学过程中需要激发学生思维，在实验过程中稍许改变似乎无关紧要的实验条件，会出现迥然不同的实验结果，可以唤醒学生探究问题的潜在欲望，培养主动思维，提升思维的深度和广度，从而达到促使学生深度学习的目的。

笔者在本节课设计过程中设计如下的对比实验，引发

图2

学生思维碰撞。如图 2 所示,把一根棉线剪成两段,在铁架台上有一段棉线悬挂两个钩码,在钩码下端系有另一段棉线。提出猜想:拉动下面的棉线,哪根会先断? 对比实验:先迅速拉动下面的棉线,下面棉线断裂;重新装备实验,继续实验,缓慢拉动下面的棉线,上面棉线断裂;激发思考提问:可否从惯性的角度思考两种实验现象的本质。通过这样的实验加深了学生对惯性的认识,同时提升了学生的思维深度,培养学生养成积极思考的习惯。

二、重巡规律探究过程,展示质疑创新的意义

物理规律和物理概念的建立,凝聚着科学家的心血,同时也蕴藏着丰富的物理思维方法和探究问题的手段。虽然课堂中无法全程展现科学家的发现全程,但是我们可以寻找科学家的足迹,设计实验或问题,渗透科学的思维方法、实验方法及逻辑推理,在学生的最近发展区内,提升学生的实验设计能力和问题推断能力,养成高级思维。

在本节课设计过程中,笔者重视对"伽利略理想实验"过程的展示,学生上台参与实验,特别是如何体现在不同粗糙程度的接触面上,小球的运动情况的实验设计,由学生设计方法,并通过问题提问,层层深入的方式渗透"理想实验"的方法,最后利用学生对实验过程评价的方式,升华"理想实验"的方法。为了更好地达到教学目标,本节课利用物体受力平衡状态与不受力所处状态相同,完成了气垫导轨中物体匀速直线运动的实验演示,证实了理想实验的科学性和可信度,在潜移默化中培养了学生对问题质疑和寻求验证的科学思维和科学精神。

三、拓展问题的提问,加强规律的深入理解

对物理概念和规律的教学不能只停留在概念或规律的表面,而要在获得规律后,对其进行深入理解。采用问题拓展思考的方式加深学生对物理概念和规律的理解,厘清其本质内涵,丰富物理科学思维,达到深度学习的目的。

在本节课教学设计中,安排了规律之间对比的环节,来提升学生对"伽利略的观点""笛卡尔的观点"及"牛顿第一定律"的理解。其教学设计如下:

师:与伽利略同时代的法国科学家笛卡尔也研究了同样的问题,并且更具

体地阐述了力和运动的关系。

笛卡尔的观点:除非物体受到外力作用,物体将永远保持同一速度,在同一直线上运动。

牛顿第一定律:一切物体总保持匀速直线运动状态或静止状态,除非作用在它上面的力迫使它改变这种状态为止。

提问:(1)请同学们比较一下,笛卡尔的观点和伽利略对力与运动的叙述有什么不一样?

(2)上面三种说法,牛顿第一定律完善在哪些方面?

(3)牛顿第一定律从哪几个方面阐述了力与运动的关系?

通过这样的问题设计,让学生找出力与运动之间相互关系是不断完善的过程,多层次理解牛顿第一定律,从而为接下来对惯性的认识打下基础。

四、知识迁移应用,寻求科学论证,提升概念理解

物理观念的形成体现在对生活中物理现象的认知上。生活中,一些常见的物理现象,可以简单地利用物理知识进行解释。例如,对惯性认识的实验是汽车刹车。虽然这些实例来自生活,同学们容易直接获取经验,但是对有一定初中物理基础的高中学生而言缺乏深度,不利于拓展学生科学思维,也不利于促进学生进行深度学习。培养学生科学思维,需要引入一些突破学生认知生活现象,对物理模型进行深入分析,获得现象背后的本质。这样的生活现象,提升了学生的建模能力,拓展思维的宽度。本节课对"惯性"概念的认识,利用了两个实验现象让学生拓展思维。实验一:对由静止开始运动的矿泉水瓶中气泡的运动现象的分析;实验二:对课堂引入实验现象对比的分析。

综上所述,物理教学设计应针对学生最近发展区,利用物理实验和科学方法,引导学生主动思考,提升学生的物理思维品质,让课堂成为学生深度学习的载体。

【参考文献】

[1]任虎虎.指向深度学习的高中物理教学研究[M].合肥:中国科学技术出版社,2019.

[2] 王永元.中学物理课堂问题化教学研究[M].苏州:苏州大学出版社,2020.

[3] 任虎虎.指向深度学习的任务驱动教学研究——以人教版"力的分解"为例[M].物理教师,2020(7):35-36.

【专家点评】

《普通高中物理课程标准(2017年版)》对物理学科提出了物理观念、科学思维、科学探究、科学态度与责任等物理学科核心素养。作者根据工作实际,从优化实验、探究启发、拓展提问和知识迁移等不同角度分析了深度学习对学生物理思维培养的益处。随着课程改革和教材改革的推进,机械刷题不利于培养学生分析问题能力已成为共识。高中物理内容多、课时紧、分值降低,如何在有限的课时内调动学生的思维活跃度、提升学生学习的热情和提高学习的效率是摆在教师面前的一个难题。而作者在这一问题上,提出充分考虑学生的最近发展区,调动各种手段促进学生深度学习,并通过一些翔实的案例为我们提供了在教学设计中的一些可行性思路。

吴　俊　李吉强

2022年4月

基于真实情境的酸碱中和滴定复习课的设计与反思
——以"葡萄酒中 SO_2 的测定"为例

陈 潇

【摘要】以葡萄酒中二氧化硫含量的测定为情境,引导学生设计测定方案,并评价、选择和优化方案,使用优化的方案测定葡萄酒中 SO_2 的含量,并进行误差分析。通过生活中实际问题的解决,进一步帮助学生巩固酸碱中和滴定与实验方案设计的要点,提高学生化学学科的逻辑思维能力。

【关键词】真实情境 酸碱中和滴定 方案设计 实验探究

一、教学目标

1. 知道通过滴定法进行定量测定。

2. 能根据已有知识及已知信息设计实验方案并优化。

3. 巩固定量实验中误差分析的方法。

4. 了解定量化学在解决生产问题中的重要作用。

二、教学背景

(一) 内容分析

《普通高中化学课程标准(2017 年版 2020 年修订)》指出,"教师在教学中应重视创设真实且富有价值的问题情境,促进学生化学学科素养的形成和发展"[1],本文以葡萄酒中二氧化硫含量的测定这一真实情境为例,从方案的提出—选择—设计—优化—操作—数据—归纳角度在真实情境中进行复习。通过生活中实际问题的解决,进一步帮助学生巩固酸碱中和滴定与实验方案设计的要点,提高学生化学学科的逻辑思维能力。

(二) 学情分析

本节课开设于高三上学期,处于一轮复习阶段,学生对酸碱中和滴定的知识也有一定理论基础,而在复习过程中发现学生在问题解决和方案设计方面相对欠缺。在此基础上,本节课以真实的化学情境为主线,实现以教师为主导,学生为主体的课堂教学,借助一系列问题情境,引导学生一步步完成定量实验的测定,并进行自评与优化。

(三)重点与难点

1. 定量测定的运用。

2. 实验方案设计、优化与表述。

三、教学设计思路

与新授课相比,高三复习课相对枯燥,学生积极性及课堂参与度不高。近年来,江苏高考卷中更注重考查学生对化学知识的综合运用能力。因此本节课以葡萄酒中二氧化硫含量的测定这一真实情境为主线,测定过程中出现的问题为纽带,利用情境层层递进式地展开环环相扣的问题探究,有效调动学生的积极性,训练学生信息提取及化学思维能力,在方案设计及优化过程中,发展学生证据推理、科学探究及科学态度的化学学科核心素养,感受化学学习中定量研究的重要性。

四、教学过程

环节一:情境导入

【展示】葡萄酒的配料表和二氧化硫的物理性质。

【问题1】葡萄酒中存在二氧化硫,是否意味着饮用该葡萄酒对人体有害?

【学生】不是,与二氧化硫含量有关。

设计意图:通过常见的葡萄酒配料表的导入,激发学生学习兴趣,为后续二氧化硫的测定做铺垫。

环节二:葡萄酒中二氧化硫含量的测定方法

【问题2】我区市场监管部门接到举报,某品牌葡萄酒中二氧化硫含量超标,能否利用所学的化学知识进行测定?

【学生】分组交流讨论后回答:

学生1:利用SO_2的还原性可通过氧化还原滴定方式进行测定。

学生2:可利用SO_2是酸性氧化物,通过中和滴定方式进行测定。

学生3:可以把SO_2转化为$BaSO_4$沉淀,再称重换算。

……

设计意图:通过给定的问题情境,发散学生思维,通过问题的解决帮助学生回顾基础知识,锻炼学生的知识运用能力,感受化学的实用魅力。

环节三:测定方法的选择与设计

【问题3】上述学生提出的测定方法是否都具有可行性?

【学生】回答:

学生4:方法3操作性不强,SO_2含量很小,沉淀量少,误差大。

学生5:方法2葡萄酒中可能含其他酸性物质会造成结果不准确。

设计意图:通过学生之间测定方法的互评,提高学生课堂参与度,锻炼学生评价和优化实验方案的能力,提高逻辑思维能力。

【问题4】针对方法2的缺陷,能否进行改进从而使其具有可行性?

【学生】思考后回答:

学生6:加热使SO_2充分逸出后直接通入水中转化为亚硫酸。

学生7:上述反应为可逆反应,无法完全进行且亚硫酸不稳定。进一步氧化,将其转化为硫酸。再用氢氧化钠标准溶液进行滴定。

【问题5】同学们考虑得非常全面,在上述讨论基础上能否进行完整表述?

【学生】回答(略)。

设计意图:通过对上述测定方法的规范表述,锻炼学生归纳总结及文字表达能力。

【问题6】方案优化:

实验室中可通过以下装置进行葡萄酒中SO_2含量的测定,步骤如下:B中加入300.00 mL葡萄酒和适量盐酸,加热使SO_2全部逸出并与C中H_2O_2完全反应,上述步骤是否正确,若不正确可如何改进?

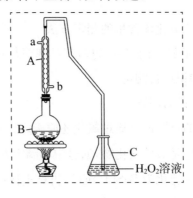

【学生】回答:

学生8:盐酸易挥发,可能有氯化氢气体进入锥形瓶中导致结果不准确,可改用稀硫酸。

学生9:在之前习题中遇到过 H_2O_2 可电离出 H^+,可能会引起偏差,可通过加热除去过量 H_2O_2。

设计意图:通过练习对实验方案进一步优化,在判断及纠错过程中提高学生方案设计能力。

【问题7】除利用 SO_2 酸性氧化物的性质,能否利用其还原性设计相应的实验方案进行测定。

【学生】课堂练习并展示答案。

设计意图:利用相似题目进一步巩固滴定法中标准溶液及指示剂的选择。

环节四:酸碱中和滴定操作的注意事项

【问题8】课堂练习

实际操作中,常用 NaOH 标准溶液进行滴定,为测定葡萄酒中 SO_2 的含量进行如下操作,正确的是(　　　　)。

A. 在 50 mL 酸式滴定管中装入锥形瓶中所得硫酸溶液,调整初始读数为 20.00 mL 后,将剩余溶液放入锥形瓶中,所取溶液的体积为 30.00 mL

B. 称取 3.6 g NaOH 固体并放入 1 000 mL 容量瓶中,加水至刻度,配成 0.09 mol·L^{-1} NaOH 标准溶液

C. 用 NaOH 溶液滴定所得溶液,使用酚酞作指示剂,溶液颜色恰好由无色变为浅红色,且半分钟内不褪色时,为滴定终点

D. 滴定时眼睛要注视滴定管内 NaOH 溶液的液面变化,防止滴定过量

思考:滴定终点时滴定管中的液面如右图所示,则终点读数为_____mL。

设计意图:通过对中和滴定基础知识的回顾,帮助学生发现不足之处,进一步夯实基础。

环节五:酸碱中和滴定数据处理

【问题9】滴定至终点时,消耗 0.09 mol·L^{-1} NaOH 溶液 25.00 mL,计算 300 mL 该葡萄酒中 SO_2 含量并说明该品牌葡萄酒中 SO_2 含量是否

超标?

【学生】课堂练习并回答。

【问题10】课堂练习

实验室用标准 NaOH 溶液测定该硫酸溶液的浓度,用酚酞作指示剂,判断下列操作可能对测定结果产生的影响:

（1）盛硫酸溶液的锥形瓶滴定前用硫酸溶液润洗 2～3 次

（2）取硫酸溶液时仰视读数

（3）取硫酸溶液后,滴定管尖嘴处有一悬挂液滴

（4）碱式滴定管在滴定前有气泡,滴定后气泡消失

（5）滴定结束时俯视读数

（6）滴定结束后,滴定管尖嘴处有一悬挂液滴

（7）锥形瓶内溶液颜色由无色变浅红色,立即记下滴定管液面所在刻度

【学生】回答（略）。

环节六:课堂总结

【教师】从葡萄酒中 SO_2 含量的测定过程中,你复习了哪些旧知识,学到了哪些新知识?

【学生】归纳（略）。

【教师】实际生产生活中是否采用同样的方式测定葡萄酒中 SO_2 的含量?

【资料卡】期刊节选阅读（略）。

设计意图:将学生方案与实际检验方案进行对比,增强学生自信心及学习化学的兴趣与热情。

【教师】滴定法除了可以测定葡萄酒中 SO_2 的含量,还能测定水的总硬度,测定样品的纯度等。生活离不开化学,化学使生活更便捷,学好化学使我们的生活更精彩。

设计意图:向学生传递"化学有用论",激发学生学习化学的兴趣,把被动学化学转化为主动学化学。

五、板书设计

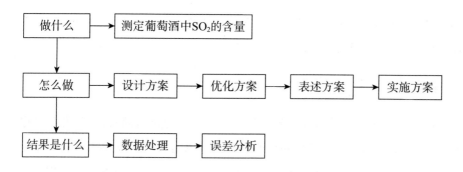

六、教学反思

首先,本节课从生活入手,将课堂内容与生活实际相联系,以葡萄酒中二氧化硫含量的测定为情境,不但丰富了本节复习课的教学内容,而且还能发展学生证据推理、科学探究与科学态度的化学学科核心素养。

其次,本节课让学生通过已有知识设计方案解决问题,以方法选择—方案优化—操作要点—数据处理—总结归纳为主线,将各知识点内容掺杂其中,进行复习回顾,化学实验探究中运用定量分析方法有助于学生理解科学本质,提高科学素养。

最后,真实、具体的问题情境是学生化学学科核心素养形成和发展的重要平台,为学生化学学科核心素养提供了真实的表现机会。本节课通过创设真实而富有价值的问题情境,使化学学习变得有趣且有用,让学生能有更多机会体验探究的乐趣,在知识的形成、相互联系和应用过程中养成科学的态度,学习科学的方法。

七、结语

面对紧张的高三复习,学生更容易产生疲惫心理,若单单是旧知识的重复讲述可能导致复习效率不高,化学高考考查的是学生对化学知识的综合运用能力,评价学生在真实化学问题中,运用学科知识与方法、学科思维,解决学科问题的关键能力与必备品格。因此在高三复习中更应在重视化学基础的前提下,训练学生利用化学思维解决学科问题。

【参考文献】

中华人民共和国教育部,普通高中化学课程标准(2017 年版 2020 年修订)[S].北京:人民教育出版社,2020.

【导师点评】

高三复习课容易陷入简单的知识点回顾或做题讲题的局面,但是陈潇老师的复习课"基于真实情境的酸碱中和滴定复习课的设计与反思",跳出了常规的做法,有了新的突破,充分体现化学源于生活、服务于生活的理念。本课以真实情景葡萄酒中二氧化硫为载体,以解决葡萄酒中二氧化硫含量的测定任务为主线,完成了定量实验的复习。本节课真实情景的创设,为学生营造主动学习的氛围,通过质疑的氛围,使学生产生积极、主动学习的心向。设计中将学习内容转变为学习任务,更具体,更有操作性,为化学学科核心素养的发展提供舞台和载体。

本节课学生围绕解决"我区市场监管部门接到举报,某品牌葡萄酒中二氧化硫含量超标,能否利用现有化学知识进行测定"这一具体学习任务,过程中将学生个体学习思考与小组讨论相结合,把不同定量方法串在一起,将学生方案与实际检验过程中的方案进行对比,不同方法的优缺点比较,表述的不断完善,学生有了自我展示的机会。学生通过自主、合作、探究等多样化学习方式,体验在学习过程中自主获取化学学科知识,化学实验的探究过程,运用化学特征的思维方式去分析和解决实际问题,发展了批判质疑的思想品质。任务化解决了"怎么学"的问题,相互评价解决"学得怎么样"的问题。陈潇老师这一节课的设计思路值得进一步推广到其他课的设计中,真实情景化地为化学教学设计提供可借鉴的经验。

占秀珍　陈维新
2022 年 4 月

高中化学实验教学中发展学生科学探究与创新意识的策略研究

——基于"从海水中提取镁"的反思

朱维熙

【摘要】根据江苏省新高考模式,通过考查点分析、教学设计案例,从目标制订、教学内容组织、情境创设、有效设问四个方面,对新高考下高中化学实验教学策略提出自己的见解。

【关键词】科学探究与创新意识　高中化学实验教学　教学策略

普通高中化学课程以发展学生的学科核心素养为主旨,是提升学生化学学科核心素养的重要载体,在日常教学中,教师更要重视开展"素养为本"的教学,而化学实验对全面发展学生的化学学科核心素养有着不可替代的作用。

2021年江苏省开启新高考模式,在全新的高考模式下,日常教学中的各项工作如教学目标、教学内容、教学评价等都有一定的变化,最直接的是化学试卷结构的变化:选择题由10道单选题,5道不定项选择题变为14道单选题,非选择部分由6题变为4题,取消选做题,考试时间由90分钟变为75分钟。虽然题量变少,但考试时间短了,由于题量减少,在一题中会考查多个知识点。在这样的形势下,我们的化学实验教学该怎样开展? 实验知识是弱化了还是加强了? ……下面就以2017~2021年江苏高考化学试卷、2021年江苏适应性考试化学卷中实验题考查的知识点,谈谈个人的看法。

一、考查点分析

在2017~2020年江苏高考化学试卷中涉及实验相关的题目:1道选择题、2道非选择题。2021年江苏适应性考试及2021年江苏高考化学试卷中涉及实验相关的题目:1道选择题、1道非选择。新高考前的4份试卷与后面的2份试卷各考查点对比,初看好像新高考实验考查被减弱了,但实际上,新高考削减了1

道选择题和 2 道非选择题,题量变少了;同时 2021 年之前的试卷中虽然有 3 道实验题,但其中 21 题为选做题,本区域学生均不选择实验化学,因此实际考查知识点频次如下:

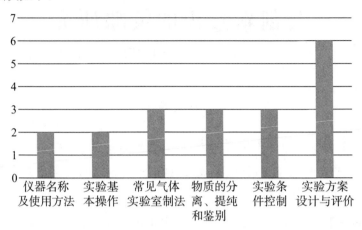

在试卷整体题量减少、时间减少的变革下,实验题题量没有减少,1 道选择题和 1 道非选择题,足以凸显化学实验的重要地位。在知识点方面,仪器名称与用途、实验基本操作、常见气体制备、常见物质分离、提纯与检验等几个基础知识点都有不同程度涉及,实验方案的设计与评价更是每次考试必考点,总体上题目难度递进,凸显化学实验基本功和对学科关键能力的考查。同时又融合氧化还原反应或离子方程式书写、元素化合物性质、溶解平衡、综合计算等方面的知识,整张试卷的知识体系交叉融合。

二、教学启示

(一)目标制订,关注学生的终身发展

在平时的化学实验教学中,教学目标制订、教学内容组织要紧紧围绕"发展学生化学学科核心素养"这一主旨,注重学生对已学知识的理解、整体规划和教学目标设计,合理组织教学内容。

"从海水中提取镁"是《普通高中教科书·化学必修 第一册(苏教)》"专题 3 从海水中获得的化学物质""第三单元 海洋化学资源综合利用"的第 2 课时,本单元是学生了解化学化工技术,构建从自然界中提取化学物质理论模型的重要部分。镁提取中涉及的性质与前面钠的性质在对比中渗透结构决

定性质的化学观,对后续元素化合物的转化、硫酸工业制备等的学习具有指导意义。

在本节课前,学生已学习了钠的制备,对极活泼金属的制备有一定的了解;已学习氧化还原反应和从海水中提取溴;在专题 2 中已学习常规的物质分离提纯方法:过滤、蒸馏、萃取、分液等,对镁提取主要步骤有一定的实验基础。

教学目标:

1. 通过了解镁制取的工艺流程,初步了解化学化工技术,并发展科学探究和创新意识。

2. 在从海洋资源提取镁的方案中,构建从自然界中提取化学物质的理论模型。

3. 通过在"海洋化学资源综合利用"这一主题背景下的问题分析,将氧化还原反应等基本理论、元素化合物性质、化学实验、金属冶炼等不同知识进行融会贯通,用元素观、变化观等化学观念梳理归纳无机物之间的转化关系。

本节课的教学重点:实验方案的设计,元素化合物提取与化学实验的融合。

本节课的教学难点:实验方案设计中的试剂选择和条件控制。

(二) 教学内容组织,在传承中创新

为实现本节课的教学目标并突破教学重点、难点,教学内容设计如下:从镁在生产生活中的应用入手,了解镁及其化合物的主要性质,进而引发如何制备金属镁的思考;为了探究金属镁的制备方法,通过镁在二氧化碳中燃烧,镁与冷水、热水反应对比,使学生认识金属镁的强还原性,为镁的制备方案使用电解熔融化合物法而不是热还原法提供强有力证据;在已有知识储备的基础上,通过资料卡所给的部分含镁化合物的熔点,寻找制备过程中最优电解反应物,选择合适的制备方法,并设计方案;以补充信息的形式告诉学生氯化镁结晶时的水解反应,以此来优化制备方案;最后总结工艺流程的一般范式。整节课的思路为:引入(镁的重要用途)—镁的提取—海水中 Mg^{2+} 的分离—从含镁化合物到金属镁—小结(工艺流程的一般范式)。

(三) 创设情境,用体验来促进问题解决

用镁在生产生活中的应用这一生活实践情境来吸引学生回归课堂,引出镁的制备,激发学生浓厚的学习兴趣。在课中用镁和二氧化碳反应、镁和冷热水对比反应这两个学习探索情境,使学生认识到镁的强还原性,为镁的制备方案提供强有力的证据。

表1 "从海水中提取镁"教学设计环节1

内容	教师活动	学生活动	设计意图
设问引入	提问:金属镁有哪些常见的用途? 展示含镁物质用途的图片或以图片引导学生回答。 小结:1.镁是人体中的常量元素之一,能保护神经系统,有镇定作用。 2.制镁合金。 用于制造火箭、导弹、飞机的部件。 3.制信号弹、焰火。 4. MgO制耐火砖。	学生回答金属镁的用途,如:焰火、合金……	创设生活情境,吸引学生回归课堂,回忆初中所学镁的相关知识。 了解镁的重要用途,引出镁的制备。
从含镁化合物到金属镁	讲述:要制取金属镁,要先了解金属镁具有的性质。 演示实验: 实验一: 将一根磨去表面氧化物的镁条,在空气中点燃后伸入装有 CO_2 的集气瓶中。 实验二: 将两根镁条磨去表面氧化物后,一根伸入含酚酞的冷水中,另一根伸入含酚酞的热水中。 总结:金属镁具有强还原性。 反应: $N_2 + 3Mg \xrightarrow{\text{点燃}} Mg_3N_2$ 提问:应该用什么方法来冶炼金属镁?	学生观察并描述现象,并完成化学方程式书写。 剧烈燃烧,产生白烟和黑色固体。 $2Mg + CO_2 \xrightarrow{\text{点燃}} 2MgO + C$ 学生观察及描述现象,并完成化学方程式。 镁条表面有气泡产生,周围溶液变红。 $Mg + 2H_2O \xrightarrow{\triangle} Mg(OH)_2 + H_2 \uparrow$ 学生思考金属镁的冶炼方法,排除热还原剂法,选择电解熔融化合物法。	学生学会客观地记录实验现象,并对实验现象作出解释。 认识镁的活泼性,突出强还原性,为制镁方案提供辅助判断信息。

(四)有效设问,促进学习方式改变

在"海水中 Mg^{2+} 的分离"教学设计中采用提供信息的形式,给出常见含镁化合物的溶解度、部分化学试剂的价格、海水中各种离子的含量。通过问题引导,逐步让学生用沉淀法将 Mg^{2+} 快而全地从海水中分离出来。

在"从含镁化合物到金属镁"教学设计中通过信息与问题让学生选出最优的制镁方案——电解熔融氯化镁,再以补充信息的形式对化工流程中的细节加以优化。

在各过程中,学生不再是被动接受知识,而是在教师引导下,不断地回忆旧知、理解并应用旧知、处理新的信息、应用新的知识解决问题和进行自我反思。

表2 "从海水中提取镁"教学设计环节2

内容	教师活动	学生活动	设计意图
海水中Mg^{2+}的分离	提问:如何将海水中的Mg^{2+}分离出来? 提供信息:常见含镁化合物的溶解度 | 常见含镁化合物	$MgCl_2$	$MgSO_4$	$MgCO_3$	$Mg(OH)_2$ | |---|---|---|---|---| | 溶解度(g/100g水) | 54 | 33 | 0.011 | 0.002 9 | 提问:根据表中信息思考,将Mg^{2+}转化为沉淀时,采用何种试剂? 信息:部分化学试剂的价格 | 部分化学试剂 | KOH | NaOH | CaO | |---|---|---|---| | 价格(元/吨) | 5 238 | 2 305 | 480 | 提问:如何结合海洋资源,设计制取$Mg(OH)_2$的流程图并写出反应的化学方程式。 提供信息:海水中各种离子的含量 | 海水成分 | Na^+ | Mg^{2+} | Ca^{2+} | Cl^- | SO_4^{2-} | HCO_3^- | |---|---|---|---|---|---|---| | 含量(g/L) | 10.56 | 1.27 | 0.1 | 18.98 | 2.56 | 0.14 | 提问:将海水中Mg^{2+}分离出来的原材料该如何选择或预处理? (提示:1. 海水中Mg^{2+}总量大但浓度低,为了减少原料损失该如何处理? 2. 沉淀剂选择澄清石灰水还是石灰乳?)	学生回答:将海水中Mg^{2+}分离出来的方法。 [选择将Mg^{2+}转化为$Mg(OH)_2$沉淀,再过滤分离] 学生回答:将Mg^{2+}转化为沉淀时选择的试剂。 [采用价格便宜的CaO转化为$Ca(OH)_2$] 根据信息设计流程: CaO $\longrightarrow$ $Ca(OH)_2$ $\longrightarrow$ 海水 $\longrightarrow$ $Mg(OH)_2$ 写出反应的化学方程式: $CaO+H_2O == Ca(OH)_2$ $MgCl_2+Ca(OH)_2 == CaCl_2+Mg(OH)_2\downarrow$ 学生讨论、回答:将海水中的Mg^{2+}分离出来的原材料选择或预处理的方法。 预处理:海水浓缩(母液)。 原料选择:沉淀剂选择石灰乳。	依据实验目的,结合物质分离提纯等化学实验,了解从自然界中提取化学物质的方法,设计合理的实验方案(原材料的来源、成本、实验方案的难易、实验目的达成),培养科学探究与创新意识。

内容	教师活动	学生活动	设计意图
从含镁化合物到金属镁	提问：根据提供的信息，我们应选择电解哪种含镁化合物的方法来制取金属镁？为什么？ 提供信息：几种常见含镁化合物的熔点 | 含镁化合物	MgO	MgCl$_2$	Mg(OH)$_2$ | |---|---|---|---| | 熔点(℃) | 2 852 | 714 | 350(分解) | $Mg(OH)_2 \xrightarrow{\triangle} MgO + H_2O$ Mg(OH) 常作阻燃剂。MgO 可作耐高温材料，如耐火砖。 方案设计：结合后面的补充信息，设计用 Mg(OH)$_2$ 制取 MgCl$_2$ 的方案。 补充信息： 1. 氯化镁溶液在结晶时得到的是 MgCl$_2 \cdot 6H_2O$。 2. MgCl$_2 \cdot 6H_2O$ 在空气中加热时会发生如下反应： $MgCl_2 \cdot 6H_2O \xrightarrow{\triangle} Mg(OH)Cl + HCl\uparrow + 5H_2O$ $MgCl_2 \cdot 6H_2O \xrightarrow{\triangle} Mg(OH)_2 + 2HCl\uparrow + 4H_2O$ 3. MgCl$_2 \cdot 6H_2O$ 在干燥的氯化氢气流中加热得到无水氯化镁。 小结：从海水中提取镁化工流程及生产要点。	学生讨论、回答：选择的方法和原因。 采用电解熔融氯化镁的方法，因为氯化镁熔点低，耗能小。 学生合作探究，根据教师提供的信息和实际需要，提出多种探究方案，对方案进行评价并优化方案。 期望呈现的过程： Mg(OH)$_2$ → MgCl$_2$ 溶液 → MgCl$_2$ 晶体 学生回顾相应化学原理。	培养从图表获取信息、处理实验问题的能力。 学生在创设化工生产情境中体会合作学习的快乐。通过方案设计、评价、优化，发展"科学探究与创新意识"的化学学科核心素养。

三、结语

我们要尽可能发挥化学实验教学在高中化学课程中的重要作用，通过实验让学生更好地掌握物质性质，提高动手能力和实验技能，通过探究让学生学会依据证据分析问题，推出合理的结论，形成认知模型，激发对化学的浓厚兴趣；我们自身更要积极转变教学思想，用更新颖的实验教学方法，来提高学生的积极性，提高化学课堂教学质量与效率，促进学生化学学科知识和全面综合能力的进步。

【参考文献】

[1] 中华人民共和国教育部.普通高中化学课程标准(2017年版2020年修订)[M].北京:人民教育出版社,2020.

[2] 谢天华,黄子超.基于"科学探究"培养"证据推理"化学学科核心素养——以"将金属钠放在石棉网上加热"为例[J].化学教与学,2019(2):85-87.

[3] 白静珠,胡天保.基于化学学科核心素养提升的数字化实验课堂教学——以苏教版"常见的弱电解质"教学为例[J].化学教与学,2020(4):79-83.

[4] 董鸿志.基于化学学科核心素养的深度学习——以"化学反应方程式"为例[J].教育实践与研究,2021(11):30-34.

导师点评

《普通高中教科书·化学必修 第一册(苏教)》中的"海洋化学资源的综合利用",是《普通高中化学课程标准(2017年版)》中必修课程"主题5:化学与社会发展"内容要求"化学在自然资源和能源综合利用方面的重要价值"的重要内容之一。朱维熙老师以"海洋化学资源的综合利用"中"从海水中提镁"内容的教学为例来探索发展学生科学探究与创新意识的教学策略,是一个很有意义的尝试。

整个教学设计,以"如何从海水中提取镁"为最终的达成目标,从镁及其化合物的性质开始,到选用电解熔融氯化镁的方法来制取镁,再到如何将海洋中镁离子转化为氯化镁。教师将要讲授的诸多新的知识点均转化为学生探寻解决最终问题的素材,同时提供其他解决问题的信息,让学生获取信息、处理信息、加工信息,结合已掌握的知识和方法提出达成目标的方案,并进一步通过研讨、评价来优化方案,从而达成"从海水中提取镁"的最终目标。在教学过程中,教师是引领者、组织者和协助者,学生在逐步探究解决问题的过程中,"科学探究与创新意识"化学学科核心素养得到有效发展。朱维熙老师基于案例提炼形成的发展学生科学探究与创新意识的教学策略,也为我们提供了诸多值得学习和借鉴的宝贵经验。

陈维新　占秀珍

2022年4月

核心素养理念下的生物学课堂 "教学做合一"的实践探索

——以"制作真核细胞的三维结构模型"为例[①]

任美丽

【摘要】 核心素养理念下的高中生物学新课程更关注学生学习过程中的实践经历,强调学生主动参与学习,加深对生物学核心概念的理解和建构,并能应用已掌握的科学知识和方法解决实际问题。这与我国著名教育家陶行知先生的生活教育理论中"教学做合一"思想有相通之处。本文以"制作真核细胞的三维结构模型"一节教学为例,开展核心素养理念下的高中生物学"教学做合一"课堂实践探索,对于改进高中生物学教学方式,培养学生核心素养具有重要意义。

【关键词】 核心素养理念 生物学课堂 教学做合一 项目式学习 多元评价

自1997年以来,许多国际组织先后开展核心素养的研究,日益发展的社会对创新型人才的需要逐渐显现,国际科学教育理念在对育人价值的深化过程中,增加了对一线教学中学生社会性、实践性培养的关注。[1]我国教育愈发关注对学生核心素养的培养。核心素养是指学生应具备的适应终身发展和社会发展需要的价值观念、关键能力和必备品格。因此,培养学生具备适应终身发展和社会发展需要的正确价值观念、关键能力与必备品格,才是教育的真正价值体现。[2]新课程标准凝练了各学科的核心素养,培养学生生物学学科核心素养和关键能力是生物学课程的价值追求及核心教学目标。《普通高中生物学课程标准(2017版2020年修订)》更加关注学生学习过程中的实践经历,强调学生主动参与学习,加深对生物学核心概念的理解建构,并能应用已掌握的科学观念、科学知识等来解决实际问题。这与陶行知先生强调"教学做合一""手脑双全是

① 基金项目:苏州市教育科学"十四五"规划课题"高中生物项目式学习契合表现性评价教学案例研究"(项目编号:2021/LX/02/202/11)

创造教育的目的"的教育思想不谋而合。

陶行知先生所提倡的"教学做合一"是教育法也是生活法,这种教学方法批判了传统单一的教学模式,教学做是一种生活、一种教育的三个方面,绝不是各不相谋的过程。其中教的方法是根据学的方法,学的方法是根据做的方法,即在做上教,在做上学,教学过程集中在"做"上,以做为中心。开展核心素养理念下的高中生物"教学做合一"课堂实践探索,对改进生物学教学方式,优化生物学课堂教学,培养学生生物学核心素养和关键能力,提高生物学教学效能,推进生物学教学改革具有重要的现实意义。本文以"制作真核细胞的三维结构模型"一节教学内容为例进行论述。

一、在学中设,营造"做"的情境

生物学作为生命科学的基础学科来源于生活和实践,是研究生命现象和生命活动规律的学科,与生活息息相关,因此,教学回归生活才更接近教育的本质。围绕课程教学目标,联系生活实际,在学生学习过程中,创设"做"的任务或问题情境,是激发学生问题意识、学习探究欲望,成功开展生物学课堂"教学做"的关键。例如,在"制作真核细胞的三维结构模型"教学中,通过学习任务的设置,营造生活化、"教学做"的问题情境,促进学生开展生物学"教学做"活动。

课前分组制作模型。要求学生成立学习小组,开展自主合作学习,探讨不同细胞结构的特点、材料的选择及原因,并进行记录,初步完成模型作品以备展示。此环节在学习完相关理论知识后进行,目的在于给学生提供充分的创造和想象空间,通过动手"做"将知识生活化、可视化,评价、巩固学生对动植物细胞结构特点的理解和掌握。

课堂展示评价模型。让各小组根据教师提供的"真核细胞三维结构模型制作评价标准表"、细胞及各种细胞器大小的参考数据、细胞质的结构等信息重新审视并逐步对作品进行完善。目的在于通过课堂反思、完善、应用、创新和评价模型。

课后巩固应用模型。为拓展应用学习成果,布置学生在课后绘制完成"真核细胞亚显微结构概念图",构建知识框架,进行拓展练习,研究、创新模型构建。学生在做的基础上开始,在做的过程中发现,最终在做的过程中进步升华。

二、在做中学，优化"学"的方式

"教学做合一"，即三者不可分割，怎样做就怎样学。我国基础教育长期存在唯分数、重理论、轻实践现象。学生习惯于或满足于被动接受知识，不动脑筋，不愿自己发现问题，造成大多数学生缺乏实践和创新能力。培养学生的科学探究意识和关键能力是高中生物学教学中生物学核心素养的培养策略之一。[3]例如，在"制作真核细胞的三维结构模型"一节的"教学做"活动中，教师通过学习任务的设置，生活化问题情境的营造，能让学生亲身体验，"深陷其中"，从人类本能出发，将会激发学生的好奇心，发挥学生的想象力，开展自主、合作、探究学习，让学生在做中学、学中做、研中学，优化学习方式，提高学习效能。

三、在做中教，加强"教"的引领

在做中学的过程中，加强"教"的引领作用，充分发挥学生的自主作用，将学习主动权交给学生，教师针对学生学习过程中出现的疑难困惑，适时点拨、诱导，教会学生学习，学会思考，学会合作，学会探究，学会创新。例如，在"制作真核细胞的三维结构模型"教学中，每组学生根据教师提供的"信息1：细胞和各种细胞器大小的参考数据；信息2：各种细胞器的形态结构和主要功能"反思修正自己的模型。通过"问题探讨1：细胞中哪些结构具有膜结构？哪些结构具有双层膜？问题探讨2：细胞中哪些结构是相连的？查一查，你们的模型中有没有体现？看一看，各种膜结构配件的制作是否体现其结构特点？"让学生通过观察、反思、修改、完善模型，学会建构生物学模型，加深对细胞结构的理解，提高学生生物学核心素养和关键能力。

四、做中评，提高"学"的效能

高中生物学新课程理念之一，是通过评价促进学生发展。例如，在"制作真核细胞的三维结构模型"教学中，在设计"教学做合一"方案的同时，围绕教学目标的达成，设计以表现性评价为主的多元评价标准，分模型科学性、方案设计、材料创新、制作工艺、小组合作、展示效果等评价元素，确定权重分数。以小组为单位，开展模型制作比赛，组内分工合作完成模型，先进行小组自评和互评，找出存在的不足,修改、完善、创新本组作品,最终各组派一位代表展示并介绍模型的结构、功能和创新之处。通过多元评价激发学生学习的动力,优化教学方式,培养学生生物学核心素养和关键能力,提高教学效能,促进师生发展。

综上所述,在生物学"教学做合一"课堂教学中,通过学中设,创设"教学做"的任务或问题情境,激发学生学习探究欲望,发挥教师做中教的引领作用,以项目式、探究式为主要教学形式,指导学生在做中学、学中做、研中学、做中评,激发学生学习的兴趣,优化教学方式,提高教学效能,培养学生的生物学核心素养和关键能力,促进教师的专业能力提升,深入推进学校生物学课堂教学改革。

【参考文献】

[1] 王磊,张健伟,苏伶俐.科学学习与教学心理学基础[M].西安:陕西师范大学出版社,2002.

[2] 丁奕然.科学实践变革引领下的生物学教学策略探讨[J].中学生物教学,2019(12):21-24.

[3] 张欢.高中生物教学中学生核心素养的培养策略[J].中国校外教育,2020(3):98.

【导师点评】

作者将生物学新课程理念及项目式学习方式,与教育家陶行知"教学做合一"理论相结合,以"制作真核细胞的三维结构模型"为例,通过在学中设,营造"做"的情境,在做中学,优化"学"的方式,在做中教,加强"教"的引领,做中评,提高"学"的效能,开展核心素养理念下的生物学课堂"教学做合一"模式的实践探索。该文选题方向新颖,直面生物学教学改革教学及评价方式等卡脖子问题,具有前瞻性,论点明确,格式规范,条理清晰,课例典型,理论联系实际,对转变学生被动的学习方式、教师落后的教学评价方式,落实生物学核心素养,推进生物学课堂教学改革,具有一定参考价值。望在生物学教学中,继续深入学习、实践,不断提高理论水平,总结经验,多出成果,形成自己的教学特色。

郭士安

2022 年 4 月

"三新"背景下深度阅读教学实践思考

——以 *The Amazon Forest:a Natural Treasure* 为例

陈卓琦

【摘要】随着 2020 年高中英语课程标准的修订,2020 年牛津英语新教材在 2021 年新高考中的实施,英语阅读教学不能单维度传授语言知识、处理词汇和表面信息,应从内容、语言、思维多角度进行深层文本阅读活动。教师以预测、分析、概括、评判等深度阅读活动设计,帮助学生建构结构化知识,提升思维品质、阅读素养。教师的阅读课设计从浅到深,从碎片到结构,从知识到内容、语言和思维的三维变化,从解决题目到解决实际问题的转变。本文以译林牛津新教材为例,从三个角度分析了深化阅读教学实践的改进设计。

【关键词】深度阅读 牛津译林新教材 语篇 语用

一、译林牛津英语新教材深度阅读分析

译林牛津新教材专家指出,英语阅读教学不能单维度地传授语言知识、处理词汇和表面信息,应从内容、语言、思维多维度进行深层文本阅读活动。教学过程中,教师应基于单元主题意义,注重阅读活动质量为目的的整合思维训练,提高学生英语阅读关键能力,通过提高思维能力实现主题阅读目标,全面发展学生的语言能力、语用能力和思维能力,从而提高学生阅读素养。

以往英语阅读文本分析把大量时间用在"read the lines"。但是,深度阅读强调语篇的"深挖"与"深耕",语篇分析不能仅停留在表层,单单处理文本的字词句等语言点,而忽视对语篇结构、语用的深度处理。习惯于蜻蜓点水般获取文本的表面信息,缺少对语篇和文本内涵追问的空白使学生无法从阅读教学中提升语篇语用能力和思维能力,促进心智发展,体会英语学科的人文性。因此,教师在解读文本时需要关注"between the lines"和"beyond the lines"部分的教学活动设计,需要关注体裁,解析语篇产生的情境和作者动机,需要分析作者

为有效地表达内容主题而采用的语言形式〔刘学惠 2017〕]。课标规定篇章知识运用能力分 9 级,规定学生学习语用逻辑衔接连贯等篇章知识,直至建构语篇。教师应利用新教材多方面解读教学文本,深挖语篇在语言教学和人文教育上的价值和资源。比如,牛津英语新教材"Reading"除了 A1 整体理解题、A2 细节理解题外还设置了 A3 深度理解题,问题设置是要求学生对文本作者的态度、写作意图和手法、联系生活实际等进行观点表达,使学生探究主题意义,通过主题意义深入探究,培养语篇意识,提升语言能力,构建多元文化视角,提升思维能力(尤其是批判性思维)的发展。

二、基于语篇语用的深度教学改进设计

在牛津英语新教材落地的一线教师层面,改变原有的教学方式,如何提升阅读课质量,从浅到深,从碎片走向大结构,从知识走向内容、语言、思维的三维,从解决题目走向解决实际问题,笔者进行了以下几方面改进设计。

(一)增加预测 改进设问

课堂上启发学生预测是开启深度阅读的第一步。预测具有启发学生阅读兴趣和开放思维的作用。比如,利用语篇标题预测其中可能涉及的文本信息和内容。

必修三单元一 The Amazon Forest,常见做法通过视频直观认识亚马孙森林及其中的动植物,并引入文中部分专业词汇,如 biodiversity, extinction, irreparable。

换个问题,以"According to the title and pictures, what is the passage about?"开始阅读课。这种提问方式普通教师不敢用,怕学生答不上来,课堂中出现冷场,但正是这个预测能激活学生对相关话题的背景知识,激活学生的阅读兴趣和动机,如果预测太过笼统,可以把大问题分成几个小问题。

例如,结合视频把问题改成几个小问题。

1) How much do you know about the Amazon rainforest? (the largest rainforest in the world, rich biodiversity, the Amazon River, deforestation....)

2) What do you think is a treasure? (Something valuable, rare, indispensable)

3）Why is the Amazon rainforest called a natural treasure?

通过细化文章标题预测的设问，可以激发学生的兴趣和思维，为阅读做铺垫。问题设置除多项选择、封闭式问题外，可加入更多开放性问题，具有真实情境沟通价值的问题，如区分事实和观点、识别主要信息和次要信息、发现作者的真实意图和态度、归纳理性结论、辨析隐含的意义等。

（二）关注衔接 感悟连贯

英语深度阅读课堂中的语篇分析强调语篇的整体篇章结构和衔接连贯。对高阶思维等关键阅读能力的考察是新高考命题方向。从语用角度出发，展开语篇中新旧信息的分析，预设信息作为文章信息流的起点生成新信息，后新信息又转化为后文中的预设信息。通过语用，传递扩展文本信息，使句与句、段与段紧密衔接，构成连贯而紧凑的语篇整体。教师可从语篇的表层和底层两层结构上分析语篇衔接性和连贯性。常见教师在 The Amazon Forest 课文第三段（Plant biodiversity）和第四段（Animal biodiversity）处理上使用"Mind map"的形式呈现对段落细节信息的把握。

此处可追问学生"How can you get a clear picture of the forest's different levels?"如何在第三段获取信息，其中通过分析文本信息中"at the bottom，above that，the next level，then，and finally"等逻辑衔接词，帮助学生感知说明文写作手法和文体特征，教学生在自己写作中合理使用逻辑连接词，使文章的句子和段落脉络清晰，信息连贯，结构严谨。

第四段引导学生关注并指出"one example，one element of this forest's food chain"所指代内容为 jaguars，同时引导学生思考替代省略，比较"This jaguar is one example"与"This jaguar is one example of 400 animal species"，未使用替代手法的表达效果和使用后的效果差异，思考"one element of this forest's food chain"为何没有省略。点出替代所起到的连贯作用后，让学生阅读下一句，评析语用特征，思考后文使用"They feed on"替代"jaguars"，而"These frogs，in turn，feed on"未省略。学生根据新旧信息，关注此句意义省略前后是否完整并思考这样表达的效果，从而掌握省略后使语句之间的联系更加紧密，句子成分之间关系更紧凑。通过比较不省略的"one element of this forest's food chain；these frogs feed on"，归纳运用省略的条件。

该课文作为说明文文体特征的其他写作特点,如列数字、作比较等都属于深度阅读。强化语篇意识,加深语用理解使学生的阅读活动不局限于文本信息的提取和重现,在学生关注文本中显性逻辑连接词的同时,引导学生关注语篇中隐性的替代省略等连贯手段的使用,深耕说明文语篇模式,如写作手法、文体特征和价值取向。

(三) 以词概全 深化主题

深度阅读教学应鼓励学生以词概全,通过词汇概括拓展学生隐性的思维活动,这不仅培养学生提取关键信息的能力,还培养学生归整概括总结的能力,以这种改变学生阅读活动的方式,提升思维品质。

例如,阅读课细节理解结束后回到课文标题 The Amazon Forest:a natural treasure,结合习近平总书记会议精神"绿水青山就是金山银山",翻译重释标题得出 Green is gold 的精神主旨。

追问 The Amazon Forest 最后一段以 As the impact of human activities continues to grow and the list of species in danger of extinction becomes longer,we are left with a question:Can we afford to damage the lungs of the planet?

学生能答出"No,we can't."但如果进一步结合时事新闻亚马孙大火,追问:If it means a better income for their people,we are left with a question:Should they be blamed for destroying hundreds of thousands of acres of rainforest? What should people do to practise Green is gold? 真正提高学生环境保护(全球命运共同体)的意识。

三、深度阅读教学与一线教师的冲突与解决

新课标、新高考背景下生成的牛津新教材中的教材设置力图克服阅读教学"理解浅表化"的倾向;帮助教师更新阅读教学理念。新教材针对课文写作背景、文体特征、语篇框架、语言特色、写作手法等方面进行了更新,而一线教师所说的新教材使用时困扰很大,笔者认为,一线教师应从自己身上找问题寻方法,改变自身的惰性和固有思维。在实践阅读深度教学中指导学生总结文章的语篇结构和文体特征,指导学生借助信号词进行预测判断并精确提取信息,预知

下文信息,把握句子衔接连贯和段落间关系。学生以主题意义探究为目的,以语篇为载体,在理解和表达的语言实践活动中,融合知识学习和技能发展,通过感知、预测、获取、分析、概括、比较、评价、创新等思维活动,建构结构化知识,在分析问题和解决问题的过程中发展思维品质,形成文化理解,塑造正确的人生观和价值观,促进英语学科核心素养的形成和发展(王蔷 2018)。"三新"已经落地,基于新教材的深度阅读教学虽然有挑战,但更有依据,有指引,每位一线高中英语教师都应在以培养学生阅读素养为出发点的高中英语深度阅读教学中努力投入,砥砺前行。

【参考文献】

[1] 梅德明,王蔷.《普通高中英语课程标准(2017 年版)》解读[M].北京:高等教育出版社,2018.

[2] 陈则航.英语阅读教学与研究[M].北京:外语教学与研究出版社,2016.

[3] 程晓堂.在英语教学中发展学生的思维品质[J].中小学外语教学(中学篇),2018(3):45 - 46.

[4] 杜锐.拓展阅读教学,落实核心素养[J].中小学课堂教学研究,2018(8):57 - 58.

[5] 黄远振.词义概括:英语深层阅读教学的着力点[J].中小学英语教学与研究,2017(9):67 - 68.

[6] 刘学惠.深耕课堂教学,追寻英语学科的育人价值[J].江苏教育,2017(3):45 - 46.

[7] 程晓堂,赵思奇.英语学科核心素养的实质内涵[J].课程·教材·教法,2016(5):25 - 27.

【导师点评】

文章的内容是基于新教材、新课标的教学实践。陈老师以"The Amazon Forest:a Natural Treasure"为例,详述了以预测、分析、概括、评判等深度阅读活动设计为抓手,帮助学生建构结构化知识,提升思维品质及阅读素养的具体实践过程。

深度学习,是指在教师引领下,学生围绕具有挑战性的学习主题,全身心积极参与、体验成功、获得发展的有意义的学习过程。学生深度学习能力的发展是学科核心素养培育的一个具体体现。教师作为课堂教学的引领者,需要更新教学理念,尝试新的教学方法,而深度学习理论为英语教学提供了基础和契机。高中英语深度学习的目标是学习者通过思考、探究、反思等深度学习活动,形成内在学习动机,有意义地建构语言知识,提高逻辑性和批判性思维,最终获得学习能力。

陈老师力图转变固有的、低效的、脱离情境的教学方式,还学生主体地位,并为学生搭建支架,激励学生自主探究文本。教学设计将阅读与运用有机结合,从文本情境向生活情境迁移,学以致用。从文章中我们可以发现教师的阅读课设计脉络清晰,即:从浅到深,从碎片到结构,从知识内容到逻辑思维,从解答阅读题目到解决实际问题,学生的创新思维能力在阅读中得以培养。论文体现了教师对新课标学习、思考与实践,体现了教科研的意义所在。

缑富成
2022 年 4 月

师生合作评价模式在英语读后续写反馈中的应用

段　荣

【摘要】随着新课标的逐步实施,对英语综合能力提出了新的要求。读、写的有机结合越来越成为教学的重点。读后续写题型正式进入新高考全国卷,对高中英语写作教学提出了新的要求。然而面对大班教学的现状,英语写作一直是英语教师头疼的问题。本文通过分享课例方式,着重探讨师生合作评价模式在读后续写中应用,以求在提高学生写作水平的同时,减轻教师负担,更高效、更高质量地进行反馈。

【关键词】师生合作评价　读后续写　反馈模式　新高考

一、引言

随着全球化的深入发展,不同国家在政治、经济、文化领域中的多维度深层次发展得到进一步强化。英语作为一种通用语,在国际舞台上的重要性更突出。英语写作作为一种常见且重要的交际手段,成为学习英语过程中不得不面对的话题。其在各项考试中占有很大比例。以新高考卷为例,写作部分的分值为应用文写作 15 分、读后续写 25 分,总分 40 分,占全卷分数比为 26.67%。因此,写作成为高中英语教学中不可或缺的一环。

《普通高中英语课程标准(2017 年版)》(下称"新课标")中明确强调对学生综合运用能力的培养。写作很大程度上反映了学生对英语综合能力的掌握水平以及教师的教学成果——成为一线教师最为重视的教学重点。

二、现阶段高中英语写作教学现状

听、说、读、看、写是英语的五大技能,但一线英语教师并不能对其做到一视同仁,重视程度有明显差别。虽然英语写作作为一线教师的教学重点,但其教学产出的效果与其他项目(如阅读)相比,不甚理想。由于英语写作的综合性特点,一线教师更应给予足够的重视。

英语写作一直处在高中英语教学中的弱势地位。其原因可从教师和学生两个角度分析。对教师而言:第一,批改作文需要花很多时间,尤其是超大班教师。第二,大部分高中学生思维能力有局限性,教师对其写作的语篇结构、思想维度等不作重点要求,导致反馈时往往从词法、句法出发,过分偏向语言层面。这种现象又和"综合"两字有出入,导致学生的英语写作水平提高不明显。对学生而言:第一,若英语基础较差,写作是一个困难重重的任务,或思考跟不上,或有想法又难以用英语表达,或语法错误太多而得不到教师积极的反馈,导致这些学生害怕写作,对写作产生畏难情绪。第二,写作相较于其他题型提分难度大,时间长,短期效果不明显。从考试性价比角度来说,不如其他项目涨分快。这也是当下写作教学处于劣势地位的主要原因。

三、当前英语写作的各种反馈模式

当前英语写作反馈模式主要有教师反馈、同伴反馈及教师和同伴反馈。

传统的教师反馈模式在当前的英语课堂教学中占主要地位。一般而言,和学生相比,教师的英语水平往往处于上位,能快速地看到学生作文中的语法错误,一针见血地提出错误,学生在看到教师的反馈后能迅速明白错误,并进行修改。这种教学模式对学生的写作可进行行之有效的反馈。然而,由于班级学生数多,这样的反馈模式对教师提出了很高的要求,极大地增加了教师的工作量。因此,这种反馈模式必须与时俱进,适应时代要求。

同伴反馈是近些年来兴起的另一种反馈方式。有些专家将其细分为同伴互评和同伴辅导两种模式。其中,同伴互评是指水平相近的学生之间相互指导。同伴辅导是指水平高的学生对水平低的学生进行辅导。由于学生生理和心理相近,有时更明白对方想表达的观点,从而更好地给出修改意见。这一过程也将原来缺乏动力、较为枯燥的作文修改过程变为生动有趣的交流过程,还能锻炼学生的交际能力。同时,减轻教师的压力。然而,大部分学生的英语水平有限,不能完整快速地找到同伴作文中的错误或值得商榷的点,与教师反馈相比,其直接性和有效性处于劣势。

教师和同伴反馈则是上述两种评价模式的优化。其中,师生合作评价模式则是基于北京外国语大学文秋芳教授提出的"产生导向法"。"产生导向法"的理论体系由理念、假设和以教师为中介的教学流程三部分组成。该方法产出任务频次高、类型多,而班级学生数量较多,两者结合导致教师反馈任务量十分繁重。基于此,"师生合作评价"是解决"产生导向法"产生难题的一个重要途径,有助于减轻教师负担,增加学生的参与感与获得感。"师生合作评价"分为课前准备、课内实施和课后活动三个阶段。

(一)课前准备阶段:学生应完成任务,提交结果。教师应对学生的结果进行梳理,从而选择多数学生出现的典型错误,再根据教学目标,决定课内师生合作评估的重点和步骤,接着设计练习,用于帮助学生解决结果中出现的问题。

(二)课内实施阶段:教师需要布置评估任务的要求和步骤,完成课内典型的任务,进行示范,再带领学生完成练习,以强化掌握重点语言形式。学生需要理解教师要求,先独立评价,再开展对子讨论。接着进行全班交流与讨论,了解不同修改版本的利弊,同时完成语言形式练习。

(三)课后活动阶段:学生根据课内教师使用的修订模式进行自我修订、同伴互助修订或提交机器进行自动评分和点评。教师则有计划地普查或抽查部分批改结果,总结学生修改情况及出现的问题,并选出优秀修改范本。

四、"师生合作评价"在读后续写教学中的实践

(一) 读后续写对教学的反拨作用

当今语言测试设计的首要考量因素为反拨效应,即能否通过考试来促进语言学习。"新课标"中明确指出"读是理解性技能,写是表达性技能,两者在语言学习过程中相辅相成、相互促进。学生应通过大量专项和综合性语言实践活动,发展语言技能"。由此可见,读写结合的训练任务在高中阶段应扮演重要角色。读后续写完美地契合了这一点,成为实践读写结合活动的重要载体,能切实提高学生的英语综合能力。

读后续写是一种将语言输出与输入紧密结合的一种考查形式,旨在加速提高学生语言运用能力。由于在同一语场内,读与写的结合就如同对话的双方。在这个过程中,双方相互配合适应,动态调整,以致出现趋同或协同效应。在高

考中,给定材料进行续写,学生续写内容的逻辑、形式只能与给定材料一致,不得不产生"协同效应"。再者,语言学习者接受输入的能力即理解能力往往大大于输出能力,通过读后续写这种形式,借鉴给定材料的语内和语外提示,学习者往往会产生"拉平效应",即输出能力水平向输入能力水平靠近,从而提高语言学习者的语言习得水平。

(二) 教学实施过程

1. 课前活动阶段:精心挑选,确定文章

教师布置写作任务的原文语境是人与社会。讲述了主人公想给自己的老公送上特别的圣诞礼物的由来以及送礼物的过程中孩子的帮助。其中要求学生接续描写的两个段落首句分别是:That was when the idea of his Christmas present came./Feeling their dad's happiness, my children joined me. 贯穿文中的有一个线索词:envelope,但是大部分学生没有意识到这个 envelope 就是"我"给老公的礼物,而是发挥自己的想象,想象出其他的圣诞礼物,这显然是在阅读文本环节出现了问题。另外,学生的续写风格也与原文有较大差异,与所给提示语联系松散,句与句之间及段与段之间联系不够紧密,衔接度差。从词法句法层面来说,学生的初稿中出现大量时态错误、主谓不一致、词汇使用错误,甚至单词拼写错误。读后续写的情节是评价的重中之重。学生对此篇练习的内容理解有较大偏差,所以笔者将这节课的评价任务重点设置为对续写内容、与原文融洽度及续写两个段落之间衔接连贯与否,以语言质量为第二考量标准。

选择样本时,笔者考虑以平均分左右的作文为典型样本。这类作文具有典型性,包含学生常犯的错误,包含情节和语言。这样可以使学生产生共情,能映射到自身。若选取样本的质量过于优秀或过分低劣,则不利于进行师生合作评价。样本和评价重点如下:

典型样本

That was when the idea of his Christmas present came. Maybe the happiness of these children was the greatest thing for my husband. I glared at the children who were ragged, crying at the corner of the church. Of course, their parents were also sad, I told to all the people that didn't leave the church until I came back. Everyone was confused about what I would do. I drove my car as fast as I could to the sports shop. I brought lots of uniforms, shoes, footballs and so on. After several minutes, I returned to the church, saying: "all the children who participated in the competition could receive awards." The children who lost the game walked toward slowly. "Don't care, it just a game." I gave them a relief. All of them deserted the sadness before, holding these things to their fathers.

Feeling their dad's happiness, my children joined me. Helping me hand out these clothes and balls. At the same time, my husband who sat on the chair showed his happiness about my behavior, coming to give me a hug tightly. He told me that it was the best present he had ever received at Christmas. It was unnecessary for him to buy things like shirts, sweaters and so on. What he needed the most was children's happiness. After handing out these small things. All of us held other more activities to celebrate the coming Christmas. After several hours, most of the children and adults were too tired to continue more activities. Not everyone in the world likes physical presents at Christmas or other festivals. Psychological presents are much more meaningful than other in some aspects.

评价焦点

角度一：评价续写内容、风格与原文融洽度

学生作品是否符合出题教师的出题思路？续写作品与原文风格是否一致？续写作品与原文逻辑联系是否紧密？续写作品是否与给定段首语衔接紧密？续写作品句与句之间是否逻辑自洽且连贯？

角度二：续写作品的语言水平

续写作品是否存在低级语法错误？续写作品是否有长句和难句？续写作品是否恰当使用了代词、连接词或一些恰当句式使短文衔接连贯。

2. 课内实施评价：问题指向，讲评结合

本节课中,教师对该典型样本的评价分为两个任务进行实施。通过教师讲和学生评两个阶段,完成评价任务。学生在了解评价标准、完成评价任务后,进行修改,完成二稿。"评"是为了让学生明白样本不足之处在哪里以及如何有针对性地进行修改。"讲"是为了让学生明白如何根据要求写以及为什么这么写。

讲评步骤

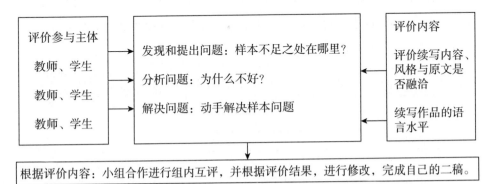

角度一:评价续写内容、风格与原文是否融洽

教师向学生展示这篇作文,进行头脑风暴。教师提出以下问题:What do you think of the plot? Is it reasonable? If not,why? 从而将学生专注的重点聚焦在续写的内容上。有些学生认为该篇样本出现了圣诞礼物,且内容积极向上,表达了乐于助人的精神,是符合主题要求的;有些学生则有其他看法。他们认为文中已经提到了"我"给丈夫的礼物就是一个"信封",而该篇样本没有提到"信封"这一重要线索,反而生造出其他礼物,显然与原文作者的意图不相吻合。虽主题相同,均为乐于助人,但在故事展开方面值得商榷。

在学生注意到问题后,教师接着提问如何将圣诞礼物和"信封"结合在一起。学生注意到"我"将信封挂到圣诞树上,又注意到丈夫不喜欢常规的圣诞礼物,由此可以推测到"信封"就是"我"送给丈夫的圣诞礼物。"信封"中的内容则是文章的重点。如何让丈夫满意是需要学生推测的关键。通过上文铺垫,"我"的儿子和来自一个教堂赞助的穷孩子队进行足球比赛,他们因比赛装备和训练不足而导致比赛失败,而"我"的丈夫出于惋惜,希望这些穷孩子也能赢得一场胜利,说明"我"接下来的行动应该是去帮助这些穷孩子购买装备和给予必要帮助。就这一点而言,样本作品还是有所涉及。教师此时再引导学生注意如何让学生将"信封"和给他们提供的帮助结合在一起。样本显然没有注意到圣诞礼物和信封之间的关系,是一个比较大的疏漏。教师可以提问"What is in the envelope?",让学生进行分组讨论。通过讨论,学生得出很多答案。有的学生认为是买东西的收据,有的学生认为是给丈夫的一封信,有的学生则认为是"我"资助这些穷学生之后的合影。通过这些讨论,学生了解到"信封"可以和帮助他人以及使"我"丈夫开心的圣诞礼物联系在一起,从而抓住了文章大致的脉络走向。接着,教师让同学们写出自己的四个定位部分概要和两个衔接的桥。

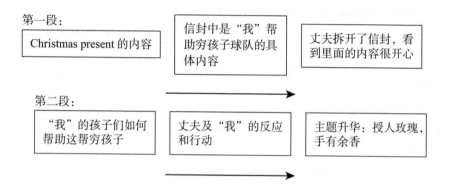

至此,学生已经完全构建出续写部分主要的故事情节。

角度二:续写作品的语言水平

该典型样本中出现了比较多的语法错误,同时伴有一些有亮点的句子。教师和学生进行小组讨论,要求将样本中有问题的句子用下画线画出来,并给出自己的修改方案。同时要求学生把一些优美的语言用波浪线画出,并思考是否能进一步修改。该典型样本中出现了句型不完整、缺成分、搭配不当等众多错误,这也是该班学生经常会出现的错误。要求学生改善,同时也是提高学生纠错能力的好机会,能引起学生的注意。

在其修改后,进入评分环节,下发评分表,进行评分。根据学生组内打分,得出样本平均分。(评分表如下)

内容	分值	评分员 1	评分员 2	评分员 3
衔接原文	6			
内容丰富	6			

内容	分值	评分员 1	评分员 2	评分员 3
语法词汇	5			
上下文连贯	4			
卷面	4			
总分	25			
评语 1：				
评语 2：				
评语 3：				

学生讨论时，教师在班级中进行指导。完成同伴互评后，教师选出优秀修改点评样本，并进行展示，从而让学生明白应该如何进行评价。

3. 课后活动阶段：总结思考，形成记忆

要求学生根据同伴互评结果进行修改，形成自己的二稿。通过一稿和二稿的比较，分析评价的结果，推动学生读后续写水平的提高。教师要求学生进行思考总结，写出下次进行读后续写训练时需要着重注意的方面，并放入自己的学习档案中。

五、注意事项

在实施师生合作评价模式过程的各个阶段，都有一些需要重视和注意的环节。

课前：目标精准，例子典型。根据读后续写的题型特点，每次聚焦不同的评价方面。例如，本篇文章在"读"的环节中存在较大问题，则应选择情节较为不合理，衔接较为不连贯的学生习作作为典型样本。在设计评分表时，分数分配比重向情节方面倾斜，从而培养学生重视情节合理的意识。

课中：鼓励合作，提高热情。在实施过程中，学生可能因各种因素遇到阻碍，教师需要及时指导，帮助他们克服害羞或胆怯心理，说出心中的真情实感。在讲解示范时，教师要讲透讲实，有一定的可参照性，让学生参照执行。同时，要善于发现学生闪光点，给予及时的反馈和表扬，形成正强化，保持积极性，让学生积极主动地参与合作评价，从而更好地提高他们的修改以及完整的写作能力。

课后:注重总结,形成经验。在完成师生合作评价后,教师需要进行阶段总结,看到在实施过程中的优缺点,并有针对性地进行表扬或完善。将优秀习作进行汇编,形成示范作用,让其他学生更加直观地看到师生合作评价的成果。

六、结语

在同伴互评的过程中,学生对作文情节有了进一步思考,能锻炼自己阅读的能力。同时,通过传阅大量的同伴作文,对自己的思路也是一种开阔。在注意到同伴所犯错误后,能引起主动注意,避免下次自己犯相似的错误。也是有了同伴的范例以及肯定和指导后,这些学生能产生积极的情绪,对读后续写这种英语作文形式有了更多的兴趣。

通过教师和学生的合作,应用师生合作评价模式在读后续写中积极进行探索,学生的读后续写水平确实得到了显著的提高。同时,这样的方法也减轻了教师批改的压力,从而让教师在布置读后续写练习时不再投鼠忌器。综上所述,师生合作评价在读后续写中效果良好,能从教师和学生两方面切实解决当前英语写作教学的难点,可以提高教师的反馈效率和学生的自我效能感,促进学生写作水平有效提高。

【参考文献】

[1] 陈琳.教师反馈和同伴反馈在高中英语写作教学中的效果对比分析[J].海外英语,2020(24):202-203.

[2] 邓鹂鸣,岑粤.同伴互评反馈机制对中国学生二语写作能力发展的功效研究[J].外语教学,2010,31(01):59-63.

[3] 姜琳,陈锦.读后续写对英语写作语言准确性、复杂性和流利性发展的影响[J].现代外语,2015,38(03):366.

[4] 中华人民共和国教育部.普通高中英语课程标准[M].北京:人民教育出版社,2018.

[5] 文秋芳.师生合作评价:"产出导向法"创设的新评价形式[J].外语界,2016(5):37-43.

[6]杨丽娟,杨曼君,张阳.我国英语写作教学三种反馈方式的对比研究[J].外语教学,2013,34(03):63-67.

[7]张今,唐志超.同伴辅导与同伴互评在英语二语写作教学中应用的比较研究[J].西部素质教育,2020,6(09):199-200.

[8]张小红."师生合作评价"在英语写作教学中的运用探索[J].教学月刊·中学版(外语教学),2021(Z1):77-81.

【导师点评】

写作实质上是一个创造性过程,包括准备、写作、评价及修改与再写作等阶段。在英语写作教学中,教师的评价比较注重修改学生作文中的错误;此外,学生在英语写作过程中会出现多样性问题,但由于时间有限,一次评价不可能将出现的问题全部解决,只能解决普遍性问题,这样的评价反馈大大降低了写作反馈的针对性,也会削弱学生的写作积极性。

本篇论文是作者在"读后续写"评价反馈上不断探索的一个缩影。通过一堂写作讲评课的课例向我们呈现的是一种新的评价反馈模式及其应用的效果和策略。本篇论文始于实际问题、源于理论学习、基于实践研究,条理清晰,有理有据。同时,作者在实践中梳理了师生合作评价模式的实施要点,易操作、可借鉴、值得推广,为高中英语写作实践研究带来了新的发展思路和努力方向。

茆颖萍

2022年4月

三维语法教学观在高中英语语法教学中的实践探索

——以 2020 译林版高中英语选择性必修三 U2 语法主语从句为例

冯新峰

【摘要】本文基于"形式—意义—使用"三维动态语法观教学理念，以 2020 译林版高中英语选择性必修三 U2 语法主语从句为例，从紧扣主题，创设情境，在师生互动中感知语法形式，基于语篇，深化理解，在语篇活动中内化语法意义和拓展主题，超越语篇，在情境化交际任务中强化语法使用等三个维度尝试"三新"背景下高中英语语法教学实践探索。

【关键词】三维语法教学观　高中英语语法教学

一、引言

《普通高中英语课程标准（2017 年版 2020 年修订）》（以下简称新课标）倡导以语言运用为导向的"形式—意义—使用"三维动态语法观。该教学观认为，在语言使用中，语法知识是"形式—意义—使用"的统一体，与语音、词汇、语篇和语用知识交织在一起，共同参与传递语篇的基本意义，语法知识的使用不仅需要做到准确和达意，还要做到得体。因此，在教学中，教师应重视在语境中呈现新的语法形式，让学生在语境中观察语法形式的使用场合、理解其基本意义和语用功能，让学生学会在语境中运用语法知识理解和表达意义，提高准确、得当、得体地使用语言形式的意识。三维动态语法观倡导语法教学应与主题情境、语篇相结合；语法教学活动的层次包括学习理解类、应用实践类、迁移创新类；语法教学活动的特点是将语言、思维与文化融为一体；语法教学的方式与手段是在听、说、读、看、写等语言活动中获取语法知识。

此外，三维动态语法观的教学理念在 2020 年秋季开始使用的译林版高中英语新教材 Grammar & Usage 板块的设计编排中得到充分体现,Exploring the rules 和 Applying the rules 两部分很好地体现了感知—归纳—应用的原则,语境式地呈现目标语法,引导学生在语篇中观察、探究语法现象,自主归纳核心语法规则,并且在新语境和活动中正确使用语法。新课标三维动态语法观的教学理念和新教材的投入使用为语法教学提供了全新的视角和更科学的语法教学方法。

二、三维语法教学观在高中英语语法教学的实践探索

笔者以开设的 2020 译林版高中英语选择性必修三 U2 语法 subject clause (主语从句)市级公开课为例,浅谈在三维语法教学观教学理念下,围绕语法教学的三个阶段提出相应的教学策略,将语法教学与主题和语篇紧密结合起来,让学生在主题意义探究的过程中获取、练习和应用语法知识。

(一) 紧扣主题,创设情境,在师生互动中感知语法形式

2020 译林版高中英语教材每单元的语法板块的 Exploring the rules 部分都提供了一篇围绕本单元主题的语篇,主题为语法学习提供了主题范围或主题语境,语篇为语法学习提供了内容载体,学生需要在主题意义的引领下,以语篇为依托获取、操练、应用语法知识。教师也可以创新主题语境,用含有目标语法项目的句子或段落导入语篇主题,激活学生相关的背景知识,以笔者开设的高中英语选择性必修三 Unit 2 语法板块主语从句公开课导入部分为例,本单元的主题是太空探索 Out of this world,其语法点为 that, whether, wh-question word 以及 it 作为形式主语所引导的主语从句,在导入环节,笔者以一幅仰望星空的图片配以英文歌曲 Vincent 开始,引出太空探索话题:

T:Boys and girls, do you like this song? Have you ever heard of this song? Do you know this song's name?

S:Yes, it is Vincent.

T:Do you think it is fantanstic and romantic to enjoy this song on a starry night?

S:Yes.

T:Looking to the starry sky, what do you often wonder about?

S:Where is the boundary of the universe?

S:When and how did the universe come into being?

S:Is there any other intelligent life in the universe?

S:Can we find an Earth-like planet in the universe?

S:Most of the stars are far beyond our reach so far.

S:...

在回答"Looking to the starry sky, what do you often wonder about?"这一问题时,经过头脑风暴,围绕"星空遐想",一方面在无痕中带领学生迅速进入本节课的主题,另一方面学生在回答中生成了大量的特殊疑问句、一般疑问句和陈述句等句子资源,为下一环节名词性从句的呈现做好了铺垫和准备。

T:Among so many thoughts, which one interests you most or leaves you in deep thought or you make feel...?

S1:Where is the boundary of the universe?

T:So we can say: Where the boundary of the universe is interests you most. How about you?

S2:Is there any other intelligent life in the universe?

T:So whether there is any other intelligent life in the universe always leaves you in deep thought. How about you?

S3:Most of the stars are far beyond our reach so far.

T:That most of the stars are far beyond our reach so far makes you feel desperate. Or it makes you feel desperate that most of the stars are far beyond our reach so far.

T:Can you find out the subject of the three sentences?

S1:Where the boundary of the universe is.

S2:Whether there is any other intelligent life in the universe.

S3:That most of the stars are far beyond our reach so far.

T:Good job. We can find that all sentences like the statement sentence, yes-no sentence and wh-question sentence can function as a subject, this clause is defined as a subject clause. Can you find out how we can make a sentence into a subjuct clause?

通过 Among so many thoughts, which one interests you most or leaves you in deep thought or make you feel...？ 这一问题的设计,师生互动对话,逐一呈现名词性主语从句,在这一过程中教师引领学生感知,解构,理解名词性从句,并适时提出名词性从句的概念,通过比较三种句子类型作为简单句和充当主句从句后的句型形式变化,让学生在对比观察中初步感知三种句子类型构成主句从句的基本形式、引导词和语序以及主语从句与其主句之间的关系,此过程发挥了学生的主观能动性,且重视学生的体验,激发了学生的学习兴趣,帮助学生建立对主语从句的感性认识,为下一环节在语篇中识别并找出主语从句做好准备。习得语法的最佳途径是让学生主动地体验语法,分析规则,对比并理解规则,即在有意义的情境中进行英语教学。语法规则呈现方式的革新启示我们,语法教学要从关注教师的讲解转变为关注学生在学习过程中的参与和主动建构。教师要引导学生先去理解含有目标语法的语篇,再去关注目标语法形式、意义和运用,继而借助"脚手架"归纳语法规则。以搭建"脚手架",帮助学生比较与分析语法现象,自主归纳语法规则。这种教学模式属于归纳法,课堂以学生为中心,而教师只起到课堂教学的设计者和促进者的作用。语法教学方法从演绎法转变为归纳法,让语法课堂真正实现从以教师为中心变成以学生为中心,让枯燥乏味的语法学习变得生动、有趣。

（二）基于语篇,深化理解,在语篇活动中内化语法意义

程晓堂指出,语言学习者需要在语篇中接触、体验、学习和使用语言,将语法的形式、意义和功能联系起来,了解如何根据需要传达意义。新课标指出,语篇是语言学习的主要载体。语篇赋予语言学习以主题、情境和内容,并以其特有的内在逻辑结构、文体特征和语言形式,组织和呈现信息,服务于主题意义的表达。因此,教师在语法教学中应以语篇为单位指导学生进行语法学习,将新课标所提倡的"形式—意义—使用"三维动态语法观融入语篇的学习中,挖掘语篇价值,帮助学生识别语法形式、理解语法意义,进而灵活运用语法,促进学生核心素养的形成。因此,教师应充分利用新教材语法板块中所提供的 A 部分的语篇,引导学生在语篇载体中识别目标语法的形式。本节课 A 部分语篇是星空探索主题下的中外著名的天文望远镜的发展历史,笔者要求学生快速阅读 A 部

分的语篇,找出语篇中的所有主语从句。学生根据从教学环节 1 中了解的主语从句构成的三种句型形式,顺利地辨识并找出语篇中的主语从句,为下一步归纳语法 Working out the rules 做好了充分准备和铺垫。

有了前期充分的铺垫,Working out the rules 这一环节就水到渠成,学生通过小组活动很快对三种句型构成主语从句的引导词 that,whether 和 Wh-question word 进行了归纳和总结。随后笔者利用 A 部分语篇,围绕中国 FAST 望远镜设计如下活动:

To combine the following two sentences into one with a subject clause.

a. China's innovative FAST has a dish the size of 30 football fields.

b. It amazes us.

_____ amazes us.

It amazes us _____.

a. China's innovative FAST has a dish the size of 30 football fields.

b. It enables FAST to see deeper into space than any other radio telescope.

_____ enables it to see deeper into space than any other radio telescope.

a. Can FAST detect communication signals between the stars in the universe?

b. It remains to be seen.

_____ remains to be seen.

It remains to be seen _____.

a. When will FAST be open to the public?

b. It has not been announced.

_____ has not been announced.

练习中每小题都由两个单独的简单句构成,学生需要使用主语从句将两个句子改写成一个复合句。内化与运用阶段的活动更加具有综合性和实践性,教师需要打破原有语篇的局限性,让学生综合运用所学语法知识围绕单元主题和语篇内容进行语言的整体输出,如辩论、讨论、角色扮演等,或者引入主题一致、内容相关的新语篇,让学生进行语法填空,帮助学生内化所学的语法知识。在接下去的环节,笔者借用祝融号成功登陆火星这一事件,引导学生判断主语从句构成的句型,从而深化理解主语从句引导词的正确使用:

_____ China's Tianwen 1 probe successfully soft-landed on the Utopia Planitia of the Mars excited all the Chinese people.

It is all known _____ Zhurong is the god of fire in ancient Chinese mythology.

_____ Zhurong Rover will do has already been made known to the public.

_____ there is underground water on the Mars remains to be proved by Zhurong.

It still worries us _____ everything will go on well with Zhurong during its operation.

学生阅读 B2 部分关于中国探月工程(嫦娥工程)的语篇介绍,并从所提供的五个主语从句中选取四个完成短文。请学生再次阅读语篇,关注所完成的四个含有主语从句的复合句,并请学生尝试翻译成中文,其中(1)What amazed the whole nation in October 2010 ...?(2)How it laid the foundation for future exploration...(3)what advances China will make in the future...学生在英中翻译的过程中,由特殊疑问句构成的三个主语从句,不再含有疑问,而是代表一个名词的概念,可以用一个相对灵活的名词来代替。例如,第一句可翻译成"令整个国家为之惊叹的成就",第二句"为未来探索奠定基础的过程",这一过程帮助学生加深对主语从句意义的理解。

学生通过学习理解类活动获取了语法知识及话题知识后,需要通过应用实践类活动,初步应用这些知识对语篇的相关内容进行描述、分析与综合,在有意义的语言活动中掌握目标语法项目的用法,深入理解语篇的主题,培养学生的核心素养。有意义的语言输出活动让语法项目成为语义表达的工具,使教学更有情境性、趣味性和多样性。

(三)拓展主题,超越语篇,在情境化交际任务中强化语法使用

学生围绕主题和语篇完成了语法知识与话题知识的输入及深入语篇的输

出活动。接下来,他们需要继续运用上述知识完成一系列的迁移创新类活动,从而完成语法知识的输出及主题的深入理解与拓展。将语法学习内嵌在各种交际性语言活动中,有助于学习者在潜移默化中自然地习得语法知识。因此,教师需要创设交际性情境,组织交际性语言活动,只有当学生在真实的语言运用环境下借助目标语法完成情境化的语言输出任务时,学生才能把所学语法知识转化为实际的语言运用能力,促进其语法知识转化为语言运用能力。教师应超越语篇创设情境化交际任务,而这些任务是基于语境的、有意义的、调动思维的,这样才能便于学生更灵活、流利地使用语法规则,创造性地运用语言。笔者在"嫦娥探月工程"和"祝融登陆火星"的主题基础上,设计了以"Chinese astronaut meets with Martian on Mars"为题的故事续写任务,要求学生根据所给短文和配套图片,发挥主观能动性和创造性,尽可能使用主语从句完成故事。笔者给出了故事的开头:That Chinese astronaut Li Hua met with a Martian on the Mars excited the whole world. What surprised Li Hua was that the Martian was very excited too at the sight of Li. It is strange that he should speak Chinese, telling Li that he had been waiting for him for 3.5 billion years.____
_____.

想象与创造需要教师引出新的交际性情境,呈现新的问题,让学生进行小组合作学习,运用所获得的语法知识完成语篇层次的整体输出活动,解决新问题,表达自己真实的观点与态度,如书面写作、口头汇报等,最终完成语法知识的灵活运用。情景化交际任务,和前面的教学活动有所区别的是,此项活动要求学生借用真实的情境,以语篇为输出形式,既要完成特定的任务,一方面增加了任务的交际真实性,另一方面也增加了任务的趣味性,促进学生语言能力和思维能力的进一步加强和提升。其他学生在听的过程中,也从"听"的角度提升了对主语从句的敏感性,进一步加深对目标语法的掌握。

三、结语

新课标倡导三维动态语法观,高中英语语法教学不仅要关注语法形式,而且要重视语法形式的意义和功能,教学设计应结合学生发展、学科特点和学习活动,创设真实语境,在语境中呈现新知识,帮助学生在语境中理解新知识和运用新知识,指向思维品质的培养,逐步提升学生准确理解和得体使用语法形式的能力,实现英语学科素养的提升。

【参考文献】

[1] 中华人民共和国教育部.普通高中英语课程标准(2017 年版 2020 年修订)[M].北京:人民教育出版社,2020.

[2] 杨宇学,戴根元."学本英语".基于三维动态语法观的 5C 语法教学探索[J].校园英语(河北),2020(48):102 - 104.

[3] 张茹芳.高中英语三维语法教学的实践[J].教学月刊:中学版(杭州),2013(1):12 - 14.

【导师点评】

冯新峰老师以自己在苏州市开设的新教材语法教学公开课为例,详细介绍了如何在高中英语语法教学中体现新教材所倡导的形式—意义—使用三维动态语法观。

英语语法教学历来是语言教学研究的焦点,也是基础教育阶段英语教学中观点纷杂、极富争议的话题。传统的做法往往强调理解概念、记忆形式、考查检测。然而教学过程与交际语境割裂,规则学习与语言应用分离,导致教学效果十分低下。新教材所倡导的三维语法教学观力求纠正这样的偏向,促进学科教学改革。冯老师的课例展示了如何将这样的新观点应用到我们新教材的语法教学中。他设计了教学过程的三步:紧扣主题,创设情境,在互动中感知语法形式;基于语篇,深化理解,在活动中内化语法意义;拓展主题,超越语篇,在交际任务中强化语法使用。文章观点正确,操作性强,对新教材教学实践与研究有非常好的借鉴意义。

刘 健
2022 年 4 月

深度学习视角下的高中英语阅读教学研究
——以牛津译林版(2020年版)必修二 U2
Alex around the world 阅读教学为例

潘鸣琼

【摘要】深度学习理论倡导学习者用批判性的思维看待知识,在对知识进行主动构建的基础上进行深度理解,并进行有效的知识迁移,从而更好地解决实际问题。本文主要从深度解读语篇、设计问题、思维导图、以读促写四个方面的教学策略来促进高中英语阅读教学中学生的深度学习,实现阅读育人。

【关键词】深度学习　高中英语　阅读教学

一、引言

在现行的高中英语教育体系中,阅读教学所占比重越来越大,主要是阅读能力能够衡量学生综合运用语言的能力。《普通高中英语课程标准(2017年版)》提出,在阅读教学中,要通过一系列综合性、关联性的语言学习和思维活动,培养学生语言理解和表达能力,推动学生对主题的深度学习。因此,在高中英语阅读教学中开展深度学习,是培养高中生英语核心素养的必要途径,也是实现阅读育人的必要途径。

郭元祥教授说:"尽管学科育人功能蕴含在知识和学习中,但如果把知识仅仅作为学习的对象和目的,孤立地开展学科知识教学,无视学科知识教学与学生发展的生动关联性,必然会消解学科的育人功能。"英语作为一门语言,具有其工具价值及人文价值,英语语篇背后所蕴含的文化、思维、价值观等方面都要求学习者对文本进行深层次的分析与解读,这也与深度学习的本质特点一致。

二、高中英语阅读教学现状

英语阅读教学是培养学生核心素养的重要途径之一。然而,在高中英语教学中,教师在进行阅读教学时会因课时数、学生的学习能力、考试导向等因素会将教学设计的重点放在语篇中词汇的习得、长难句的分析、语法规则的理解等方面,忽视了创新迁移、思辨批判等方面的教学活动的设计,这会导致更多的浅层阅读活动,而缺少深层阅读的指导练习。同时,在教学方式上,一些教师的方式较为单一,甚至会采用"满堂灌"的方式,很少在课堂上组织学生对文本进行深入探讨或发散性思考。长此以往,大多数学生的阅读学习仅停留在"被动学习""被动接受"阶段。并且,教师在阅读课后的作业布置上也都是以语言知识点的掌握与巩固为主,阅读语篇也是以完成相应选择题的方式进行。这样的阅读教学是不丰富的。因此,在高中英语阅读教学中实现深度学习迫在眉睫。

三、深度学习的内涵

深度学习的概念最初是 Ference Marton 和 Roger Saljo（1976）在 *On qualitative differences in learning：I—Outcome and Process* 一文中提出的,学习者根据他们对信息加工的方式,可分为浅层水平加工者和深度水平加工者。在这一概念提出后,国内外众多学者开始对深度学习展开相应的理论研究。2005 年黎加厚教授在中国首次提出深度学习的概念并提出"深度学习是建立在学生理解基础之上的批判性学习,是将所学知识与原有知识进行重组与整合,将已经掌握的知识迁移运用到现实情境中,作出判断、决策并解决实际问题的学习。"我国学者张浩,吴秀娟（2012）在《深度学习的内涵及认知理论基础探析》一文中,提出深度学习应该是一种带有主动性质、批判性质的学习,是认识学习本质的一个过程。Lecun Y，Bengio Y，Hinton G（2015）在 *Deep Learning* 一文中提出,深度学习的达成,由引导者来实现,同时,虚拟的学习环境、思维导图等的有效运用,可以为深度学习提供有效的保障,以达成学习的深层次理解和思考。

本文提出的深度学习是学习者在对新知识进行理解和记忆的基础上,能运用批判性思维看待知识,并且将新知识与原有知识相结合,形成具有逻辑性、相互关联的知识体系,并能进行知识的迁移,从而更好地去认识问题与解决问题。具体到英语课堂教学中,深度学习是指学生能在教师的带领和指导下,展开有具体目标,有批判精神,能帮助自己解决实际问题的学习。

四、深度学习视角下高中英语阅读教学策略

在高中英语阅读教学中，教师指导学生进行深度学习的方式主要是通过教师对阅读文本的深入研究与挖掘，以学生的学习为中心进行一系列的教学设计，帮助学生从阅读的文本中，进行批判性思考和构想，同时在阅读中形成新的语篇认知。基于深度学习的阅读教学关注教学内容的关联性与整体性，关注学生自主探究，关注深层理解、分析、评价、创造等高阶思维发展，是培养学生核心素养的重要途径。本文结合牛津译林版（2020 版）新教材的阅读语篇——必修二 U2 *Alex around the world* 为例，从四个方面即语篇的解读、问题的设置、思维导图的运用、阅读与写作的结合来进行深度学习视角下高中英语阅读教学策略的探讨。

（一）潜心钻研语篇，深度解读

学生从阅读中获得的不仅是语言知识与信息，更重要的是思维、价值观的发展。在阅读教学中，学生的深度学习离不开教师的正确指引，这对教师钻研、解读文本的能力提出了更高的要求。葛炳芳认为："英语阅读教学需要关照阅读主体与思维层次，努力提升学生思维品质，优化课堂教学效果，进而实现英语学科育人目标与创新目标。"她还认为，只有通过对阅读教学的充分研究特别是文本解读才能改进阅读教学，以改变阅读教学中语言与信息等剥离的"两张皮现象"。由此可见，教师对语篇进行解读是阅读教学设计的基础与前提，即教师深度解读文本是其指引学生进行深度学习的关键且重要的一环。这就要求教师不能过度关注语篇中的语言知识，要从语篇整体去分析教材，深入挖掘教材的内涵与意义，灵活地实现教材与学生知识之间的整合，促进深度学习。

笔者根据阅读语篇的类型、话题、内容进行了研读与教学设计。语篇的话题是"节日与风俗"，语篇内容主要围绕旅行家 Alex 参加的印度婚礼与巴西里约狂欢节的两篇旅行日记展开。该语篇最大的特点是旅游日记分享，既然是分享，背后一定蕴含作者渴望与读者产生共鸣的希望，希望读者能在阅读中了解不同文化并对这些文化产生兴趣，甚至在读者心中播下一颗心之向往的种子，有机会读者也可以去亲身体验与感受。笔者从作者描述的活动内容、人物心情、文化差异三方面进行充分的文本研读，在此基础上挖掘语篇主体意义、写作

目的、文化内涵等体现高阶思维的内容。基于以上的文本分析,语篇的教学目标为:(1)让学生充分了解印度传统婚礼的习俗以及巴西里约狂欢节盛况的过程;(2)引导学生去主动探索这些习俗背后所蕴含的文化知识;(3)培养学生对不同文化的尊重与包容的态度,并用英语讲好中国故事,培养其文化自信。

(二)巧妙设计问题,深度思考

教学过程中教师设置问题的广度、深度与关联度对引发学生的思考起着直接决定的作用。在阅读开始前、阅读进行中、阅读活动后的三大环节中,教师设置的问题应该有连贯性且挑战性逐渐增大,以问促思,循序渐进地促进学生对语篇的深度思考能力。同时,问题设置时,教师要考虑到新旧知识的联系,充分利用学生已学知识,以便在对学生提问时进行及时追问,形成知识迁移。唯有在精心设计的问题的引导下,学生通过生生互动、师生互动等方式,从多角度进行想法的碰撞,进而引发自我判断与自我反思,由此,深度学习促进了学生思维品质的发展。

笔者在阅读教学前,针对文本标题、插图提出了 2 个有效问题:(1)How can you learn about foreign customs and traditions?(2)Describe a festival you have experienced.What happened? What was it like? 学生带着问题有针对性和有目的性地去阅读,这会让阅读更高效,从而为深度学习做好铺垫。在阅读教学中,笔者针对语篇描述的活动,提出了问题:(1)Which part impresses you most in an Indian wedding ceremony?(2)How does Alex feel about the Indian wedding ceremony? 通过这样探索类型的问题,让学生在阅读语篇中去感受作者所感,同时也表达自己的情感体验。进而笔者向学生提出问题:What's the difference between Indian wedding and Chinese wedding? 这让学生将新知识与原有知识进行比较,并思考中西方之间的文化差异。

(三)巧用思维导图,深度发散

思维导图(Mind Mapping)是一种将放射性思考(Radiant Thinking)具体化的方法。它以直观形象的方式把各种知识点、关键点自然地在图上表达出来。学生在英语学习中,通过构建个性化、可视化的思维导图,可以达到构建属于自己的知识网络的学习效果。高中英语阅读的文本整体呈现的特点是篇幅长、词汇量大、知识面广。学生,尤其是一些英语基础相对较薄弱的学生,在阅读这样的文本时会有明显的畏难情绪,觉得无从下手,即使开始阅读后也很容易中途放弃。出现这种现象的主要原因之一是学生在阅读时缺乏对文章的整体理解,心中没有文章结构的框架,不能将上下文的内容很好地联系起来。教师在阅读教学时,利用思维导图的方式,将整篇课文的脉络以更生动、更形象的形式清晰地展现给学生,从而帮助学生建立相关的知识链,抽丝剥茧,理清错综复杂的知识点和课文内容。

　　笔者在进行第二篇旅游日记(巴西里约狂欢节)的教学时,以节日中活动的时间顺序为主线设计了思维导图。学生通过完善这张思维导图的过程,能很快速地理清语篇的结构,熟悉语篇内容。并且,思维导图的应用在一定程度上可以降低学生的阅读难度,改变学生传统的学习思维方式,提高他们的阅读积极性,并有助于在以后的学习中设计思维导图,这也是深度学习的一种重要途径。

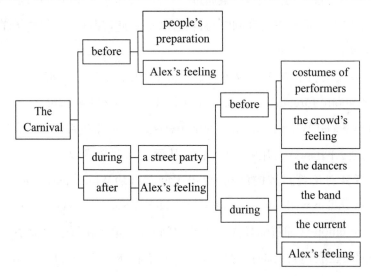

　　(四) 利用以读促写,深度拓展

　　学生进行阅读的过程不仅仅是知识输入的过程,更重要的是通过阅读让学生有输出,才能对语篇有更好的理解与思考,才能更有效地形成新旧知识之间的联系,进而完善自己的知识体系,实现深度学习。在学习英语的过程中,学生应当以核心素养为导向,对英语知识进行认真学习,并且对英语的文化内涵以及技巧特点加以充分掌握,不断深化自身对英语文化的认知和理解,提高自身的英语文化素养。因此,在高中英语阅读教学中,将"读"与"写"有机结合,实现以读促写,让学生在阅读过程中不断提升写作能力,同时在写作过程中提升深度学习的能力。阅读教学中,教师可以选用合适的阅读语篇为例,在学生进行阅读活动后,笔者根据阅读语篇的特点设置了相应的写作任务,即:You foreign friend is very interested in Chinese traditional festivals. You need to choose one festival to introduce, including what happened and your feeling. 阅读是一个输入、输出的过程,以读促写,利用阅读中所学再进行相关的输出是一种知识的迁移活动,是检验深度学习的一种方式。用英语讲好中国故事,一方面可以培养学生深度拓展的思维能力,另一方面也是"学科育人"的具体体现。

五、结语

教师在英语阅读教学中通过深度解读语篇、巧妙设计问题、巧用思维导图、有效结合读写等环节的设计来帮助学生实现在阅读课中深度思考、深度发散、深度拓展等思维能力,对促进学生的深度学习有着极其重要的意义,是达成培养学生思维品质的有效途径。

【参考文献】

[1] 郭元祥.论学科育人的逻辑起点、内在条件与实践诉求[J].教育研究,2020,41(04):4-15.

[2] 何玲,黎加厚.促进学生深度学习[J].现代教学,2005(05):29-30.

[3] 张浩,吴秀娟.深度学习的内涵及认知理论基础探析[J].中国电化教育,2012(10):7-12.

[4] Lecun Y, Bengio Y, Hinton G. *Deep Learning*[J].电化教育研究,2015,521(7553):436-444.

[5] 葛炳芳.洪莉.指向思维品质提升的英语阅读教学研究[J].课程·教材·教法,2018,38(11):110-115.

[6] 葛炳芳.高中英语阅读教学改进策略的思考[J].课程·教材·教法,2012(2):94-98.

[7] 东尼·博赞.思维导图大脑使用说明书[M].张鼎坤,徐克茹译.北京:外语教学与研究出版社,2005.

[8] 鲍鑫.核心素养视阈下高中英语阅读教学研究[J].速读(上旬),2018(10):46－47.

【导师点评】

近年来,深度学习在国内得到了许多学者和一线教师的关注。深度学习是一种学习理念,也是一种学习态度。它将教学目标导向学生核心素养的发展,导向学生批判性思维的拓展,从而提升学生的实践运用技能和创造性解决问题的能力,从而让学生树立终身学习的理念。

本篇论文以一堂阅读课的教学实践折射出潘老师对高中英语阅读教学如何激发学生深度学习的思考。潘老师试图在英语阅读教学中引导学生进行深度学习,并且以学生的深度学习提升阅读教学的效果。她在阅读课的设计过程中,充分考虑到课前、课中和课后三位一体为学生构建一个深度学习的体系。

潘老师的论文理论基础扎实,行文条理清晰,从教学实际问题出发,围绕"深度"做文章,以理论指导实践,又在实践中总结出行之有效的阅读教学策略。

茆颖萍
2022 年 4 月

"现象教学"理念下高中信息技术
课堂育人价值的探究

郭 波

【摘要】 当今世界的数字化浪潮席卷整个人类社会,出现了许多价值观方面的冲击和碰撞。本文以现象教学理念对信息技术课堂的育人价值的挖掘进行探究,结合课堂教学实践提出高中信息技术课堂的育人价值的主要落脚点。

【关键词】 现象教学 信息技术课堂 育人价值

当今世界的数字化浪潮席卷着整个人类社会,网络的速度越来越快,移动端的应用越来越普及,尤其是人工智能技术的强势发展并已开始渗透社会生活的各个领域。在享受它带来各种便利的同时,我们也在潜移默化中被改变着,人们认识和思考世界的方式和维度得到极大丰富,必然出现了许多价值观方面的冲击和碰撞。信息技术课是能直接与它对话的学科,那么作为担任这门学科教学的我们应该用什么样的课堂教学理念去面对数字化时代下成长起来的学生呢?《普通高中信息技术课程标准(2017年版)》指出:坚持立德树人的课程价值观,培养具备信息素养的中国公民。它为高中信息技术学科的育人价值的落脚点指明了方向。

信息技术学科面对的是真实的信息社会,而现象教学的基本理念是以真实世界的现象作为研究对象。通过描述、分析、发现、归纳等方式让学生认识现象背后的世界,并且进行内化和自我构建。在课堂上引入来自真实生活中的现象,让学生在试错或自我探究中得到相应的认知,从而提升学生的信息素养。

信息技术学科育人的目标是培养具备信息素养的人。信息素养是学生立足于信息化社会必备的一种综合性能力,信息技术学科育人价值的落实可以从生存价值、发展价值、伦理价值等方面来进行。

一、育人价值之适应信息化社会环境—生存价值

信息技术学科是一门以技术为载体的学科,在信息技术日新月异的今天,我们作为高中信息技术学科的教师应清醒地认识到,当学生走出高中校门后无论是踏入社会还是进入大学深造都必然要面对不断更新换代的各种软硬件产品,通过已经掌握的知识和技能的迁移,迅速而有效地适应身边的信息化社会环境。这也是高中信息技术课程育人价值的落脚点之一。

例如,在文件类型的教学中常用的方式是直接罗列文件的扩展名,然后简单讲解它的作用,后来我发现大多数学生听过就忘了,在一次学校要求学生自己提交学生综合素质评价电子文档中出现了很多问题。提交平台只支持提交低版本的 doc 文件,但学生在家创建的文档很多是高版本的 docx 文件,于是很多学生就不知所措,不知道发生了什么问题。后来我在教学中尝试让学生回家把预习的内容用 Word 文件上传到教学平台(我没有规定 Word 的版本),因为每个家庭电脑的 word 版本不同,同学们上交的版本各异,但机房电脑只支持低版本的 doc 文件,结果上课时有的学生能打开,有的学生不能打开。于是在这样的一个真实的情境现象中展开了教学设计,让学生自己去对比,自己去发现和解决问题,如文件名中哪个部分是决定文件类型的? 不同版本的文件类型怎样转换? 高版本和低版本可以任意转换吗? 操作系统是怎样识别文件类型的? ……最终课堂教学的效果也很明显,在每年的综合素质评价电子文档提交中再没有出现以前的问题了。在教学设计中可以通过创设或融入真实情境现象,为学生更好地适应信息化环境打下坚实的基础。

二、育人价值之培养全面发展的人——发展价值

对信息技术学科教师来说,常见的误区是教材上有什么内容就教什么内容,而没有从教育的本质角度思考为什么教这些内容? 这些内容对学生的现在和将来的发展有帮助吗? 应该教什么才能让学生终身受益? 教育的最终目的是培养全面发展的人,信息技术学科虽然是以技术为载体,但是过分强调技术的工具价值就会导致课程价值导向上的唯工具论,从而忽略了对学生全面发展价值的追求。

在新课标指导下的高中信息技术课程开展了关于 Python 程序设计的内容,在教学时一定要避免变成一门纯程序设计理论与练习的课程,学生的计算思维等信息素养的培养应该是课堂教学设计时更应关注的方向。

例如,在程序语言教学过程中给学生提供的理念:程序语言是用计算机方式来帮助人们解决真实问题的工具;程序的数据类型是对真实世界问题进行抽象后的符号描述;程序的顺序结构、分支结构、循环结构是计算机执行命令时特有的步骤结构;算法是把真实问题解决方法的具体步骤描述变成程序语言特有的步骤描述。在具体的程序语言教学中的重点也不在程序语言的语法规则和用法介绍上,而是用具体的情境问题现象来融入这些元素,如在列表的教学中关于列表元素的增加、删除、修改、排序、切片等内容没有花大量的时间去讲解,只给学生提供相关资料和快速自学这些内容的方式,而是让学生去尝试制作班级点名程序,从简单到复杂分成若干个小问题,在这些问题中融入前面关于列表的相关内容,最后还有一个制作随机抽奖的拓展迁移程序设计问题。学生学会对知识的主动获取、分析、思考并应用在真实的问题现象中。它能有效地培养学生的信息素养并促进学生的全面发展。

三、育人价值之数字化社会信息道德和伦理规范——伦理价值

随着科学技术特别是网络技术的蓬勃发展,深刻影响了我们的生活、学习、工作方式。高中学生正处于世界观、人生观、价值观塑造的关键阶段,面对来自信息化社会传递的各种良莠不齐的信息、观点、价值取向等意识形态方面内容,同时还有层出不穷的网络安全问题,如何让学生在数字化浪潮中明辨是非和保护自己是信息技术学科育人价值的另一个关注点。

综上所述,在信息技术学科中要坚持把育人价值落实在具体的课堂教学实践中,以培养信息素养全面发展的人为目标,让学生与现实紧密联结并获得解决现实问题的能力。

【参考文献】

[1] 顾枫.浅谈信息技术学科育人价值的挖掘[J].科学咨询(科技·管理),2014(09):35-36.

[2] 纪勇.探讨信息科技学科育人价值的挖掘[J].信息化建设,2015(05)：47-48.

[3] 邱丹.把握教学的生长点,让信息技术课堂绽放育人价值[J].新课程(中学),2019(02):58-59.

[4] 董玉琦,钱松岭.信息社会学课程与教学——信息技术课程育人功能的落脚点[J].中国信息技术教育,2018(05):57-58.

【导师点评】

本文基于现象教学的理念开展高中信息技术课堂育人价值的探究。尝试通过教学设计的进一步探索和实践,使学生在"试错"或"自我探究"中得到相应的认知,从而提升学生的信息素养。本文的亮点在于信息技术学科育人价值可以从"生存价值、发展价值、伦理价值"等三方面来落实。

信息化社会环境丰富多元,需要学生通过知识和技能的迁移和再创造。首先,以教育教学过程为例,揭示信息技术学科教学所体现的生存价值的育人含义。其次,在编程教学过程中赋予程序设计更高、更宽的格局和认知,破除"唯工具论",引导学生全面发展的价值追求。最后,在学科教学过程中非常重视"立德树人"的融入与实践,不断探索在信息技术学科教学中提升自我育德能力、培养学生爱国品质,凸显学科教学的育人价值。

郭波老师的探索值得肯定,也为每一位信息技术学科同仁对学科认知定位、对教育理念思考以及开展教学实践等方面提供了经验和借鉴。期待郭老师进一步思考、提炼,挖掘出更多信息技术学科教学所蕴含的育人价值。

徐甬前
2022 年 4 月

始于现象　贵在生成　达于素养

——以"周而复始的循环"为例实施教学的实践与思考

陶兴荣

【摘要】本文是基于现象教学理念下对高中信息技术项目式教学实践的一次实践与思考。笔者尝试由新冠疫情传播现象出发，引导学生分析现象，探究其背后的感染机制和传播机制，在完成探究项目的同时提升学生的综合能力和学科素养，并对如何将现象教学理论与信息技术项目式教学的结合进行探索，寻找新课程理念下实施项目式教学的策略及评价方法。

【关键词】现象教学　项目化　信息技术

现象教学理论认为：实施教学时，须由生活中的真实现象出发，结合学生的既有经验，围绕特定的学习项目，通过教师引导和学生自主或合作探究的方式，分析现象背后蕴含的原理，并提出解决问题的方案，在探究过程中提升学生的综合能力和学科素养。

2020年江苏省开始实施信息技术新课程，笔者依托学校现象教学课程基地，基于新课程理念，针对Python程序设计教学，尝试设计了"问'疫'哪得清朗时，为有洞悉现象寻"项目式学习方案，本文以其中"周而复始的循环"一节为例，探索现象教学理念下实施高中信息技术项目式教学的策略和方法。

一、教学实践——始于现象　贵在生成　达于素养

（一）设计思路

根据现象教学理论原则，现象必须是真实的，同时又要贴近学生生活，学生的思考必须是真实而自然的。本节课由新冠疫情传播时常以几何数级增长的现象出发，引导学生思考：新冠疫情传播为何这么迅猛？其背后的感染机制到底是如何的？从而启动学生思维，并寻找解决问题的方法，在探究传播机制的

过程中,找出解决问题的算法,并尝试用 Python 程序设计来实现。

(二)学情分析

笔者授课的高一年级,前期已学习了算法的概念和 Python 基础知识,对程序设计有初步的基础。同时高一学生具备一定的知识应用和迁移能力,思维也比较活跃,在教学中可以引导学生逐步分析思考问题;高一学生对新技术感兴趣,特别是对信息技术对社会生活和学习产生的影响关注度高。

二、教学过程

(一)分析现象,搭建项目

师:(观看新冠疫情视频)2020 年初,一场新冠疫情席卷全球,发展之迅速,影响之巨大,让人瞠目结舌。发展为什么会这么快?其背后的传播机制是什么?我们应如何进行防控?

生:病毒传染性实在太强;气溶胶传播;人群密集;没有戴口罩等。

师:好的,这些都可能是原因,我们尝试用正在学的 Python 编程知识,进行针对性探究。

(二)探寻机制,构建模型

1. 一探感染机制

师:【现象一】假设某人不幸被传染上 10 个病毒,病毒在他体内进行复制(复制参数为 2,即 1 个周期后病毒数乘以 2,由 10 个变为 20 个……),这样 3 个周期后,他的体内含有多少个病毒?

生:1 个周期乘以 2,3 个周期就是重复三次乘以 2。

师:病毒的复制机制是怎样的?

生:不断循环。而且周期确定后,循环的次数也确定了。

师:很好。这就是重复次数确定的循环,叫计数循环。

【学生活动】自主学习"计数循环"的视频及相关材料,调试完成 Python 程序"一探感染机制(计数循环)",并请学生演示。

师:【现象二】假设病毒数在 10～1 000 范围内为潜伏期,超过 1 000 就会发病,小于 5 个就可以诊断为痊愈。刚才那人在多少周期后,由潜伏期转变为发病期?

生:不大好确定。好像是 6 次,也可能是 7 次,要算一下。

师:循环还是循环,但循环的次数不大好确定。不过什么因素是确定的呢?

生:循环结束条件是确定的,超过1 000就结束。

师:对。这是循环次数未知,但循环条件确定,叫条件循环。

【学生活动】自主学习"条件循环"的视频及相关材料,调试完成Python程序"一探感染机制(条件循环)",并请学生演示。

师:【现象三】假设那个人体质很好,免疫力强,传染上不但不发病,而且最后病毒都被杀死了,这种现象在程序中是如何体现的?

生:体现在复制参数2这个值上。

生:体质越差,这个值越大,发病就越快;体质越好,这个值就越小。当等于1时,病毒数达到一种平衡状态,即这个人始终是病毒携带者,但不发病;当小于1时,病毒就越来越少。【学生演示程序:不同参数下的变化情况。】

师:很好,那我们平时应该怎么办呢?

生:锻炼身体,增强体质;加强营养,增强免疫力。

师:体现在我们的程序模型中就是……?

生:想方设法让复制参数这个数值变小。

2. 二探传播机制

师:【现象四】假设甲地出现了1例新冠病例,并已开始传播,在没有采取任何措施的条件下,传播指数R_0为2,即1人一天传染2人。那么3天后、5天后、9天后分别有多少人被感染?

生:用Python计数循环来搭建病毒传播模型。

【学生活动】完善病毒传播模型程序(计数循环)。

师:假设感染数达到2 000,当地医疗系统会接近崩溃,请问第几天会出现这样的状况?

生:可以用条件循环来搭建病毒传播模型。

【学生活动】完善病毒传播模型程序(条件循环)。

师:模型中的哪个参数体现病毒传播的快慢?

生:传播指数R_0。R_0越小,传播越慢;R_0越大,传播越快。

师:我们怎样让它变小?

生:勤洗手,戴口罩,打疫苗,少聚集等。

师:好的。每一个人都要做好防控措施,让 R_0 值变小。

3. 三探复杂传播机制

师:【拓展:现象四】新冠病毒的实际传播情况更复杂。假设 A 地出现病例,前 3 天为潜伏期,第 4 天开始发作,从发作到治愈需要 7 天时间,其间每天传染 3 人。(1)假设当地政府没有进行干预,疫情传播会以怎样的方式增长?(2)假设进行了积极的防控,疫情传播会有怎样的变化?

【学生活动】尝试创建传播模型,同时作为扩展任务,课后继续思考。

(三)课堂总结,提升自我

师:本节课我们做了什么? 有哪些收获?

生:学习 Python 中的两种循环结构:条件循环和计数循环,以及如何运用。

生:尝试利用 Python 程序搭建病毒感染机制和疫情传播机制的模型。

生:明白防控措施的意义,针对病毒感染机制,要提高免疫力:锻炼身体、增加营养等。针对病毒传播机制,阻断病毒传播,如勤洗手,戴口罩,少聚集等。

三、现象教学理念下实施信息技术项目式教学的思考

(一)现象教学实践反思:分析现象,探究规律,指导生活

1. 选取真实现象,激发学生兴趣

信息技术教学经常采用情境引入和任务驱动的方式,但如何选取合适的能贯穿整个教学的情境和任务一直是难题,通过本次结合现象教学理论的教学实践探究,为今后的教学设计提供新的思路。新冠疫情牵动人心,这两年来极大地影响了我们的正常生活和学习。这样的现象真实而且震撼,且与每个人息息相关。此次教学设计正是由此现象出发,由现象提出问题:疫情传播背后的机制是什么? 未来的发展趋势会怎样? 学生普遍充满兴趣,对探究成果具有极大的期待。这也为今后运用现象教学理论提供了参考案例。

2. 分析价值现象,启发学生思考

生活中的现象千变万化,该选取并分析什么样的现象,本次教学实践的经验是:在真实现象的基础上,必须考虑的重要标准是:契合教学内容,具有启发学生思考并做进一步探究的价值。本次实践通过和学生一起运用信息技术手段对疫情传播数据进行分析,发现其背后隐藏了极多的教学价值,通过寻找疫

情传播背后的原因,探索传播的机制,最后对疫情的发展作出预测,在探究过程中,挖掘传播规律中隐含的循环算法,自然地融入 Python 教学内容,根据循环特性搭建传播模型,其中的复制指数和传播指数又对应了我们防控措施的意义,提升了学生的综合能力,增强了学生的信息素养,又加强了学生的社会责任意识。以后在运用现象教学理论时同样要注意这些要点。

3. 回归真实现象,解决实际问题

知识源于生活,最终回归生活,现象教学的价值在于从现象出发,探究背后隐含的规律,最后再对生活现象提供指导帮助,信息技术课程的核心也是如此。本次教学实践在分析疫情传播机制后,学生进一步了解疫情传播的内在规律,又分析了国家和社会反复强调的联控措施,如戴口罩,勤洗手,少聚集等必要性,引导学生正确理解,并由自己出发,引导身边的人一起养成良好的防控习惯。这也是今后运用现象教学理论时重点要考虑的,千万不能为了现象而现象,选取远离生活经验或无法对生活经验带来思考和价值的现象。

(二)项目式教学反思:搭建项目,自主探究,提升能力

1. 创设学习项目,转变教学方式

2020 年秋季开始正式实施信息技术新课程已有一年多,新课程教学指导建议运用项目式学习的方式开展教学。但是,事实上这个转变需要一个过程,一方面是受教师本身的思维惯性和原有教学经验的影响,另一方面选用契合教学的项目是一个难处,书本上推荐的项目不一定适合或不一定具有普遍性。这时,就需要教师重新研究或重组教材,设计适合学情的项目。本次教学实践,为今后项目化教学的实施提供了一个可参考的样本:在现象教学理念指导下,设计现象背后具有丰富探究内涵的项目实施教学。

2. 倡导授之以渔,转变教师角色

从"授之以鱼"到"授之以渔"。原有的教学方式类似于"授之以鱼",教师的角色就像保姆,在演示讲解时,尽可能分析细致,面面俱到,把重难点一一化解,学生一操作或一模仿,高效地达到了预期的效果。但是,新课程理念更多的是将学习的主动权交给学生,教师起组织引导作用,也就是"授之以渔",让学生学会探究,学会学习。在本次教学中,教师属于组织引导者,引导学生探究现象背后隐含的原理。

3. 注重综合能力,转变评价方式

开展项目式学习,对原有的评价方式提出了挑战。不再是非对即错的一元评价,也不是教师能把控的评价,原有的评价方式可能不一定能使用。既要体现学生探究的过程,即过程性评价,又要注重项目探究的成果,即形成性评价,同时要关注同学间的评价,即互动式评价。通过几种评价方式的结合,激发学生的学习兴趣,增强学习的主动性,鼓励学生自主学习自主探究,促进学生综合能力的提升。

总而言之,在这次教学实践中,通过运用现象教学理论,以项目化学习的方式引导学生对疫情暴发式发展的现象进行分析,探究其运行机制,从而对当前的疫情防控有更深入的理解。通过实践,对如何将现象教学理论与信息技术教学的结合有了新的认识,对项目式教学的实施、引导及评价也有了新的理解,为今后信息技术新课程项目化教学的实施提供了借鉴经验。

【参考文献】

孙四周.现象教学[M].长春:吉林教育出版社,2018.

【导师点评】

本文基于现象教学理念对高中信息技术项目式教学实践进行思考,并开展实践探究。

陶老师抓住"现象"这一特征,从新冠疫情传播现象出发,引导学生分析现象,探究其背后的感染机制和传播机制,进而开展以"循环结构"为主题的教学活动。这一现象真实且为学生所思所感,非常贴近学生的生活,能较为真切地引起学生的学习兴趣。通过对"现象"的思考探索学科知识的本质,对知识内容进行更深层次的加工和理解,在编程实践活动中培养计算思维和素养能力。

本文是作者开展现象教学实践所取得的重要成果,对学科同仁具有可参考、可借鉴的实践价值和启示意义。

徐甬前
2022 年 4 月

教学无定法 "留白"有深意

——花样跳绳教学案例

马定珍

【摘要】"留白"是一种教学思想,是一种教学智慧,更是一种追寻教学意境的艺术。教师要创造一个有利于学生主动发展的教学环境,给学生提供充分发展的空间与时间,把学习的主动权还给学生,体验成功的乐趣,培养学生的创新意识和创新能力。教师恰到好处的"留白",有助于教师生动地"解惑、授业",激发学生的学习兴趣,让学生在求知的过程中主动地去探究、思考、发现,主体意识得以充分发挥。

【关键词】体育教学 留白式 花样跳绳

一、案例背景

我校操场正在整体翻建过程中,体育场地和器材严重不足。考虑到跳绳项目对场地、器材的要求不高,而且作为我国的一项民间传统体育项目,对提高学生身体协调能力、耐力素质、灵敏素质等方面具有良好的锻炼效果,所以跳绳最终作为本学期的一个教学内容。在教学过程中,常规的短绳练习内容,如计时短绳跳、跳"双飞"等,或许太枯燥,或许难度过大,没法引起学生的兴趣,以至于我每次把绳子带进课堂,学生们嘘声一片。

"体育课只能在教师所设置的内容或方法中进行吗?"在唐莉老师的启发下,笔者决定尝试留白式课堂教学。

二、教学描述

(T 表示教师;S 表示学生)

这是一堂高中花样跳绳的教学课,热身后进入导入环节——场景1。

T:同学们,今天我们进行一场特殊的跳绳比赛。4 个小分队比一比,一分钟内不比跳绳数而比哪一组跳的花样多……话音刚落,同学们就炸开了。

　　S_1:跳花样? 这有点意思……

　　S_2:小时候玩过很多花样,我会很多……

　　S_3:不仅会单人跳,还会双人跳……

　　T:分小队练习,给大家5分钟时间准备,计时——开始……

　　各小队迅速进入探讨模式,不时听到各组中有人喊"我想到一个……""我还有一个……""看看这个行不行……""这个你也会,真牛……""这个动作好帅气,我也想学一学……"那个阳光灿烂的午后,操场上欢声笑语,合作探究成果丰硕。

　　基本部分环节,根据动作的难易程度,设置了花样跳绳"过五关"的项目内容——场景2。

　　花样跳绳"过五关"的项目内容设置了五个关卡,由易入难,每关都是一种不同的跳绳方法且每关过关要求不同。第一、第二、第三关学生比较容易完成,第四、第五关有一定难度。

　　S_4:第四、第五关我根本过不去,两臂向前交叉绕环我总是不会,感觉不习惯、不协调……

　　S_5:我也有点困难,特别是双飞,太难了……

　　T:大家可以发挥想象,能用难度相当的动作或适当降低一点难度的动作来替换吗?

　　一下子又来劲了。

　　为了让练习更娴熟,动作更多样化,思维更发散,设置创编绳操环节——场景3。

　　创编绳操项目,要求完成6个8拍的编排(及格为三个动作不重复,良好为四个动作不重复,优秀为六个动作不重复,满分为六个动作不重复且有三个及三个以上的动作有一定难度),教师进行三种简单跳法示范,激发学生参与欲望,并让学生进行练习。

　　T:同学们,除了用老师示范的三种跳法,你们想想能不能用四种、五种甚至六种跳法来完成这6个8拍呢?

　　S_6:老师我不行……

T：连不起来，是吗？大家想想有什么办法把动作连起来。

S₇：我是这样做的：先把单个动作练熟，然后再练两个连接动作的"接口"，再连起来做。

T：S₈ 同学，你给大家示范一下……

于是，S₈ 同学一边示范一边讲解，老师补充说明（补白）："可以先放慢节奏，配上自己的口令，然后再以正常速度顺着节拍练习……"

同学们都在边上练习着。

S₉：老师，老师，我刚才连起来了，没断——没断……

于是全班的学习激情被调动了起来，大家都努力练习，时不时发出惊呼声、赞叹声、讨论声……

下课前，笔者给大家做了总结——场景 4。

T：同学们，今天大家的表现非常棒。课后大家试试能不能用三至六个高难度动作完成 6 个 8 拍的绳操。

S₁₀：老师我能双飞衔接交叉跳，回去我再试试交叉双飞跳。

一个平时不怎么吭声的女生两眼放光、脱口而出。同学们一阵惊叹，鼓掌，还有跃跃欲试。

这一刻，笔者知道在学生的心中种上了"好学"的种子……

三、案例评析

（一）合理"留白"发展学生合作探究精神，激发学生创新意识

场景 1 中的教师给出评价标准，具体形式由各小组探讨交流，合作探究，教师要给出充分的课堂"留白"，除了小组合作，充足的"留白"时间也能激发学生的创新意识，给学生信任，还课堂精彩，学生的智慧是无穷的，教师要学会给学生提供展示自我的机会，真正做到以学生为主，教师适当引导。

（二）适时"留白"帮助学生渡过难关，培育学生主体意识

场景 2 中一部分学生遇到完不成的任务，这时及时"留白"："大家发挥想象，能有难度相当的动作或适当降低难度的动作来替换吗？"让学生自己选择适合自己的难度，提高学练的成就感。适时在课堂上留出"空白"时间，让学生发挥学习能动性，运用所学知识和技能进行探究式学习，真正成为课堂的主人，成

为活动的体验者从而达到有效的教学效果。

（三）课中补白直指学习过程的重点和难点，构建学生知识体系

场景 3 中，"动作之间的有效衔接"是本课的教学难点。"连贯不起来，是吗？有什么办法能把动作连贯起来"教师的一句"留白"，直指教学的难点。通过学生之间的语言互动、示范讲解，教师的适时"补白"，加上学生的尝试性练习，学生对所学知识和技能进行自我琢磨、领悟、体验并进行融会贯通，教师则及时观察学生的练习情况，适时给予提醒和纠正。学生就是在自我体验、教师点拨的过程中完成对新知识的自我构建。

（四）课后"留白"拓展学生的学习范围，延伸学生的学习空间

场景 4 中，课堂教学的时间、空间是有限的。如何让课堂教学向课外拓展，可使有限的时间、空间获得延伸，课后的留白就是一种方式，能进一步激发学生的好奇心，同时将今天所学的内容得到进一步提升，为学生的发展提供无限的可能。

教学有法，教无定法，贵在得法。课堂中给学生多些"留白"，赋予学生课堂上的主体地位，发挥他们的主观能动性，不断激发学习兴趣和热情，从而真正实现新课标的主题。

【参考文献】

周国正.留白式课堂的实践探索[M].上海：上海教育出版社，2018.

【导师点评】

高中生处于生理和心理发展变化阶段，特别是感觉、知觉、灵敏度、记忆力、思维能力不断增强，逻辑抽象思维能力逐步占主导地位。本篇案例所探究的就是在课堂教学中，运用留白式教学策略开展教学，目的是培养学生的高阶思维能力和思维品质，为提升师生生命智慧搭建有效载体和平台。

纵观全文，教学过程在准备部分、基本部分和结束部分处处抓住"留白"的时机，通过先留后练、边练边留、练后再留等"留白"形式，在个人探究、小组讨论、集体总结等环节中引导学生对"留白"内容进行理解与升华，从而达到激发学生创新意识、培育学生主体意识、构建学生知识体系、延伸学生学习空间等

"留白"的目标。

　　总之,本文作者善于针对授课对象实施留白式教学策略。希望作者不断在实践中积累资料,通过反思来探索教学行为,通过总结来提炼教学策略,以更具有科学性和普适性的方式来呈现教研成果。

唐　莉

2022 年 4 月

快易教学法在高中篮球教学中的应用研究

黄　凯

【摘要】青少年篮球的发展对我国篮球发展的后备力量的重要性,体现在三个方面:一是符合"全民健身"的战略思想,从孩子抓起;二是为我国职业篮球体系的发展奠定了基础;三是促进了青少年篮球运动的发展。青少年篮球教学一直是篮球教学中重要的一环,在篮球人才体系培养中起着承上启下的作用,文章通过对当前我国高中篮球教学的现状分析,借鉴快易教学法在网球中的发展理念,还提出快易教学法在高中篮球教学中的应用研究,探索适合高中阶段的篮球教学方法。

【关键词】快易教学法　高中篮球　篮球教学　应用研究

本文以吴江盛泽中学高二学生为对象,设置实验组和对照组,对照组采用传统篮球教学法,实验组采用快易教学法,经过八周的实验后,通过对篮球三大技能投篮、传球、运球的技能测试,以及教师技评、学生兴趣等方面进行分析,最终得出,快易教学法在篮球技能传球和运球两个项目教学中效果比较突出,而在投篮项中还是传统教学法有效,总体上,快易教学法应用于高中篮球教学是有效的,并且对培养学生兴趣和提高教学效果有着显著的帮助,有利于高中篮球教学和篮球兴趣的培养。

一、快易教学法的概述

快易教学法是国际网球联合会 2007 年推出的一种以快易和乐享为理念的网球教学方法,英文名是 Play and Stay,是指通过对标准场地和器材进行改建,简化正规比赛规则和降低技术动作难度的手段,选取合理的教学方法,使初次接触运动的初学者能快速、简单、有效地掌握该项运动技术动作和比赛规则的一种教学方法。

二、学校体育中高中篮球教学发展现状

学校篮球是学校体育发展的重要内容。目前学校篮球发展存在两大问题：一是区域差距大，城市发展比乡村好，东部沿海比中西部发展好；二是教学方法单一。学校还存在"重文化，轻体育"的现象，很大程度上减少了学生的体育锻炼时间。教学内容陈旧，教学中过于重视训练成果，而忽视学生运动兴趣的培养。目前篮球运动的推广，也带动了学校篮球的发展，出现了很多中学生篮球联赛等活动，涌现出很多全国有名的篮球特色学校，如南京九中、清华附中、太原五中、北京四中、上海南模中学、哈尔滨五中等。

三、快易教学法应用于高中篮球教学的教学设计

（一）教学内容

表1　快易教学法的教学内容

基本技能	具体项目	快易教学内容
投篮	原地单手肩上投篮 行进间低手上篮	计时投篮、投活动篮、折返投篮 投篮晋级赛、抢投三十分 上篮积分赛
传球	原地双手胸前传球 行进间双手传球 单手、头上、体侧击地传球	抢断球游戏、传球追触 三角传三球、圆圈追传球 传球接力赛
运球	原地运球 行进间运球 体前变向、胯下、转身、背后运球	适应性运球、"大乱斗" 运球过障碍 花样运球 运双球接力赛
防守	滑步 防有球队员 防无球队员	"两只螃蟹" "巧入营门"、1对1攻防战 "坚守阵地"

（二）一课时的教学设计

根据上述教学环节，以具体的某一节课为范例，具体教学步骤的设计如表2

所示：

表 2　单次课教学设计

基本内容	具体项目	时间（min）
准备活动	慢跑和篮球操	2
	热身游戏	5
技能学习	球性练习和游戏	8
	运球练习和游戏	8
	投篮练习和游戏	8
	"运动补给站"（补水）	2
身体素质	脚步灵敏性练习	7
	"绳梯游戏"	
身心放松	徒手拉伸	5
		45

四、快易教学法在高中篮球教学中的应用

（一）实验设计

1. 实验时间与地点

实验时间：实验时间为 2019 年 10 月 8 日～2019 年 12 月 10 日，总共为期 8 周的教学，还有 3 天的测试时间。

实验地点：江苏省苏州市吴江盛泽中学篮球场。

2. 实验分组与对象

实验对象：本文的实验对象为吴江盛泽中学高二学生，分别选取两个水平较为接近的班级（各 25 名）作为实验对象。一班 25 名学生为对照组，进行传统篮球教学；二班 25 名学生为实验组，应用快易教学法教学。

3. 实验场地与器材

表3　实验选取的场地和器材标准表

	篮球		篮圈高度 （m）	场地尺寸 （m²）
	周长（cm）	重（g）		
对照组	75～76	600～650	3.05	28×15
实验组	70～72	510～550	2.75	20×11

4. 实验内容与进度

表4　实验内容与进度表

时间	实验内容
第一周	熟悉球性、简要介绍篮球运动、原地运球、原地传球、原地单手肩上投篮、行进间运球、行进间传球、行进间上篮
第二周	防守脚步、移动技术、行进间运球、行进间上篮、行进间传球、身体素质练习——速度
第三周	双手原地运球、持球三威胁、体前变向、近距离投篮、双人到多人传球、身体素质练习——速度＋灵敏
第四周	双手行进间运球、胯下运球、罚球练习、简单介绍篮球规则、半场配合练习、身体素质练习——小力量练习、半场比赛
第五周	背后运球、转身运球、进一步介绍篮球规则、传球＋投篮组合、传球＋运球组合、运球＋投篮组合、身体素质练习——协调＋柔韧半场教学比赛
第六周	半场人盯人攻守、持球突破、抢篮板球、传切＋掩护＋突分配合教学、简单介绍全场比赛规则、身体素质练习——灵敏＋协调、全场教学比赛
第七周	全场人盯人攻守、强化组合动作、简要介绍后卫、前锋、中锋的打法及相互配合、身体素质练习——柔韧＋协调＋灵敏、教学比赛
第八周	普及篮球比赛中如何保护自己及他人，预防受伤；强化各项基本技术、复习、教学比赛

5. 实验方法与过程

第一步：选取水平相当的两个班级各25人，组成实验对象。

第二步：一班 25 人为对照组，二班 25 人为实验组。

第三步：对照组延续传统篮球教学方法进行教学，实验组采用快易教学法进行教学，进行为期八周的篮球教学。

第四步：八周实验结束后，分别对两组学生进行篮球三大技能投篮、传球、运球的水平测试，统计数据，进行对比分析，最后得出相关结论，提出可行性建议和对策。

（二）实验结果与分析

1. 篮球技能数据分析

以下所有实验的项目测试是在同一时间，同一地点进行的，力求公平公正，确保实验数据的精确性。

1.1　投篮数据分析

投篮测试方法：在距离篮圈 4 米处进行定点投篮，每人投 10 个球，助手记录好每个人的成绩。

表 5　投篮命中率对比表

总人数（人）		命中率 71％以上		命中率 51％～70％		命中率 31％～50％		命中率 30％以下	
		人数	％	人数	％	人数	％	人数	％
对照组	25	5	20	8	32	11	44	1	4
实验组	25	3	12	6	24	15	60	1	4

从表 5 中看出，在投篮测试项中，总体上，对照组比实验组的投篮命中率高。

1.2　传球数据分析

传球测试方法：在距离传球点 4 米的位置，放置一个传球训练器，将传球训练器的圆圈直径调节为 50 cm，距离地面高度调节为 110 cm，学生站在传球点采用双手胸前传球的方法，球进圈为命中，出圈则失误，每人 10 次，助手记录好每个人的成绩。

表6　传球命中率对比表

总人数（人）		命中率 71%以上		命中率 51%~70%		命中率 31%~50%		命中率 30%以下	
		人数	%	人数	%	人数	%	人数	%
对照组	25	2	8	9	36	13	52	1	4
实验组	25	5	20	11	44	9	36	0	0

根据表6看出,总体上,在传球项测试中,实验组的成绩比对照组要好。命中率达到50%以上,良好以上的人群中,实验组16人,占64%,对照组11人,占44%,说明快易教学法在提高传球的教学过程中更加有效。

1.3　运球数据分析

运球测试方法:测试在一个20米×8米的场地内进行,起点设在端线处,在距离端线起点3米处放置第一个标志杆,依次放置三排标志杆,竖排每杆相距4米,横排相距2米,测试者在起点处等候听令,听到"准备,出发"的口令后,依次按照第一杆背后运球—第二杆转身运球—第三杆胯下运球的顺序进行,人与球同时过终点后,记录员终止时间,每人进行两次,选择成绩最好的一次作为最终的测试成绩,时间保留小数点后一位,记录员记录好每人成绩。

表7　运球时间对比表

总人数（人）		时间 16 s以下		时间 16~21 s		时间 21~26 s		时间 26 s以上	
		人数	%	人数	%	人数	%	人数	%
对照组	25	2	8	6	24	10	40	7	28
实验组	25	6	24	12	48	6	24	1	4

从表7中看出,在篮球运球测试项中,实验组的成绩明显好于对照组。成绩在21 s以内的人数和比例中,实验组有18人,占72%,对照组有8人,占32%,良好以上的人数中实验组的成绩明显比对照组要好,说明在运球教学中,快易教学法的效果要比传统的方法更加有效。

1.4　三项技能对比分析

三项基本技能测试结束后,将各组的投篮、传球、运球三项数据做一个总体比较,能更清晰地看出教学法对具体技能项目的影响效果,将各项成绩分为四个等级,优(投篮、传球命中率 71% 以上;运球 16 s 以下)、良(投篮、传球命中率 51%～70%;运球 16～21 s)、中(投篮、传球命中率 31%～50%;运球 21～26 s)、差(投篮、传球命中率 30% 以下;运球 26.1 s 以上)。

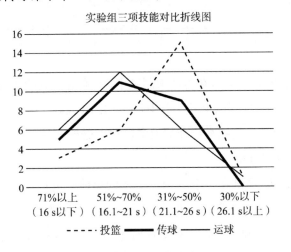

图 1　实验组三项技能对比图

从图 1 中看出,实验组成绩处于优良阶段人群中,三项技能的效果从高到低依次是:运球—传球—投篮;其中投篮的波动值比其他两项更大,峰值在中等阶段达到最高,说明快易教学法在投篮成绩中,处于这个阶段的人数最多;实验组三项技能测试较差的人数很少。综上所述,从快易教学法对三项基本技能的影响角度看,对运球的帮助最好,相对来说在投篮的效果上稍差。

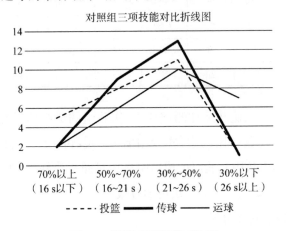

图 2　对照组三项技能对比图

从图 2 中看出,对照组成绩处于优良阶段的人群中,三项技能的效果从高到低依次是:投篮—传球—运球;处于优秀阶段的人数较少,其中传球的波动值比其他两项更大,峰值在中等阶段达到最高,说明对照组在传球上处于中等阶段的人数最多,有待提高;三项技能中,处于较差阶段人数最多的是运球,说明传统教学法对提高运球教学的效果较差。综上所述,从传统教学方法对三项技能基本技能的影响角度看,对投篮的帮助最好,运球的效果稍差。

五、建议

(一)高中篮球教学应该以运球技能教学为主,兼顾其他技能教学,培养球感,为长远发展打下坚实的基础。

(二)坚持"快乐＋易懂"的篮球教学理念。结合实验分析,在学生篮球教学中坚持"快速＋易懂"的教学理念。首先,教学方法、篮球规则、战术教学一定要符合年龄特点,让学生听得懂,学得会,快乐地坚持下去;其次,篮球技术教学中,多用游戏代替讲解,以"兴趣培养为主,技术学习为辅",具体技能教学中,应以"规范技术动作为主,不以成绩论英雄,不过分强调成绩的重要性",一个成功的优秀运动员,背后一定有一个在学生时期不过分追求成绩的教练。最后,在培养篮球兴趣的同时,注重身心的健康发展,在教学内容的选取上紧紧围绕"快速＋易懂"的理念。

(三)教学中建立"适宜挑战任务"教学方法。教师在教学过程中给学生设定一些挑战性任务,使学生在完成过程中,既不会感觉很容易,也不会感觉很难,这样的任务学生更有成就感,自信心和兴趣就是在这样的过程中一步步建立培养起来的,变被动接受为主动学习。

(四)开展"学校＋俱乐部"发展新模式。校外俱乐部是群众体育的缩影,篮球课是学校体育的一部分,学生在校期间的教学工作由学校负责,课后可以到篮球俱乐部继续学习,而且可以由学校牵头,俱乐部赞助,共同举办篮球比赛,这样的合作,既保留篮球的好苗子,又可以促进学校建立篮球特色学校,同时俱乐部的生源也得到稳定,活跃了篮球氛围。

【参考文献】

[1] 中国篮球协会.小篮球规则[M].北京:北京体育大学出版社,2017.

[2] [日]近藤义行主.篮球基础与战术[M].赵令君译.北京:人民邮电出版社,2016.

[3] 卢河根."快易网球"教学理念与方法在高校网球教学中的应用研究——以河北师范大学为例[D].河北师范大学硕士学位论文,2017.

[4] 齐飞.篮球运动对少年儿童身体素质影响的研究与分析[D].北京体育大学硕士学位论文,2017.

[5] 钱望.快易网球和传统网球教学法在不同气质类型高中生网球教学中的实验研究[D].湖南师范大学硕士学位论文,2020.

[6] 郑宝玉.快乐教学法在小篮球教学中的应用[J].当代体育科技,2020.10(25):156-158.

【导师点评】

本文通过对高中篮球教学的现状分析,提出将快易教学法应用于高中篮球教学,探索适合高中阶段的篮球教学方法。论文整体结构完整,实验设计合理,数据采集和处理分析清晰。

在摘要和前言部分把论文的研究目的、研究方法、研究结果和结论表述得非常清晰;实验内容以及过程的设计比较合理,教学内容体现了快易法的"简化正规比赛规则和降低技术动作难度"以及"改建标准场地和器材"的特点,同时实验内容和进度也体现一线体育教师的专业性;实验结果与分析部分,对实验数据的处理:有单个技术的实验组、对照组的纵向分析,也有针对单个组别的运球、传球、投篮技术的横向分析。通过对比表和折线图能直观地得出实验结论,结论有一定支撑。所提的操作方法简便易行,具有一定的推广价值,对同类研究具有可借鉴作用。

唐　莉

2022 年 4 月

学会留白，让体育课堂更高效

——团建拓展课教学案例

殷袁琴

【摘要】党的十九大提出"要全面贯彻党的教育方针，落实立德树人的根本任务，发展素质教育，推进教育公平，培养德智体美全面发展的社会主义建设者和接班人"，体育与健康课程如何深化改革更有战略意义。让学生自主地进行知识的学习探索，是目前课程改革的主旋律。越来越多的教师开始在课堂教学中进行留白艺术的探索应用，让体育与健康课堂教学更加高效。

【关键词】体育与健康 留白教学 高效

一、案例背景

"画留三分空，生气随之发。"教学就如作画，课堂中适当留白，能达到"无声胜有声"的效果。我们的课堂教学正处在一个结构性变革的关键阶段，如何更好地抓好课堂教学的优化，构建适应素质教育的教学模式，是我们一直追求的提高课堂教学质量的核心内容。传统的教学模式只是注重把知识灌输给学生，使学生产生学习的依赖性。随着人们对发展学生自主能力、创新能力及实践应用能力的关注，在课堂教学中更多教师探索适当运用留白式教学艺术手法，给学生提供更多的学习时间和空间，以此来充分调动激发学生的学习激情，提高课堂教学效果，促进学生各项能力有效发展。

二、教学描述

（T表示教师；S表示学生）

这是一节高一学生的户外拓展课，主题为"车轮滚滚"的团建项目内容。教学部分是常规的分段式教学课堂流程，分为"开始导入部分""基本部分"和"结束部分"。

（一）开始导入部分——场景1

一般性准备活动后,教师神神秘秘地拿出几包迷彩款的彩带。

T:同学们,今天我们要用这款彩带做游戏。怎么玩?

在道具打开的同时,同学们就开始窃窃私语。

S:怎么玩? 难道要跳彩带操吗?

S_1:这个我看朋友玩过,花样百出……

S_2:哎呀,这个我玩过,笑死人……

刚才还有气无力地做准备活动的学生一下子来劲了。

T:好的,接下来我们先做专项准备。

教师隆重介绍团建项目"车轮滚滚"。

专项准备活动也和往常不一样,大家情绪高涨,和体育委员一起喊口令,声音铿锵有力……

（二）基本部分——场景2

教师在活动开展之前先布置任务,提出要求。

T:同学们,"车轮滚滚"团建项目是通过团队的合力,让彩带滚动起来,要求团队完成20米的大移动。最后我们以展示和竞赛的方式来比一比,看哪一组完成得最好。

S:这应不难的,快快快,我们来试试……

各组起初都抱着"藐视"的态度,跃跃欲试。

在巡视过程中,教师发现好几个组的尝试都失败了,好多学生一下子像泄了气的皮球。

T:同学们,大家想想,让车轮顺利滚动起来,关键是什么?

一石激起千层浪,问题的留白和刚开始的失败尝试让同学们停止了盲目练习。

各组先是冷静下来,然后热烈地讨论。

S:要想让车轮滚起来,必须使彩带上下协调一致地向前滚动,组内每个人发力要一致。

四五个人一组继续练习。经过教师的点拨,大家的练习效果有了改善。不过问题又来了:

S:怎么搞的,滚起来不顺畅,是不是应该按照身高由低到高顺序排列?

S_1:不行不行,我在最后一个,头都抬不起来了。

S_2:脚步大家要一致,组长发令,左右左……

S_3:哎呀,彩带滚动不起来,脚下走起来,也需要齐心协力向后滚动彩带……

学生们激烈地讨论起来,七嘴八舌,最终每个组基本完成了20米距离的滚动,同学们大汗淋漓。

T:每个组都找到了解决方法,那么看看哪一组完成得最成功。下面请每个组给我们展示训练成果,大家讨论是否要调整方法。

三个组为一大组展示训练成果,可是第一、第二组展示失败。

T:请大家分析成败的原因。

最后的小组竞赛真可谓声势浩大,大家各显神通,哨声一响,操场上回响着"左右左,左右左……"。

(三)结束部分——场景3

在结束之前,教师总结了本节课的得失,充分肯定了同学们的团结协作精神。最后教师布置作业:

T:还是用这根彩带,设计一个新游戏,下节课以组为单位展示……

三、案例评析

课堂留白绝不是简单的"空白",适度留白是一种教学策略。在体育教学中,教师在各环节适当留白,通过课前精心设计,课中适时点拨,充分激发学生的积极性和探究能力,让学生成为真正的学习主人。

(一)导入新知时巧设留白,激发学生的好奇心

"好题半文"是文学界流行的一句俗语。良好的开端是成功的一半。场景1就是教师在导入部分用生动的语言巧设留白,激发学生的好奇心。

在导入新课时,教师用简单的道具设定悬念:"同学们,今天我们要用这款彩带玩一个游戏。大家想想怎么玩呢?"面对学生的猜测和想象,教师欲言又止,巧妙地给本节课的教学内容蒙上一层神秘面纱,成功激起学生强烈的好奇心。

同时看到,教师通过留白成功地使学生的注意力从其他方面转到体育课,为接下来的专项准备活动奠定了良好的基础。

(二)重点知识处巧设留白,突破重难点知识

波利亚曾经说过"学习知识的最佳途径是由自己去发现,因为这种发现,理解最深,也最容易掌握其中的规律、性质和联系"。所以,教师应该帮助学生去发现、理解、掌握。

场景2中,教师摒弃了传统的灌输式教学,通过"布置任务,提出要求"的方式先让大家尝试。当教师发现学生的普遍存在的问题时,提出留白,直指本课的重点和难点:"同学们,大家想想,让车轮顺利滚动起来,关键是什么?"这个留白是对学生的点拨,帮助学生去发现。

就像一个杠杆,一句留白使大家脑洞大开:"要让车轮滚起来,必须使彩带上下协调一致顺时针滚动。""组内每个人发力要一致。""怎么搞的,滚起来不顺畅,是不是应该按照身高由低到高排列?""不行不行,我在最后一个,头都抬不起来。""脚步大家要一致,组长发令,左右左……""哎呀,彩带滚动不起来,脚下走起来,也需要齐心协力向后滚动彩带……"这些都是同学们通过思考和实践后的对白,大家都在学着去理解。

不仅如此,"每个组都找到了解决方法,看看哪一组最成功""大家看看成败的原因是什么"。这些无疑是教师在教学过程中的旁白,不断地促进学生去掌握。

教师就是这样:先让学生独立思考,通过留白,留给学生充分的观察、学习、模拟、反思的时间,让学生充分地动脑、动情、动手,不仅营造良好的学习氛围,而且发展学生团队合作意识,激发学生的学习激情,促进学生深度学习。

(三)课后作业留白,意犹未尽

在新课程背景下,一堂好课的定义不再是学生由有问题变为没问题,而是从有问题产生新问题。使学生产生新问题,教师必须有启发性。

场景3,教师在课的结尾进行留白:"还是用这根彩带,设计一个新游戏,下节课展示……"从而把课堂延伸至课外,激发学生新的求知欲。课堂教学是一个整体,要实现教学的整体优化,不仅要有动人心弦的引子,还要有引人入胜的主旋律。

留白艺术在体育课教学中的应用是体育教学改革的必经之路,也是提升体育与健康教学高效性的重要举措。当然,体育教师要充分认识到自己"引路人"的角色,让教师的"无为"成就学生的"有为",为学生自主探究留一片蓝天,让课堂真正成为学生彰显个性、幸福成长的天地。

【参考文献】

[1] 周国正.留白式课堂的实践探索[M].上海:上海教育出版社,2018.

[2] 黄慎.高中体育教学的"留白"艺术[J].高考,2018(2):37-38.

【导师点评】

本文是殷老师对近两年课堂实践中运用留白式教学方式的总结和提炼,本文具有典型性,具有借鉴价值。

纵观全文,我们看到:在教学过程中的适时留白成为教学的闪光点,成为学生思维的开启点,成为教学难点的破解点、学习习惯的矫正点、素质培养的落脚点,这样的课堂教学走向合理化、智慧化,是我们理想的高效课堂。例如,课堂教学的第二环节,整个过程经历了教师留白—学生实践—观察反思(展示环节)—教师旁白、补白(对展示过程进行提问、点评)——学生调整方案,完成新知识的自我构建。通过一系列环节,学生经历了主动发现、自我理解、动态调整、完整掌握的过程,从而培养了学生的高阶思维,发展了学生的思维品质。

唐　莉

2022 年 4 月

图书在版编目（CIP）数据

盛世厚泽·博雅悠扬：核心素养语境下的教师成
长/吴春良编著. — 上海：上海教育出版社，2023.3
ISBN 978-7-5720-1921-0

Ⅰ.①盛… Ⅱ.①吴… Ⅲ.①中学教师－师资培养
－研究 Ⅳ.①G635.12

中国国家版本馆CIP数据核字(2023)第049656号

策　　划　徐建飞工作室

责任编辑　徐建飞

封面设计　金一哲

盛世厚泽·博雅悠扬——核心素养语境下的教师成长
吴春良　编著

出版发行　上海教育出版社有限公司
官　　网　www.seph.com.cn
地　　址　上海市闵行区号景路159弄C座
邮　　编　201101
印　　刷　常熟市华顺印刷有限公司
开　　本　700×1000　1/16　印张 18　插页 2
字　　数　284 千字
版　　次　2023年3月第1版
印　　次　2023年3月第1次印刷
书　　号　ISBN 978-7-5720-1921-0/G·1727
定　　价　88.00 元

如发现质量问题，读者可向本社调换　电话：021-64373213